东亚研究丛书

国家社科基金重大招标项目
"东亚笔谈文献整理与研究"成果

东亚的笔谈研究

DONGYA DE BITAN YANJIU

王　勇◎主编

谢　咏◎副主编

浙江工商大学出版社
ZHEJIANG GONGSHANG UNIVERSITY PRESS

图书在版编目(CIP)数据

东亚的笔谈研究 / 王勇主编. —杭州：浙江工商大学出版社，2015.5(2015.11重印)

ISBN 978-7-5178-1066-7

Ⅰ．①东… Ⅱ．①王… Ⅲ．①笔记－研究－东亚 Ⅳ．①G131

中国版本图书馆 CIP 数据核字(2015)第 100138 号

东亚的笔谈研究

王　勇 主编　谢　咏 副主编

责任编辑	姚　媛
封面设计	王妤驰
责任印制	包建辉
出版发行	浙江工商大学出版社
	（杭州市教工路 198 号　邮政编码 310012）
	（E-mail:zjgsupress@163.com）
	（网址:http://www.zjgsupress.com）
	电话:0571－88904980,88831806（传真）
排　　版	杭州朝曦图文设计有限公司
印　　刷	虎彩印艺股份有限公司
开　　本	710mm×1000mm　1/16
印　　张	16
字　　数	277 千
版 印 次	2015 年 5 月第 1 版　2015 年 11 月第 2 次印刷
书　　号	ISBN 978-7-5178-1066-7
定　　价	42.00 元

总序:创建具有中国特色的"东亚学"

    2013 年 10 月 24 日,习近平主席在"周边外交工作座谈会"上发表重要讲话,强调,无论从地理方位、自然环境还是相互关系看,"周边对我国都具有极为重要的战略意义",指出"我国周边国家外交的战略目标"是"实现中华民族伟大复兴",通过走"共同发展"的道路,"让命运共同体意识在周边国家落地生根"。在我国与周边国家的外交关系中,与东亚其他各国建立良好外交关系无疑是重中之重。因此,开展东亚研究具有重要的现实意义与深远的战略意义。

1. 东亚世界拥有共同的文化基础

    数千年来,中华文明持续惠及周边诸国,约在隋唐时期就形成了东亚文化圈。以汉字为媒介的儒、释二教,典章制度,科学技术,乃至文物器皿、风俗习惯等,辐射、融合至周边各国,营造出一个"山川异域,风月同天"的和谐汉文化世界。这是我们共同的遗产,共同的文化基础。时至今日,东亚其他各国对中国传统文化依然充满敬意。因而,实现中华民族的伟大复兴、促进东亚共同繁荣,传统文化是个不可替代的历史基础,有必要加强历史文化研究之力度。

2. 东亚共同繁荣是历史发展的趋势

    和谐的东亚文化圈,曾促进区域文明长期繁荣;然而近代以来,它在西方势力的介入下日渐式微。目前随着全球化进程的加快,区域内多国合作形成某些联盟成为世界发展趋势,东亚散沙一盘已不合时宜,这也导致东亚的中、日、韩三国在与东盟的合作过程中出现"小马拉大车"现象。东亚各国在文化上拥有共同遗产,在经济上优势互补且利益相关,实现"共同发展"的"中国梦",不仅具有坚实基础,而且也是历史发展的趋势。为了在学术理念、愿景擘画中争取更大的话语权,我们有必要追溯古代东亚文化圈的形成机制,剖析近代东亚文化圈的解体原因,预测未来东亚发展模式。

3. 将东亚作为一个整体来研究已成学术界共识

    在学术研究领域,从传统的国别研究(点),过渡到比较研究或交流研究(线),

再发展到区域研究(面),已成为国际上学术发展的大势。综观欧美诸国名校与科研机构,多将东亚视作一个整体加以研究,设立诸如东亚系、东亚研究所、东亚研究院等。再看周边国家,日本学者最早提出"东亚册封体系""东亚贸易圈"等学术概念,2008 年关西大学首创有博士学位授予权的"东亚文化交涉学"国家基地;韩国方面也奋起直追,冠名"东亚"的研究机构、学术团体如雨后春笋般创立,2009 年韩裔财团出巨资在日本创立"One Asia Foundation",迄今已在 16 个国家和地区的 106 所大学开办"亚洲一体化"讲座。因此,将东亚诸国作为一个整体进行研究已迫在眉睫,是与世界接轨和对话的必然途径。

4. 具有中国特色的"东亚学"

从总体上说,历史相对悠久的西方的东亚研究,受制于根深蒂固的欧洲中心主义价值观,由旁观者操控而被边缘化甚至妖魔化;方兴未艾的日本、韩国的东亚研究,多少带着民族主义色彩,围绕东亚传统文化的起源与归属发生诸多争议;至于国内的东亚研究,往往排除中国本身,逐渐演化成一种域外研究,偏离国际东亚研究的主流。

2014 年 4 月,浙江工商大学东亚研究院被批准为浙江省哲学社会科学重点研究基地,明确提出建构以中国文化为源头、以中国利益为核心的"东亚学"宗旨。本丛书秉承这一宗旨,推出东亚专题研究的一系列新成果,以就教于国内外方家。

浙江省哲学社会科学重点研究基地　首席专家
浙江工商大学东亚研究院院长
王　勇
2014 年 10 月 1 日

目　录

第一部分
东亚笔谈

笔谈文献之种类*

王 勇

（中国 浙江工商大学）

1543 年，一艘从暹罗起航赴华的葡萄牙商船，在宁波遇风漂至日本种子岛。面对这批手持鸟铳、"其形不类、其语不通"的不速之客，岛民高度警戒，就在双方剑拔弩张之际，同船的"大明儒生"五峰居中调停。可惜语言不通，于是岛主"以杖书于沙上云：'船中之客，不知何国人也？何其形之异哉！'五峰即书云：'此是西南蛮种之贾胡也。'"

这次依靠书写汉字进行的沙滩交涉，避免了一场一触即发的争端，岛民从葡萄牙人那里学习鸟铳制作方法，随后大量仿制并运用于实战，加速了群雄割据的战国时期的统一，这不仅在日本历史上揭开跨时代的一页，而且在东西方交涉史上留下了浓重的一笔。千余字的沙滩笔谈记录，全文收录在《铁炮记》（1606）中，这便是我们所要研究的"笔谈"。

然而，此类实录语言交际的"笔谈"，在中国传统的文体分类中未占一席之地，用西方的语言学理论也难以诠释其意蕴，所以有必要先为之别类定义。

一、笔记类"笔谈"

《辞海》收录此词，并给出两个义项："（1）笔记一类的著作。宋沈括有《梦溪笔谈》。（2）用文字代替谈话发表意见。"②

先看第一个义项。所谓"笔记"，是中国传统文体之一种，泛指不拘题材格式、

---

* ［基金项目］本文为浙江省社科规划重点课题"东亚笔谈文献研究（中日编）"（课题号：14JDDY01Z）阶段性成果。

② 辞海编辑委员会：《辞海》，上海辞书出版社 1980 年缩印本版，第 1877 页。

自由论述评议的散文,内容多为博采见闻、辨识名物、议论时事、摭拾逸文、叙述史事、写情状物之类,其异名《辞海》列出"随笔、笔谈、杂识、札记"几项,还可加上笔话、漫录、笔语、笔尘、笔录、杂记等。

此类文体之"笔谈",以宋代沈括的《梦溪笔谈》(包括《补笔谈》《续笔谈》)为其嚆矢,后起模仿者甚多,如明代有张大复《闻雁斋笔谈》《梅花草堂笔谈》、陆树声《清暑笔谈》、黄淳耀《山左笔谈》,清朝有阮元《定香亭笔谈》、俞樾《湖楼笔谈》、姜绍书《韵石斋笔谈》、陈均《画眉笔谈》、史梦兰《止园笔谈》、盛百二《柚堂笔谈》、龚炜《巢林笔谈》、许仲元《三异笔谈》等。

冠名"笔谈"的著作,还可分为两类。一是对所见所闻、所思所想的记录,与"笔记"无异;另一类是谈话的记录,如《宋史·沈括传》:"括博学善文,于天文、方志、律历、音乐、医药、卜算,无所不通,皆有所论著。又纪平日与宾客言者为《笔谈》,多载朝廷故实、耆旧出处,传于世。"[①]故谓之"笔谈"名副其实。

随着中国文化传播四邻,日本、朝鲜的文人也仿其体裁,创作"笔谈"类著作。如朝鲜王朝时期,徐有英所著《锦溪笔谈》(亦称《左海逸史》),系作者从平安南道江东的流放地获释,回到故乡锦山,根据所闻所见编写的 140 余个故事。再如日本丰鸣丰洲的《丰子笔谈》(亦作《笔谈》),成书于安永七年(1778),作者自述云:"近兹谬为二三冠童所推长,质问不措。予既倦谈论,不欲口述,乃强笔一二所执以授焉。"也是以笔代舌,与《梦溪笔谈》异曲同工。

上述笔记类的"笔谈"著作,虽然有些具有"谈"的背景,但毕竟不是谈话的实录,与我们所要研究的"笔谈"风马牛不相及。

二、散文类"笔谈"

再看《辞海》的第二个义项,即"用文字代替谈话发表意见"。关于这个义项,阎景翰等主编的《写作艺术大辞典》(陕西人民出版社,2002)认为其等同于"问题讨论",即围绕某一主题,邀请多人执笔评议。

时下主流报刊确实多开设有形形色色的"笔谈"栏目,举例说,《人民日报》有"名家笔谈",《文汇报》有"核心价值观笔谈",《光明日报》有"书记笔谈",等等。

---

① 沈括在《梦溪笔谈·自序》中也说:"予退处林下,深居绝过从。思平日与客言者,时纪一事于笔,则若有所晤言,萧然移日,所与谈者,唯笔砚而已,谓之《笔谈》。"

这些"笔谈"栏目除了均邀约多名官员或学者发表书面意见外,未必有明显的共性。如《文汇报》的"核心价值观笔谈",各家之言紧扣同一个主题;《光明日报》的"书记笔谈",作者的头衔限于"书记",话题则各有所好;《人民日报》的"名家笔谈",作者的身份略微宽泛,但诸人各擅其长,吴建民谈《用法治擦亮美丽中国》,王蒙谈《涵养时代的"文化定力"》,傅莹谈《不同视域下的中国》,刘亚洲谈《坚守神圣的"党性"》,等等,看不出与通常的栏目有多大区别。

此类"笔谈"栏目,并非时人新创。1941年9月1日,在香港创刊的一个文学半月刊杂志,由茅盾出任主编,"香港笔谈社"发行,刊名就叫《笔谈》。该刊自1941年12月1日首发,出至第7期即因太平洋战争爆发而停刊。据其征稿简介显示,刊物定性为"文艺性的综合刊物"。1981年上海书店出版了《笔谈》合订本,翻看内容多为散文小品,夹杂诗歌、小说甚至译作,与同类文学刊物大同小异。

综上所述,这个义项的"笔谈",其实就是随笔、札记、时评、杂文等的时髦别称,与"口谈""谈话"之"谈"无所关联,与本书所要讨论的"笔谈"亦相去甚远,自当排除在外。

三、书信类"笔谈"

《辞海》给出的两个义项皆与本文主题不符,且看第三个义项。任超奇主编的《新华汉语词典》(崇文书局,2006)为词条增加的义项为"彼此用文字交换意见,代替谈话"。

这类"笔谈"产生的原因多种多样,邓治凡等主编的《汉语同韵大词典》(崇文书局,2010)将其限定为:"两人用书信的方式交换意见,代替谈话。"在西方人眼里,东亚人大抵不善言辞,而习惯用书写方式通事、谈论、诉情。明朝时来华的西儒利玛窦,根据自身观察得出结论:

> 就是现在,他们的辩才也只见于他们的写作而不在于口语⋯⋯结果有时候甚至是住在同一城市而且离得很近的朋友,也是书信往返,而不见面谈话。①

---

① [意]利玛窦著,何高济等译:《关于中国人的人文科学、自然科学及学位的运用》,选自《利玛窦中国札记》第一卷第五章,中华书局1983年版,第29页。

尺素往来,东西皆然。以"两地书"为例,中国人首先会想到鲁迅与许广平的《两地书》,收录两人1925年3月至1929年6月间的135封信件,由鲁迅亲自编辑修改而成,分为三辑,1933年4月由上海青光书局出版。

2012年10月,重庆出版社发行了同名作品《两地书》,但作者却是两位美国人——露安妮·莱丝与约瑟夫·蒙宁格。书中的男女主人公萨姆与哈德丽感情上频亮红灯,此时维系他们夫妻关系的独子在阿拉斯加意外丧生,于是两人分道扬镳,萨姆西行去阿拉斯加探查儿子丧命原因,哈德丽东行去缅因州试图重拾画笔。他们分处美国东西两端,由于通讯不便,开始用纸笔给对方写信,共同寻觅最初相爱的那些理由。

两部同名的《两地书》,究竟有何区别?首先,美国的《两地书》是《纽约时报》两位畅销书作家虚构的文学作品,而中国的《两地书》却是真人实事;其次,美国的《两地书》是夫妻俩天各一方无法面晤才以书信沟通,而中国的《两地书》非因空间阻遏产生,第一辑共有30余封信件,两人均在北京且每周有一次课堂见面机会,但依然舍口谈而取笔谈,证实利玛窦之观察无误。

这类"笔谈"缺失现场,书信的语言也有其特殊的规范,归入传统的"尺牍"即可,不必另立"笔谈"门类做专门研究。

四、隐秘性"笔谈"

前述《辞海》给出的第二个义项"用文字代替谈话发表意见",徐复等主编的《古代汉语大词典》(上海辞书出版社,2000)表述为"以文字交换意见或发表意见",并举《儿女英雄传》第十六回为例:"如今我们拿分纸墨笔砚来,大家作个笔谈。"

这似乎具备了对面交谈的现场,只是以笔墨代替口舌罢了。然而,疑窦难以排遣:小说里的人物都能说会道,为何还会出现此种状况呢?清人文康创作的小说《儿女英雄传》共四十回,第十六回的标题为《莽撞人低首求筹画　连环计深心作笔谈》,兹引录相应段落如下:

> 邓九公道:"老弟,我说句外话,你莫要镗张了罢?"老爷道:"不然。这其中有个原故,等我把原故说明白,大家自然见信了。但是这事不是三句五句话了事的,再也'定法不是法',我们今日须得先排演一番。但是这事却要作得机密,虽说你这里没外人,万一这些小孩子们出去,不知轻重,露

个一半句，那姑娘又神道，倘被他预先知觉了，于事大为无益。如今我们拿分纸笔墨砚来，大家作个笔谈。——只不知姑奶奶可识字不识？"褚一官道："他认得字，字儿比我深，还写得上来呢。"老爷道："这尤其巧了。"说着，褚一官便起身去取纸笔。

原来众人为了"这事却要作得机密"，故以"笔谈"密议，提防隔墙有耳，孩子们"不知轻重，露个一半句"。中国人之间的这种"笔谈"，无非是偶然之举、应急之措，怪不得紧接上文，有一段说书人的道白：

> 列公，趁他取纸的这个当儿，说书的打个岔。你看这十三妹，从第四回书就出了头，无名无姓，直到第八回，他才自己说了句人称他作十三妹，究竟也不知他姓甚名谁，甚么来历。这书演到第十六回了，好容易盼到安老爷知道他的根底，这可要听听他的姓名了，又出了这等一个西洋法子，要闹甚么笔谈，岂不惹听书的心烦性躁么？

既然是"西洋法子"，就不是中国固有的，也不会是东亚传统的。加之此类"笔谈"属于偶发事件，如 2011 年 10 月 28 日中国台湾地区《联合报》刊发独家报道《张学良口述历史首次曝光》，郭冠英问："谈谈您四弟张学思，他是不是在溪口书房中与您笔谈？"张学良答：

> 是这样的，那时我四面都有人（监视），我们也没谈什么正经事。他写说他是共产党，我看书，他说你不要看那些书，那不是正经书（意思是要看马列）。那时候他很厉害的，他说他在军校就是共产党，国民党怎能不败呢？内部好多人都投了共产党。他本来毕业的时候我推荐他去胡宗南那边，他没去，就跑到东北军去了，在东北军中鼓动得很厉害。东北军后来投去共产党那边很多，最厉害的就是吕正操。

显然这只是一种临时的规避措施，交谈不会长时间持续；又因为事属机密，当事人一般不保留笔谈原稿。这类"笔谈"虽然有其价值，但存世文献少之又少，不足以进行专题研究。

五、病残者"笔谈"

清人徐珂所编《清稗类钞》讲到"汪穰卿好客"时,说他"好客之名既著,故四方人士无不求与一面。日本人之能作华语者,亦与相周旋,某且举其家藏之宝刀以为赠";接着笔锋一转,说"穰卿有弟曰仲阁者,则反是,以耳聋,须与人笔谈,人恒厌之故也"。

"汪穰卿"即汪康年(1860—1911),浙江钱塘人,光绪二十年(1894)进士,中日甲午战争后倡言变法图强,1896 年创立《时务报》,延请梁启超任主编;1898 年创办《时务日报》(旋易名为《中外日报》),以记载中外大事。汪康年思想开明,人脉甚广,谈锋亦健;其弟身有残疾,有口难言,靠笔谈达意。两相比较,优劣立分。

1949 年,在解放军的隆隆炮声中,蒋介石携残部逃往台湾,10 月 31 日寿诞他选择到阿里山"避寿",次月从阿里山返台北途中,特意到台中看望陈果夫。"这时陈果夫肺病已至晚期,始终吐血,不能说话。于是,改为笔谈。"①沉疴在身的陈果夫,口不能言,"笔谈"乃不得已之策。

现代国内外的聋哑人学校,多开设"笔谈"课程,毕竟社会上懂得手语之人寥寥无几,于是"笔谈"成为他们与外界交际的重要方式。

总之,此类型的"笔谈"限于特定人群使用,或身患特殊疾病之人偶尔为之,内容多为短暂的应急交际语言,既不具有普遍性,文献价值也不高,故也排除在外。

六、跨方言"笔谈"

中国幅员辽阔,由于自然环境与历史沿革,造成方言林立的局面。一般而言,汉语有所谓的"八大方言区",即北方方言区、吴方言区、闽北方言区、闽南方言区、粤方言区、湘方言区、赣方言区、客家方言区。

这只是语言学上的分类,放到实际生活中,方言何止百千种。比如吴方言区,包括浙江与江苏部分地区,且不说扬州人与绍兴人是否语言相通,杭州与绍兴虽然毗邻,但杭州人听绍兴话非常吃力,更不用说温州话、义乌话了。于是,"笔谈"成为各方言区相互沟通的桥梁。

蒋介石出生在浙江宁波的奉化县(今奉化市),一口乡音极重。曾有人在互联

---

① 王学庆:《蒋介石和陈立夫、陈果夫》,吉林文史出版社 1994 年版。

网发问:他追随孙中山多年,两人用何种语言交谈? 广东中山话与宁波奉化话显然无法沟通,一种可能是用日语,另一种可能是"笔谈"。这虽然仅仅是网友们的猜测,但蒋介石确实曾以"笔谈"方式与同胞沟通。

据香港报人邱立本介绍,"蒋介石的浙江宁波话,也常有难'言'之隐,当他遇上了哈佛大学和柏林大学毕业的'国防部长'俞大维的湖南腔,也是无法沟通,只好'笔谈'军机大事"①。

俞大维(1897—1993)是浙江绍兴人而非湖南人。蒋介石与俞大维同为浙江人,但奉化话与绍兴话却难以沟通。

这类"笔谈"中也有比较珍贵的史料。1907 年 6 月,台湾爱国士绅林献堂赴日请教梁启超,"因一是广东人,一是闽南人,言语不通,无法畅谈,便改用笔谈"。梁启超书云:"本是同根,今成异国,沧桑之感,谅有同情。"②据当事者之一、陪同林献堂会谈的甘得中回忆,临别时林献堂"特请任公将当日笔谈之稿底携回……任公点首称善"③。

在普通话大面积传播之前,中国境内方言林立,相互之间无法以语音交际,汉字成了唯一可以跨越方言障碍的视觉语言。

七、周作人论"笔谈"

即使在全国推行普通话之初,带有各地乡音的所谓"蓝青官话"也不容易听懂。20 世纪 50 年代初,周作人写过一组谈论汉字、汉语的散文,结为《十山笔谈》,首篇《笔谈的意思》开宗明义:

> 近来想写几篇小文章,不一定相连,却也并不一定不相连,因此要给他取一个总名,这叫作什么好呢? ……我所写的文章在内容上不容易用一个名称包括,但目的原只有一个,就是同读者诸位谈谈,因为中间地隔千百里,天南地北,即使现在有了无线电,声音可以传达,可是我们的蓝青官话也使用不得,还是凭了这一枝秃笔,写出来印在纸上,更为可靠,这样说来正是十足地道的笔谈,那么这个总题目也可算是适合的了。④

---

① 邱立本:《保卫广州话超越鸡鸭之争》(http://qiuliben. blog. ifeng. com/article/6652611. html)。
② 武燕军:《林献堂传略》,《民国档案》1991 年第 1 期。
③ 许俊雅:《未刊〈梁启超与林献堂往来书札〉中的几个问题》,《复旦学报》2007 年第 2 期。
④ 周作人:《十山笔谈》,《鲁迅研究月刊》2003 年第 3 期。

周作人强调要与读者"谈谈"，但因"地隔千百里"，对面交谈不成；又因"蓝青官话"乡音太重，利用"无线电"也未必能顺畅沟通，于是决定把要说的话笔录下来，11篇散文统名为"笔谈"（"十山"是其号）。

这11篇散文与周作人其他散文的语言风格相比，口语味极重，突出一个"谈"字。紧接着第二篇《谈汉字》，继续议论"笔谈"：

> 平常写信称作"如面谈"，一般写文章发表在报纸上，都可以算作笔谈，不过这里我想只是狭义的应用于我们自己，至少在外国是不能适用的。因为在我们中国这笔谈有一种特殊性，如从反面的来说明最容易明白便是，这并不像别的外国文，先要彼此懂得这话语，随后读文听音，可以明了里边的意思，却是使得方言各别对面说话，读出一个字的音来不能相通的人，看了文字能够懂得，这在世界上可以说是只此一家，并无分出的。

周作人指出"在我们中国这笔谈有一种特殊性"，即外国的文章必须先懂得语音含义，才能看明白文章；中国的情况即使彼此听不懂乡音，但通过视觉文字也可相互沟通。

周作人所说的"笔谈"，已经不仅仅是"笔记""散文"之类的别称，似乎有意创造一种风格独特、接近口谈的新文体。然而，他强调"这在世界上可以说是只此一家"，则未必正确。

八、跨语言"笔谈"

《汉语大词典》（汉语大词典出版社，1993）对"笔谈"给出两个义项：（1）笔记类著作体裁之一种；（2）谓书面谈话。第一个义项举例《梦溪笔谈》，已如前述；第二个义项有三个用例：

①清王韬《瓮牖余谈·新金山少水》："（日本官商）遍游内地，与名公卿大夫交，笔谈往复。"

②《儿女英雄传》第十六回："如今我们拿分纸墨笔砚来，大家作个笔谈。"

③柳亚子《八日迭和左海少年四绝句》："王孙天国喜能谱，豹隐鸿冥阻笔谈。"

如同前述，《儿女英雄传》的"笔谈"，是为了"这事却要作得机密"采取的防范措

施;柳亚子诗是对福建(左海)某少年献诗拜师的回复①,共有 4 首绝句,《汉语大词典》所引为第四首,全文如下:

> 王孙天国喜能谱,豹隐鸿冥阻笔谈。
> 安得萍踪能我告,便同抵掌在天南。

诗中的"笔谈"大抵指书信一类,契合"书面谈话"之义,但与《儿女英雄传》的"笔谈"颇异。①所举《瓮牖余谈·新金山少水》,所谓"新金山",乃相对美国之旧金山(旧金山)而称澳大利亚之墨尔本,与引文"(日本官商)遍游内地,与名公卿大夫交,笔谈往复"似有不契,遂查考《瓮牖余谈》原文,《新金山少水》条记"新金山舆地之广,过于中国;惜其腹地,每多未悉之区,或谓惟见一片沙漠而已。……惟是新金山河泊绝少,每患无水"云云,未见中日"笔谈"记载。然下一条《通商日本说》,则有如下记载:

> (中日)自后汉建武,始相通问。……(近来)中国商人与日本通商之
> 路绝矣。……然日本之绅商士民入中国者,络绎于道。中国官商优礼相
> 待,绝无禁诘。如八户顺叔,遍游内地,与名公卿大夫交,笔谈往复。②

《汉语大词典》错引文献,且把"中国官商"擅改为"日本官商",其实与"(中国)名公卿大夫交,笔谈往复"者,乃指八户顺叔其人而已。

尽管《汉语大词典》引文疏漏,但这条史料却证明中日文士之间"笔谈"沟通的事实,这也正是本栏目各文所要讨论的跨语言、跨民族、跨文化之"笔谈",它是东亚特殊的语言文字环境、历史文化传统之产物,是迄今尚未归类定性的特殊文献体裁,属于一个亟待开拓的新研究分野。

---

① 第一首诗后有作者注:"来书有执赞之约,余未敢承也。"
② 王韬:《瓮牖余谈》,大达图书供应社 1935 年版,第 51 页。

汉文笔谈之我见

李 庆

（日本 金泽大学）

这次会议的主题是"汉文笔谈"。这是一个在中外文化交流领域中值得进一步探讨的切入点。而要进行深入探讨，首先面临的问题就是："汉文笔谈"是什么？也就是说，要明确其基本范围、形成历史、所具有的特性等。对于这些问题，学者的见解不可能完全一致，笔者借此机会，谈一些看法，以求抛砖引玉。

一、"汉文笔谈"的界定

这里说的"汉文笔谈"，不是广泛意义上的"汉文笔谈"。否则，在如今的网络时代，用电脑、手机在微博等平台上使用汉字进行的交流，都是"汉文笔谈"。而这样广阔的范围，显然并非全都是我们研究的对象。

为了明确这里所说的汉文笔谈和其他交流形式的区别，在此，笔者想用"比较"的方法，做一些分析。

（一）笔谈和对话

对话，是指英语中的"dialogue"。其含义，包含着交谈（conversation）、交换意见（discussion）、对白（in a play or film，novel，etc）这样一些意思。

汉文笔谈当然是对话的一种形式，但不是一般意义上的对话。笔谈是没有声音的，这不能不说是与一般对话的重大区别。

因为声音也可以表达感情、思想，传达信息，有时和文字是同样之义，有时则可能是多义的。[①]

---

① 参见 Elmar Holenstein . *Linguistik Semiotik Hermeneutik*（艾尔曼·霍莱斯坦因：《言语学·记号学·解释学》，平井正、菊池武弘、菊池雅子译，［日］劲草书房1987年版，第138页。）

从交流学（communication）的角度来说，汉文笔谈相对一般的对话有着局限性。

（二）笔谈和翻译

翻译，是指英语中的"translation"，也就是把一种语言所含的信息转换成另一种语言。

汉文笔谈在一定意义上，也可以说是一种翻译。然而，翻译包括笔译和口译。笔谈，自然不包括口译。不仅如此，笔谈和一般的笔译也有不同。笔谈是由笔谈者本人把自己的意思直接地译成汉文来表述，一般不通过第三者中介。而笔译，则通常将翻译者作为中介。因此，笔谈和一般的翻译有所不同。

（三）笔谈和谈话

这里说的"谈话"，是指英语中的"comment"，而不是一般的"谈话"（一般谈话指两人或多人之间的谈话，已经在上述的"对话"部分分析过了）。"comment"包含着"评论"（criticism），"思考反映"（reflection），"对某事发表意见"（comment on sth）等意思。笔谈，当然是对人、事、物等对象思考后的反映、评论。但是，这并非那么正式的意见，也并非那么单方的评论，而是有着互动、影响和展开等方面，这一点和一般的"谈话"有所区别。

（四）笔谈和通信（不是 letter）

当然，通信也是指双方用笔写的文字进行交流，但是，笔谈是在交谈者之间直接进行，是笔谈者当场的反应、回答，其间没有一定时间的间隔，也不会像通信那样经过相对严谨的斟酌思考，这显然和通信不同。

通过以上的比较分析可知，对于本文研讨的"汉文笔谈"，可以有一些明确的界定，"汉文笔谈"当是指在现代网络时代以前，用书写汉文的方法交流思想、情感的一种特定文化样式。

二、"汉文笔谈"形成的要素

"汉文笔谈"的出现，有其特定的历史原因和社会基础，并非偶然产生的。为什么如此说呢？大而言之，有以下两方面原因。

（一）内在因素

从中国语言文字的内在因素看，汉文笔谈的形成是与汉字、汉语本身的特点密切相关的。汉字与英语等一般的拼音文字有所不同，后者主要依靠"音"来传达信息,而前者在交流过程中具有从"音"和"形"二元的角度来传达信息的特点。

汉语的特点,在于它不是像英语那样属于印欧语系,要依靠格助词、介词等的辅助,以及用词尾的变化来表示语句中各个词之间的关系和语言的时态。汉语属于汉藏语系,是一种"独立语",许多汉字的词性、意义,是由其在语句中的位置和场合所决定的。① 所以,汉语显得相对比较精练。同样的文章,相对英语、俄语、日语,汉语就最为简短。

换句话说,汉字相对其他文字有着用字形传达较多信息的特点,相同的篇幅,在一定的场合,汉语所传达的信息量比较大,这是笔谈得以成立的内在因素。

(二)外在因素

从外在的历史和社会因素看,汉文笔谈的成立与汉文化圈的存在及历史上东亚地区人员交流的形态有关。

在大航海时代以前,汉字文化已由中国本土波及海外,在东亚地区形成了汉字文化圈。由此汉文为不同国家、地区知识人士培养基本教养奠定了文化基础。倘若没有这样的共同文化基础,笔谈本身就无法存在。

东亚不同国家、地区自古以来就存在着人员的交流,而这样的交流彼此均有着深入展开的需求。但是社会的现实条件又没有发展到可以双方乃至多方直接会话的程度,在语言无法沟通的情况下,文字成了相互交际的手段。这些便是汉文笔谈得以形成的外在因素。

留存下来的汉文笔谈记录,是中外文化交流史、东亚文化史中非常有特色的文献。众所周知,中国是世界上最重视历史记载的国家,有着数千年几乎是连续的正式历史记录,汉文文献是近代以前世界上留存最多的文字资料。可以说,留存至今的汉文笔谈资料,是汉字历史文献宝库中的一个有特色的组成部分。

三、"汉文笔谈"的特点

明确了"汉文笔谈"的界定及其形成的内在和外在(社会和历史)因素,下面笔者就来探讨汉文笔谈的特点。主要有如下几点:

(一)内容的广泛性

首先是笔谈者的广泛性。在历史上,东亚地区有着广泛的人员交流,除了众所

---

① 关于印欧语系、汉藏语系的特点,参见金田一春彦:《日本语》上册,[日]岩波书店 1989 年版,第 48—50 页。

周知的特定人员,如日本的"遣隋使"与"遣唐使"、朝鲜半岛的"燕行使"、近代的外交使节等官方人员,还有僧侣、学者、商人等一般民众。在这些跨越国境的人们之间,由于"汉文"在不同的时代都曾成为各国、各地区知识教养的文化基础,所以在有汉字修养的人员之间,用汉文进行笔谈就成为一种特殊的,甚至是重要的交往手段。

另外,由于很多笔谈是私人之间直接进行的交流,交谈没有特定的话题限制,互相影响启发而天南海北地自由发挥,所以目前留存下来的笔谈记录中,涉及政治、经济、社会风俗、宗教文化,乃至个人的兴趣爱好等各个方面,如已经披露的《大河内文书》《燕行使资料》等都涉及范围广泛,内容丰富多彩。

(二)表述的简要性

鉴于"汉文"汉字本身的特点,又是用笔谈的方式,因而笔谈就有着相当的现实时间、空间、物质条件(如笔墨、纸张、用具等)的限制。所以,笔谈中往往只能用最精练的文字来表述最关键的意思,有时只写出关键词(keyword),而不能如录音或现代录像那样,完全地记录所有信息,因此汉文笔谈显现出表述简要的特点。

(三)交流的直接性

这种直接性,一是指笔谈者之间往往是直接交流,没有也不需要第三者的中间介入,不需要"翻译",不会因第三者的介入而产生误解;二是指笔谈者反应的瞬间性,是对当时事物最直接的瞬息间的反应,中间一般不可能有查询有关资料、反复思考的空间,大多为潜意识、本能性的反应,所以能反映出当时当地笔谈者真实的思想意识,这和经过思考正式发表的资料未必一样,而这对于了解笔谈者的真实思想,了解笔谈者的思维、情感变化过程,则是非常重要的。

(四)存在的单一性

由于笔谈的记录不是出版物、印刷品,笔谈时所用的往往是即时即刻所取的纸片等,未必经过刻意处理,一般很容易毁坏。即使有心者特地加以保存,也带有个人私密性,在披露以前往往就是唯一的。

因为笔谈记录有着如上的一系列特点,所以留存至今的笔谈记录保持了原始性,作为历史资料可以说弥足珍贵。

四、研究"汉文笔谈"应当注意的问题

因为"汉文笔谈"具有如上所述的鲜明特征,所以我们对现存的"笔谈"资料进

行研究或使用这些资料研究相关问题时,就必须注意以下一些问题。

(一)对笔谈真伪和内容的辨析

一般史料,也要进行辨析。而因为"汉文笔谈"的私密性,往往并不会完全被博物馆、图书馆收藏,所以对其真伪的辨析就更为重要。此外,即使是真的史料,也要区别辨析笔谈的时间、地点、人员等。笔者曾见过一份黎庶昌和日本宫岛诚一郎的笔谈资料,由于原来的资料经过后人装裱,结果把两份不同时期的笔谈缀合在一起,读起来就感觉到有点异常。后来经过反复的分析查考,方才明白乃是两个不同时期的笔谈。[①]

(二)对笔谈者要加以区别

由于笔谈有时并非两人,有时是随兴而书,笔谈者各人不详细具名,所以在解读和整理时就比较费劲。要通过字体的辨析,分别出具体是何人何时何地所写。

笔者曾见过《大河内文书》手稿复印件,乃有张斯桂、王遵宪、王韬等不同人物的笔谈记录。比如,在笔谈中有"斯桂"(当为张斯桂,当时为驻日本副使)写的"酒地花天,兴高采烈"后有"宜用平声字"等语[②],整理者实藤惠秀辨析为王韬所写,加以注明。

此外,有些笔谈是随意所写,字迹并不很清楚,需要对文字一个一个进行解读,这都是非常困难的工作。

(三)把握人物与社会背景

必须把笔谈涉及的人物和笔谈本身放到当时环境和有关人物交往的系统中去思考,这就要求对笔谈的人物和交游有所了解,探讨把握笔谈中涉及的人物、事件。

比如,笔者发现的沈曾植和西本省三的笔谈记录,现见于《大儒沈子培》(春申社,1923年版)一书[③],作者是日本西本省三(白川)。此书在上海印行,为日文本,数量不多。其中的笔谈,笔者寡见所及,国内尚未见论及者。

下图是笔谈的一部分:

---

① 见拙编《东瀛遗墨》,上海人民出版社 1999 年版,第 75—80 页。

② 实藤惠秀(整理):《大河内文书》,[日]平凡社 1971 年版,第 20 页。

③ 关于此笔谈的详细情况,容另撰文。

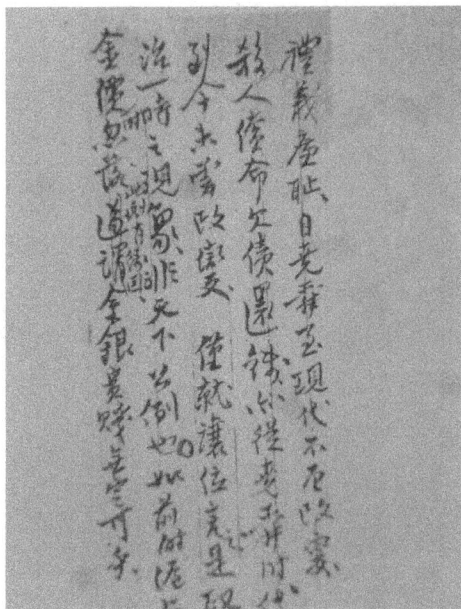

如果不了解沈曾植和西本省三是什么人，不了解他们之间的关系，以及当时他们所处的位置，就不可能了解这些笔谈的意义。

沈曾植（1850—1922），字子培，浙江嘉兴人，号巽斋，是一个集官员、学者、诗人等各种身份于一体的人物。[①]　西本省三（1878—1928），日本熊本菊池郡濑田村人，后住在上海，从事各种活动。1913 年，与清朝遗老郑孝胥等一同在上海创立春申社，出版周刊《上海》《上海周报》。据说还参与了溥仪的"复辟"活动。1920 年前后，与沈子培交往，入其门为弟子。编著有《大儒沈子培》一书。[②]

这两者的关系，学界曾有一些说法，比如 2001 年北京中华书局出版的《沈曾植集校注》中，钱仲联先生在前言中谈道："俄国的卡伊萨林为作《中国大儒沈子培》一书，日本西本省三为作小传。"

这里所说的卡伊萨林，当指盖沙令伯爵（Hermann Graf Keyserling，1880—1946，又译作"克士林"），生于波罗的海沿岸爱沙尼亚的贵族家庭。笔者查有关资

---

①　见《清史稿》本传。此外有谢凤孙撰《沈曾植墓志铭》（汪兆镛辑入《碑传集三编》第二册、卷八、部院五，文海出版社 1980 年版）、王遽常《清末沈寐叟先生曾植年谱》（台湾"商务印书馆"1982 年版）、许全胜撰《沈曾植年谱长编》（中华书局 2007 年版）。

②　关于西本省三生平事迹，可见参见日本讲谈社《日本人名大辞典》（［日］讲谈社 2001 年版）、中山优选『王道の行者西本白川』（《中山优选集》，中山优选集刊行委员会 1972 年版，第 297—298 页）。

料,未见"卡伊萨林"或盖沙令(Hermann Graf Keyserling)所作《中国大儒沈子培》之书,只是在他的《一个哲学家的旅行日记》中发现曾论及和沈曾植的见面。经过考证,笔者认为,其实是钱先生所写的前言有误,《大儒沈子培》一书当为日本人西本省三所撰。

此外,上述的笔谈,时间当在 1920 年前后,此时正是中国历史的一个重要转折点,而沈曾植在当时又是个有影响的人物,所以笔谈的史料意义就更值得重视。

由此可见,汉文笔谈研究中,必须探讨有关人物和背景,将看似简单的笔谈纳入整个人物和社会的系统,展现由这一点而逐渐明晰的全部面貌。只有这样,才能使看来孤立的笔谈记录,发挥出其生命力,显现出其应有的价值。这也许正是我们研究汉文笔谈的目的所在。

前近代东亚海域的笔谈形态

松浦章

（日本　关西大学）

一、研究史回顾

在 20 世纪之前的东亚海域,遭遇海难事故而漂流到异国的人们是如何与当地人进行语言交流的呢?

日本天文十二年(明嘉靖二十二年,1543),有一艘大船漂流到位于九州岛南部的种子岛。此船搭载有 100 余名船员,由于与岛民语言不通,船员儒生五峰"以杖书于沙上",在海滩的沙地上写下文字以表达来意,此事在《铁炮记》中有完整的记录。所谓"五峰"即王直之号,因此这段笔谈就是王直所率领的南蛮商人的舶来记录。如前所述,船员与漂着地的居民在彼此无法进行口头会话的情况下,就使用文字来进行语言的交流。

但即便如此也会有困难的时候。比如考察漂流到朝鲜半岛的吕宋人,还有漂流到中国的朝鲜人的时候,就会发现有时双方的会话"言语不通",即使写成文字也难以理解。最终只有借助有着漂流经验的人的帮助,才能确定难民来自何方。

接下来我们将考查非依靠口头会话而是依靠文字表达来进行的语言接触是怎样一种状态。有关漂流到日本的中国船只的一部分笔谈记录,日本关西大学东西学术研究所刊发了 9 册《江户时代漂着唐船数据集》,下面做一简单介绍。

(1)大庭修编著《宝历三年八丈岛漂着南京船资料》,日本关西大学东西学研究所资料集刊 13—1,关西大学出版部,1985 年 3 月。

日本宝历三年(1753),前往长崎进行贸易的中国商船遇到了海难,漂流到今属东京都的八丈岛。在本书中收录了船员关修龄与日本方面进行笔谈的记录《巡海录》,以及大量运往长崎的有关汉籍的解题书《戊番外船持渡书大意书》等资料,据此可知该船携带 441 种共 12082 册图书。此外,该书还收录了狩野春潮所描绘的船员的肖像图等。

(2)田中谦二、松浦章编著《文政九年远州漂着得泰船资料》,日本关西大学东西学研究所资料集刊 13－2,关西大学出版部,1986 年 3 月。

本书收集的资料记录了日本文政九年(1826)前往长崎进行贸易的中国商船漂流到静冈境内的得泰船事件。书中收录了日本方面的笔谈者野田笛浦与中国船员之间的笔谈文献《得泰船笔话》等相关资料。

(3)松浦章编著《宽政元年土佐漂着安利船资料》,日本关西大学东西学研究所资料集刊 13－3,关西大学出版部,1989 年 3 月。

日本宽政元年(1789),前往长崎进行贸易的中国商船——安利船,遇风漂流到今日本四国地区的高知县,本书记录了其船员与护送他们前往长崎的土佐藩的官员之间的笔谈文献《护送录》等。

(4)松浦章编著《文化五年土佐漂着江南商船郁长发资料》,日本关西大学东西学研究所资料集刊 13－4,关西大学出版部,1989 年 3 月。

日本文化五年(1808),崇明的沙船——郁长发船的船员漂流到今四国高知县,本书收录了漂流船员与土佐藩官员之间的笔谈记录《江南商话》。

(5)大庭修编著《安永九年安房千仓漂着南京船元顺号资料》,日本关西大学东西学研究所资料集刊 13－5,关西大学出版部,1991 年 3 月。

日本安永九年(1780),原定前往长崎进行贸易的中国商船——元顺号,漂流到今千叶县房总半岛东部,本书辑录了其中国船员与日本官员之间的笔谈记录《游房笔录》。

(6)薮田贯编著《宽政十二年远州漂着唐船万胜号资料》,日本关西大学东西学研究所资料集刊 13－6,关西大学出版部,1997 年 11 月。

日本宽政十二年(1800),原拟前往长崎进行贸易的中国商船——万胜号,因故漂流到今静冈县西海岸一带,本书收录了漂流船员与地方官员之间的笔谈记录《宁波船笔语》。

(7)松浦章编著《文政十年土佐漂着江南商船蒋元利资料》,日本关西大学东西学研究所资料集刊 13－6,关西大学出版部,2006 年 11 月。

日本文政十年(1827),来自长江河口附近的沙船——蒋元利船,航行途中遇难漂流到今高知县一带,本书采录了其船员与土佐藩官员之间的笔谈记录。

(8)松浦章编著《安政二、三年漂流小唐船资料》,日本关西大学东西学研究所资料集刊13—8,关西大学出版部,2008年3月。

本书以长崎奉行所整理归纳的资料为中心,收录了日本安政二年(1855)至安政三年(1856)间漂流到日本近海的中国沿海商船4艘以及长崎贸易商船的相关资料。

(9)松浦章编著《文化十二年豆州漂着南京永茂船资料》,日本关西大学东西学研究所资料集刊13—9,关西大学出版部,2011年2月。

本书收录了日本文化十二年(1815)十一月前往长崎进行贸易的中国商船永茂船与日本官民的相关笔谈资料,其中影印了江户儒者朝川善庵与中国船员的笔谈记录《清舶笔话》5册,是颇为珍贵的史料。

作为编撰上述资料集的当事人之一,笔者希望上述9册资料集对于研究江户时代漂流到日本沿海的中国船笔谈记录的学者起到一定的参考作用。

此外,研究漂流到琉球诸岛的中国船的代表性资料是《白姓官话》。而有关朝鲜王朝时代漂流到朝鲜半岛的中国船的笔谈资料,据不完全统计有80多例。

在本论文中,将按区域来探讨前近代漂流到东亚海域的船只是以怎样的笔谈形态进行交流的。

二、漂流到日本的中国船

东亚海域诸国通常都会对海上漂来的异国人展开笔谈调查,首先让我们来看一次笔谈实例。

1808年(明嘉庆十三年),在长江口的崇明岛发现了疑似遭遇海难的朝鲜人漂流民。他们甚至连书写汉字都困难,而中国为了确定他们的母国也可谓费尽心思。根据嘉庆十三年五月十五日江苏巡抚汪日章的奏折,其年三月十三日,崇明岛的三条港口里漂来一艘小船,船中有外国人7名。于是当地的水师营派人去了解船的状况,当他们调查船体的倾漏状态、饮用水还有货物、船具的情况时,却发现此船虽然有7名外国船员,却没有货物,也没有锅碗瓢盆,只有竹篓和木箱,于是迅速展开了对漂流船员的盘问。

> 为查询遭风难番奏明送京遣回本国缘由仰祈圣鉴事。
>
> 本年三月十八日,据崇明县知县李惠元禀称,三月十三日,县属三条港口,漂来脚船一只,番民七人,当即会营前往……问其姓名来历,言语不通,给以纸笔嘱令书写,皆摇手。不能察其语音,惟有"高丽"二字仿佛可辨。

　　随带进城内安顿公所,制给衣被,妥为抚恤。内有带病一人,旋即病
故,该番自用白布缠里,业经捐棺,殓埋义冢,插签标记,报明候示等情。

　　当即批司,飞饬该县,将该难番,委员护送来省,以凭察询。

　　在询问难民的姓名和来历时,发现彼此语言完全不通。难民们只会摆手,他们
的话语也无法理解。因为他们的姓名、来历不明,语言也无法沟通,所以(调查者)
就准备了笔和纸让他们写字来表达,可是也只能判断出疑似"高丽"的文字。因此,
(调查者)带他们去城内衙门安置,并给了他们衣物等进行抚恤。随后,其中一名船
员重病离世,他的同伴用白布裹尸,当地官府则捐出棺材予以收敛,并准许埋葬于
义冢。即使在东亚世界里也存在这样不能进行笔谈的情形,这对当事国来说也是
非常为难的一件事。

　　那么除了以上的情形,东亚海域诸国一般是怎样对漂流民身份进行确认的呢?
我们来看看漂流至日本的中国船的笔谈记录。

(一)《护送录》(冈世孺季长　纂辑)

　　日本宽政元年(乾隆五十四年,1789)冬十一月二十二日,漂流到土佐的长崎贸
易船,与日方的笔谈情况如下。

　　篠原弥平、渡边源助,寻至应接船主朱镜(字心如,号兰陵)后<u>笔语</u>

　　前三月二十八日

　　篠渡:贵船漂到于斯,宜自我速送西肥。而吾藩距此一百余里,险山
悍水,征夫所难也……

　　朱:贵国君侯洪慈,仆极知。通船七十七人性命得全,送长碕。但船
上唐人愚昧之人,倘再迟时日,恐皆山上不随。仆押束,非仆推催性急,实
出无奈,祈求谅焉。

　　从"笔语"这样的字眼来看,我们可以判断他们(篠原弥平与朱镜)之间采用笔
谈进行了交流,而这份笔谈记录被冈世孺季长所编辑的《护送录》保留了下来。

(二)《江南商话》(户部德进春行　辑)

　　日本文化五年(嘉庆十三年,1808)十一月,漂流到四国土佐(今高知县)东南沿
海的中国商船,也通过笔谈与当地官员接洽。

文化五年戊辰十一月念七日,江南商船遭遇风难,飘到于吾土佐国安艺郡奈良志津浦……臣亦以<u>楮墨换舌</u>,及其余裔,每会往复探讨……

双方交接时用"楮墨"来"换舌",显然交际的方式不是口头会话。"楮"即纸的原料,此处是纸的代称;"墨"是书写的原料。"楮墨"连用,正是笔谈的象征。

(三)《清舶笔话》(朝川善庵 辑)一卷《清舶笔话叙》

日本文化十二年(嘉庆二十年,1815)十二月末,中国赴长崎的贸易船漂流到伊豆半岛的下田,此时接待他们的是江户儒者朝川善庵。

文化乙亥十二月廿九日,南京永茂船漂到豆州下田港。余不佞以文墨承乏为属吏于韮山,以掌<u>笔话</u>之事。但恨漂商无文字,其所应对,率皆公务,除公务外,绝无风流文雅之语。欲一一皆存之乎?言涉忌讳、事系机密者,间或有之;不可以存乎?亦是人世奇遇、书生孔笔,岂忍弁髦视之乎?因令取舍斟酌,存十一于千百,以寓鸡肋之意云。

文化丙子春三月 善菴朝川鼎撰

日本文化十二年十二月,朝川善庵与漂流到伊豆半岛下田的中国长崎贸易船的船员进行了笔谈,虽然事务性的应答未能满足他的"风流文雅"之欲望,但因此留下的记录仍弥足珍贵。

(四)《得泰船笔语》(野田笛浦、清客朱刘诸氏)

《得泰船笔语》收录日本文政八年(道光五年,1825)十一月漂流到远州的长崎贸易船得泰号的船员与野田笛浦之间的笔谈记录,该书卷首在"文政九年三月"下载有如下意味深长的对句:

笛 浦:问答须凭笔。

刘圣孚:言谈在此书。

日本文政八年(道光五年,1825)十一月,漂流至现静冈县境内的得泰船船员与野田笛浦之间,通过笔谈进行了一系列的问答。

(五)《送□(舟十周)录》(森本东三 编)

日本文政十年(道光七年,1827)正月,中国沿海的商船漂流到了土佐的浦户

港,显示笔谈的记载如下:

> 文政十年丁亥正月七日,江苏元字壹伯六十八号蒋元利商船一只,漂
> 来本州浦户港。时余承<u>笔谈</u>之命,夜踰爵阪南走,寅刻到浦户……

文政十年正月,土佐藩的森本东三被派前往调查漂流到土佐的中国沿海商船
的船员,他接受的任务是"笔谈",因此交流一开始就是以笔谈作为前提的。

三、漂流到琉球国的中国船

明清以来,琉球国一直与中国保持朝贡关系,他们对待遇风漂来的中国船的态
度及处置情况,可以从相当于琉球国外交文书的《历代宝案》中窥探大概。

(一)康熙四十五年正月十八日(1706 年 3 月 2 日)漂至恩纳的福建船

> 据敝国属地恩纳地方官报称,本年正月十八日下午,海船一只来破。
> 即刻出小船数只,救活一十八名。船户游顺<u>口称</u>:顺等系福建福州府闽县
> 人民。顺等二十四名,驾船一只,装载杉木,于旧年五月十二日,闽安镇出
> 口,往海州地方发卖杉木,转往山东青州府收买黄豆、红枣、紫草、瓜子、核
> 桃等物。十一月回闽时遇狂风,损坏篷桅,飘到海岛,不知何名,割断棕
> 索,十二月二十四日又飘至北山属地大岛地方。……至正月十六日,大岛
> 地方开船,又遇暴风,飘到外山打破。蒙救活一十八名,溺死者六
> 名。……所带货物并船器等,淹矢(失?)尽无等。

康熙四十五年正月有中国商船漂流到琉球国,在调查有关漂流的情况时双方
进行了对话交流。来自福建福州府闽县的中国船户游顺以"口称"进行了<u>应</u>对,这
大概是因为琉球国的翻译参与了调查活动。

在琉球国也有同样广为人知的事例。这就是后来琉球的中文官话教科书《白
姓官话》中记载的有关白氏的琉球国漂流事件。

(二)乾隆十四年十一月二十九日(1750 年 1 月 7 日)漂至琉球大岛的中国船

> 据大岛地方官报称,旧年十一月二十九日,海船一只,飘到本地。其

船户瞿张顺等口称：张顺等一十三名，系江南苏州府商人。本年十一月初七日，山东开船，欲往江南苏州府刘□贸易。行到洋中，陡遭飓风。十二日到胶州，十八日胶州开船。□□洋中忽遇暴风，失舵断桅。二十九日飘到大岛地方，即蒙地方官修理船只，发给米、柴、酱、菜、烟等项。十五年二月十九日，彼地开船。讵料洋中又逢大风，二十一日□到奇界地方，冲礁打坏，登岸保命等由。

计开人数

常熟县船户：瞿张顺；船工：张本官；水手：王日新、六官、马八官、沈三官、王四官、院七官；客人：白瑞临、连文山、杨书六、顾介眉

以上共计十二名

计开货数

白瑞临从山东胶州运载他的货物到江南，途中却漂流到琉球。当时调查中的一部分后来就录入《白姓官话》，其官话是按照如下的形式记录的：

问　老兄，贵处是那里人？

答　弟是山东人。

问　山东那一府那一县？

答　是登州府莱阳县。

问　老兄尊姓？

答　弟贱姓白。

问　尊讳？

答　贱名世云。

问　尊号？

答　贱字瑞临。

问　宝舟是何处的船？

答　是江南苏州府常熟县的。

问　兄是山东的人，怎么在他船上？

答　因他的船，在弟敝处做买卖。弟雇他的船，载几担豆子，要到江南去卖，故此在他船上。

问　兄们是几时在那里开船呢？

答　是旧年十二月十八日,在本省胶州地方开洋的。

最初提问的是久米府的十八岁翻译郑世道(字民仪),答话的是船中客人白瑞临,山东登州莱阳县人氏,字瑞临。他们之间关于中国船漂流调查的会话记录被整理成为《白姓官话》。

四、漂流到中国的琉球船

清代有许多琉球船只漂流到中国。琉球船的漂着地域非常广阔,北至山东半岛,南到广东省。几乎所有区域的中国官员都和琉球船员进行了笔谈。以下试举其中几个事例。

(一)《浙闽总督杨廷璋奏琉球国飘风难民照例抚恤折》

乾隆二十六年(1761)九月二十二日

乾隆二十六年八月初一日,据霞浦县知县魏象烈禀报:七月十七日,县辖梅花港边,飘有双桅小番船一只,内有番子九人。查问,语言不通,稍知书写,而字画潦草。细加辨识,似系琉球中山国人氏,遭风被飘到此……

乾隆二十六年(1761)七月有漂流到浙江省最南部的霞浦县近海的琉球船员,其"语言不通,稍知书写,而字画潦草",语言交流行不通,书写的文字也非常潦草,尝试了用笔谈进行沟通,可是判读却极为困难。

(二)《署理浙江巡抚熊学鹏奏琉球国飘风难民照例抚恤折》

乾隆三十五年(1770)八月初五日

据宁波府象山县知县鲁光先禀称:本年七月十五日,据石浦司巡检朱士隅禀报,七月初八日巳刻,见有席草风篷船一只,在石浦港抛泊。随即赴船查验,乃系琉球国船,并无通事之人。语言不懂,当即着其书写。据书"我是琉球国那霸府人,船内共有二十七人。奉令差往八重山,装载米粟,约有一半之多抛丢海中……"

乾隆三十五年(1770)年有漂流到浙江东北部的象山近海的琉球船员,与其不能口头交流却通过笔谈进行了交流。

(三)《署理浙江巡抚熊学鹏奏琉球国飘风难民照例抚恤折》

> 乾隆三十五年(1770)八月二十日
>
> 浙江省象山太平二县海口,有琉球国番船二只,漂泊到境……今又据温处道李琬署温州府事嘉兴府海防同知舒希忠禀称:七月初六日,有外国番船一只,遇风漂流至玉环长沙洋面……查验船内番人共四十名,船身长八丈有余,梁头一丈九尺,装载米粟、棉花、棉布、黑绳等货,并无军器。欲带进内港收泊,该番言语不通,惟以手作势。似因船重,恐带进内港沙浅,搁伤船身,意欲速速归国之状。又据该番人亲笔书写,系琉球国中山王辖地八重山岛人……随风浪漂流到此下椗,赐送福建琉球馆等字样……派拨弁兵护送至闽……

乾隆三十五年(1770)年有漂流到浙江温州近海的琉球船员,与其不能口头交流,虽然通过手势和肢体语言进行了简略的意思沟通,但最终还是通过笔谈确认了船员的出生地与漂流情况。

(四)《江苏巡抚吉尔杭阿奏琉球国遭风难民照例抚恤折》

> 咸丰五年(1855)九月二十六日
>
> ……广东外洋,救护琉球国人五名到沪。询因在海遭风遇救,请即查箱(详?)情。随即还护至城,查询该难夷等,言语不通,给与纸笔,据能书详言之。山城筑登之书,称伊等因船五人,其余四人名国吉人屋、大城仁屋、新垣仁屋、斯垣仁屋,于本年四月十四日自琉球国起程,至六月三十日在那霸川遇风到福州,装载砂糖、茶叶、布匹开往,七月十一日遭风船破,在富海外山遇救,护送上海等语……

咸丰五年(1855)有漂流到广东省的琉球船员,与其不能口头交流,最终通过笔谈确认了船员的详细情况与航海的缘由。

如上所示,漂流到中国沿海的琉球船,通过会话与其进行言语接触都很困难,但是几乎都能通过笔谈探明他们的来历。

五、漂流到安南的中国船

至于漂流到安南(今越南)的中国船的笔谈情况,可以透过澎湖岛的蔡廷兰(字香祖)漂流到越南后留下的记录《海南杂著》与《沧冥纪险》来一探究竟。

　　道光乙未(十五年,1835)秋末,省试南旋。既抵厦门(厦门别号鹭岛),值吾师周芸皋观察寿辰(时任兴泉永道,驻节厦门),随众称觞,欢讌累日。遂渡金门(金门屿在厦门之东),适祖家(余家祖居金门)。由料罗(料罗汛在金门东南)觅舟,将归澎岛问安老母(时迁澎湖),即赴台湾,计不十日可至也(余是年在台郡城主讲引心书院)……十月初二日,舟人来促。率家弟廷扬偕从者驰至海滨,见船已拔椗(椗以重木为之,海舟用以定船),张高篷(即帆也,俗呼篷)且去。遽呼小艇,奋棹追及之。而日色沉西,视东南云气缕缕腾海上,变幻苍霭间,良久始灭。入夜,满天星斗,火□闪烁不定。余指为风征,劝舟人且缓放洋(大海中汪洋无际处曰洋,有内洋、外洋之称)。舟主持不可。顾邻舟三五,亦渐次离岸。余已晕眩,自投舱中拥被屏息卧,听其所之。约三更,闻风声飒飒,船底触水,硍硍作急响,势颠簸,殊不可支,犹以为外洋风浪固然,姑置之。再燃更香以俟(舟以香一炷为一更,名更香)。复疾驶逾两炷时,度已逾黑沟(海中有黑水洋,水深而黑,东流急且低,俗谓之黑沟),平明当抵岸。舟行愈急……
　　越宿破晓,见一渔艇过呼问,<u>语不可解</u>,<u>指书</u>"安南"二字。少顷,又一小艇来,中一人能华语,自称唐人(安南呼中国人曰唐人)登船,愕曰:"客从中国来耶? 不识港道,胡能至此。"众告以故,摇首咋舌曰:"非神灵默护,胡能尔尔。"初到小屿,即占毕罗屿,屿东西众流激射,中一港甚窄,船非乘潮不得进,触石立沉。由西而南,可抵内港,桅篷已灭,逆流不能到也。其东西一带,至此称极险,海底皆暗礁、暗线(海底石曰礁,沙曰线),线长数十里,港道迂回,老渔尚不稳识,一抵触,虀(斋)粉矣。余闻而益骇。

蔡廷兰在台湾海峡航行时遇到了海难事故,随风漂流至越南。漂流时遇到了渔船,彼此言语不通,对方用手指写下"安南"二字,蔡廷兰这才知道身处何地。此

时又有另一艘小船出现,内有会说中文的人,自谓"唐人",于是会话得以通畅。此
"唐人",有可能是指居住在越南的华人。

六、漂流至朝鲜的中国船

船只从中国漂流到朝鲜半岛的案例较多,中国船员与朝鲜官吏间的沟通情况
如何呢? 下面我们通过朝鲜的史料来看个究竟。

(一)道光二十二年(宪宗八年,1842)三月初三日

> 洪州地长古岛漂到异样船严饬问情缘
> 问:尔们何国地方居生之人,缘何事往何处,何月日漂到我境?
> 答:我乃大清国江南省苏州府所直隶州人民。今年二月十五日,我船
> 主姓袁名翼天,通字船号袁万利商船,持森盛号主姓郁名竹泉信书,今十
> 八日在我国铁铃问挂号出口,空船动身。方往牛庄口,交沈汶泰装苣,到
> 我本国东北界茶山大洋。今月二十二日被大西风,二十四日上午漂到
> 贵地。

漂流到朝鲜半岛西部沿海的苏州籍船员与朝鲜官员之间"言语莫通,以笔舌问
答之间",即言语无法沟通,于是就用笔谈来交流。

(二)咸丰六年(哲宗七年,1856)十一月二十日

> 罗州地方大黑山岛堂仇味前洋及永山前洋三只异国舡问情次
> 仅为操笔者,惟高载清一人,而答以为我们大清国南通州吕泗场人。
> 今年十月二十一日大姑山洋河口,装载黄豆三百大担,二十六日放洋,将
> 往上海县,所管生义号交卸。二十七日飘大风,断失大铁锚,斫去前樯。
> 至十一月初八日,舡头浪打开□,舡内水入,黄豆一百余担,掷去水中,一
> 百余大担在舡,十七日丑时漂到此地是如为乎所。生义号人名也,交卸,
> 即交付之意也……
> 继以书字问之,则操笔者钱松桥,答以我们大清国江南省太仓州宝山
> 县之人。今年九月初三日江南省放洋,十月十七日进洋河口,装黄豆红
> 豆。十月二十七日洋河口放洋后,连遇大风。至十一月十二日到贵国。

咸丰六年(1856)有长江口南通之船漂流到朝鲜半岛的西部沿海,当时也是采用"操笔"的方式进行笔谈交流。

(三)咸丰九年(哲宗十年,1859)十二月十一日

观彼人等形貌衣制,则皆剃头发,脑后只有一条辫发,头着则或黑毯帽,或白毯帽,身着则上或黑三升周衣,黑羊皮短冬衣,下或青绵(棉)布栖袴衣,白绵(棉)布有絮袴,形貌衣样,皆是中国之制。故先以<u>汉学通语</u>,继以<u>书字问之</u>,则彼人中王相眉,<u>粗解书字</u>,<u>操笔</u>答曰:我们大清国山东省荣成县人,本年九月初二日由荣成县俚岛口,装盐鱼,到上海县出卖,候风留住。十一月初七日往江营舡港,装绵(棉)花一百八十二包、同由二篓。初八日放行回家,猝遇西北大风。二十三日漂到贵国是如是乎旀。

咸丰九年有漂流到朝鲜半岛的山东船员,朝鲜官员先通过翻译询问(汉学通语),继而以笔谈(书字问之)进行问答。

(四)辛末(同治十年,高宗八年,1871)四月二十四日

即呈长渊府使李昌镐驰报内,洋人二名、唐人二名,捉囚状书目题旨内,其在边情,不可以渠之所告,循例挨过,究覈其情伪向事亦教是乎所。与白翎金使及营门军官译学眼同,招致彼类,更问其来由,则盖此洋丑,<u>文语不通</u>,真是<u>有口之哑</u>。故使其识字唐人,替问洋汉与唐人姓名及复来之由,屡回穷覈是乎。则<u>唐人笔谈</u>内,唐人二名,一是于光进,年二十;一是于老四,年三十四也。素以烟台村人,因铺主西公顺之知委,留落七名载去,次持来票文到此;而同来洋汉二名,乃是大布国人也,惯识水路,故同骑出来是如是乎旀。此洋人假,唐人亦通文语,则渠之姓名,无以之告,而此外更无加覈之路。右项四汉假,素无带来物件,而只有所着衣件,故列录修成册上使是如是白乎旀,鳞次牒呈内,大船所在处,登高了望,随处探得是乎矣。

同治十年(1871)有外国人 2 名与中国人 2 名漂到朝鲜半岛,朝鲜官员与中国人进行了笔谈交流,询问了他们的姓名、年龄与出生地。

(五)乙酉(光绪十一年,高宗二十二年,1885)九月二十五日未时

　　即刻呈白翎佥使玄升运本月十九日巳时成贴牒报内,今十八日酉时量,本镇中和津瞭望将金吉焕所告内,三竹清舡一只,为风所漂。致败子遵池边,而舡颗一人,无伤下陆是如,故闻甚惊骇,金使摘奸驰报次。同日亥时,即往莲池浦,一一看检是乎,则果是三□(竹?)清舡也,而后帆竹为风波折伤,舡只假,本板破伤,水满舡中,而人命既已下陆,故为先后处温埃安接为乎旀。语音无以相通,故<u>给以纸笔</u>,其中有<u>解文字</u>者,仅以姓名年岁居住,而本以大清国山东省登州府福山县烟台村居人,今年五月二十六日装杂货,六月初四日至仁川卸下,九月初七日回□,同月十八日遇风致败乎于本浦。

　　光绪十一年(1885)有中国人漂流到朝鲜半岛,朝鲜官吏拿出笔纸,他们便写下了自己的出生地等情况并回答了朝鲜方的提问。

七、结　语

　　综上所述,在前近代的东亚海域发生海难事故漂流至陆地后,漂流地的人们在救助过程中必然尝试着与难民进行言语沟通。这种事件随时可能发生,东亚沿海地区的任何地方均不可避免。以日本船为例,除了漂到中国、朝鲜、琉球之外,还有漂到越南的案例。如《闽浙总督方维甸奏查办抢掠日本难番货物之匪徒折》有如下记载:

　　嘉庆十五年四月二十三日

　　闽浙总督臣方维甸跪奏,为查出抢掠难番货物匪徒严办示惩恭折奏闻事,据署彰化县知县陈国麟禀报:日本国番民三次良等船只,于三月十四日漂至彰化县塭仔蒙海边,搁沙撞破,查无货物。臣思三次良等驾船贸易,洋面遇风,虽据称漂流多日,桅柁损坏,货物抛失大半,然船未沉溺,到此始行撞破,应有余货存留,何以竟无一物。当饬该县访查,旋据面禀夷船,尚有存剩货物,被沿海匪徒抢掠等语,复委员向该番等询问。据<u>写供词</u>称,有海边百姓,驾小船赶到伊等破船上,将存剩货物全行抢去……

嘉庆十五年(文化七年,1810)漂流到中国台湾地区的日本船的笔谈情形,大概可以用这个奏折中的信息作为参考。由此奏折可知中国官吏凭"据写供词"来进行盘问。这里的"据写"应该就是指凭借笔纸的笔谈。

江户时代漂流到日本的中国船员与日本方面的交流,清代漂流到中国的琉球船员与清朝官吏的接触,漂流到越南的中国船与当地百姓的接触,朝鲜官吏对于漂流到朝鲜半岛的中国船的调查,等等,大多使用了笔和纸进行笔谈交流。

另外,在与中国关系密切的琉球国,因为配有中文翻译,所以相对于笔谈更多地运用了口头会话进行交流,而当时的会话也作为书面的官话记录留存了下来。

综上所述,笔谈这种交流形式得以在东亚海域诸国间出现与延续,是基于东亚世界所特有的文化条件——汉字是各国间交流的通用文字。对于东亚世界的人们而言,汉字这种从象形文字发展过来的表意文字非常易于理解,因而借此展开沟通也较为容易。

(翻译:浙江工商大学东亚研究院　谢咏)

三岛中洲的笔谈录三种

町泉寿郎

（日本 二松学舍大学）

随着日本的开国，日本人与外国人的直接交流成为可能。而且在幕末至明治时期，由于日本文人仍保持着较高的汉学素养，因此日本国内外出现了大量汉文笔谈录。然而，其中的大多数笔谈文献，尚未成为近代东亚交流史研究的对象。明治时期以宫岛诚一郎和大河内辉声等为代表的日本文人与清朝驻日外交官之间的笔谈录已被大家所熟知，但要把握笔谈记录的全貌则需要更进一步的研究。

本文以二松学舍大学的创办人、明治时期著名的汉学者三岛毅（1831—1919，下文以其号"中洲"称之）为例，介绍其与中国、朝鲜人员交流的笔谈录，就近代东亚和汉学的一些问题进行思考。换而言之，即结合"汉学家"的实像，探究19世纪日本社会及东亚近代史中的"汉学"意义的多样性，以求把握其急速变化的面貌形态。

一、三岛中洲的简历

（一）求学与师友

1831年，中洲出生于现仓敷市中岛的庄主家中，14岁时师从备中松山藩①儒者——以阳明学闻名的山田方谷，并很早就跟随方谷在邻藩津山接触到了西洋式炮术等西方科学技术。之后又游学于津藩的斋藤拙堂门下（1852—1856），除巩固其汉诗文学素养和之前在松山藩所学的朱子学外，还奠定了其深厚的考据学基础。1854年，美国使节佩里再次来航，中洲认识到内忧外患的国家形势，于当年著《探边日录》，迈出了探索世界的一步。次年清朝船只漂流至志摩事件之际，

---

① 备中松山藩：今冈山县一带。——译者注

又撰写了《屯兵策》。

1857年,中洲从津藩游学归乡后在松山藩为官,后又被资助去江户游学,进入昌平坂学问所书生寮,从此学问更上一层楼。5年后(1861)归藩担任藩校学头(校长),同时开设了家塾。

(二)幕末维新期间事迹

1862年,松山藩主板仓胜静升任老中(幕府时期辅佐将军,总理外国事务),跻身幕政核心,由山田方谷负责其事务的辅助,故中洲的活动范围也由单纯的儒职扩大到外交领域。这一年的十月,中洲奉命前往中国及九州诸藩进行勘察。

1863年春夏中洲赴京都,孝明天皇坚持攘夷,而幕府却犹豫不决,处于这样的两难境地,中洲和方谷一同辅助老中胜静,为避免因攘夷导致朝幕对立而不断进行劝说。之后其又担任松山藩的审查官(勘定方)兼任友邻使(邻好挂),鸟羽伏见战败后与家老一同迎接冈山藩兵的镇抚使,并就松山开城进行交涉,为守护藩主的名誉而尽可能回避了武力冲突(1868)。

其后中洲代替在东北混战中下落不明的藩主父子,从分家迎接胜弼主政并辅佐之(1868)。胜静父子自首并遭囚禁后,胜弼降职至高粱藩知事(从5万石减封至2万石),中洲欲分担旧主的劳苦,便毅然辞官(1869)。

(三)出仕明治新政府(法曹、大学教授)

1872年,旧主板仓胜静解禁获释后,中洲被明治政府以司法省七等官擢用,历任新治裁判所所长(1873—1875)、东京裁判所判事(1875)、大审院民事课(1876)等司法职务,在这期间向外聘的法国法学家博亚梭纳(Gustave Émile Boissonade de Fontarabie)、波斯凯(Georges Bousquet)学习了法国民法。

1877年,因撤销大审院判事而退职,于是开设二松学舍(当时为私立中学)。明治十年前后,为司法省法学校、陆军士官学校、东京大学古典讲习科等培养了大批后备人才。中洲自身也受东京大学综理加藤弘之的委托担任汉文讲师(1879—1881年任讲师,1881—1886任教授)。在此期间充分发挥自身汉诗文的才能,和朝鲜视察团进行笔谈,以及与清朝驻日公使员频繁唱和应酬。1888年担任大审院检事,从事博亚梭纳编纂的《民法》草案修正工作(1888—1890)。

(四)一代师表(天皇及皇太子侍讲、汉学家)

自1895年开始,中洲再次担任帝国大学讲师。翌年其盟友川田瓮江病殁后,作为继任受命为宫内省东宫御用官,作为东宫侍讲为皇太子(后来的大正天皇)讲授汉籍、修改汉诗等,一直就任至1915年,在天皇的宫殿和住所度过了每日侍讲的

20 年岁月。

在此期间(1899、1900、1902、1906、1910、1911、1914),也时常穿插着为明治天皇、大正天皇讲授汉学。1899 年受博士会推荐,被授予文学博士学位。

二、与清人林云达的笔谈录《琼浦笔谈》①

前文所提到的中洲 1862 年(文久二年)至 1863 年(文久三年)的旅程,共耗时 110 天,路程超过 464 里②(超过 1800 公里),根据在各地收集的资料详细记录后写成《西国探索录》上交藩主,而每日与友人们交往的诗文则编为《镇西观风诗录》③自己留了下来。可以说中洲以收集西方诸藩情报为目标的这次旅程的成功,正是由于他在津藩和昌平坂学问所游学时构建的汉学书生人脉。中洲在长崎的活动列举如下:

○11/20　到达长崎。

○11/21　拜访旧友永井小舟,参观丸山的传习馆(西方式医学院),购入进口书籍。

○11/22　在英国学生牧山公平的带领下参观了大浦英国商馆,知道了许多为躲避太平天国起义来日清朝人的临时住所,和寄居于英国大使馆的清朝文人林云达初次见面并进行了笔谈。之后参观了出岛的荷兰商馆。

○11/23　拜访小曾根乾堂,并在唐通事的带领下参观了小岛的清朝商馆。

○11/24　购入进口书籍,再次拜访林云达以及参观传习馆。

---

①　三岛中洲的亲笔手抄本藏于学校法人二松学舍(『学校法人二松学舍所藏資料目録』和装本 0026),写本 1 册,共 7 页。装于薄信笺中(宽 17.4 厘米,高 24.2 厘米),上下两处用纸捻儿进行缀订。封面的左上角用墨书印着书名"瓊浦笔谈",右上角印着"二松学/舍图书/之章",右下角盖着"東京麴町三番町电(33)二〇〇七/二松学舍图书室"的藏书印。此外,"二松学舍图书之章"的印章下还有用紫色铅笔写着"文久二"之后的年份批注。没有内标题,一面 13~14 行,一行 25~27 字不等。外标题和正文一概一笔挥就,细笔头,楷体字。虽然没有后记等,字样看上去的确像是三岛中洲年轻时的笔迹。原稿上有多处涂改痕迹,可以推断是笔谈当日不久后在探索西国途中整理的。

②　里:日本古代计量单位。

③　《西国探索录》《镇西观风诗录》均已翻刻为活字本,收录于《二松学社学友会志》。原本传存情况不详。

○11/25　在小曾根乾堂带领下参观制铁所并大受震动。

　　林云达出身于岭南,幕末明治时期长年居住在长崎,安政七年(万延元年,1860)来日,所以那时他已经在日本待了3年了。当时被当作和暂居于大浦英国使馆的其他清朝人一样,只是为躲避太平天国之乱而前来日本的。林云达后来因指导佐贺出身的书法家中林悟竹,在书法界亦博得名声。

　　11月22日的笔谈内容大致如下:中洲向林询问近世博学能文之才,林回答时提到袁枚和蒋铨,而中洲之前已经读过他们的文章了。接着又询问最近杰出的人物是谁,以及确认曾国藩打败太平军收复南京一事是否属实。此外还询问了林寄居在英国领馆而不是中国领馆的原因。

　　11月24日再访时的笔谈内容大致如下:林关于基督教的见解以及西方人传播基督教的真正意图,西方人对日本的态度,西方人不关注朝鲜的理由,现在清朝政府的战术,同治皇帝的贤愚和主要的文武大臣,清俄关系以及有关清朝历史的重要书籍等内容。

　　经过两次笔谈交流,两人的话题围绕着西方列强的东亚战略和清朝的应对政策等诸多问题展开,但中洲并不满足于林的回答,再三追问林的个人见解。此后中洲在请教修正意见的原稿中也表明了"航海通市,可以裕国"的本意。中洲的老师方谷较早就提出开国门通贸更符合国家富强的自然规律这一观点,受其影响,中洲也明确地提出了开国论。

　　对于应对西方列强的困难,林表示认同,并强调储备兵粮和提拔人才的重要性,提出应尽早化解"将相不和"这一矛盾的建议。中洲得知北京被攻占,"满洲"变为俄国租借地以及清朝向英法支付赔偿金等情报并向林确认时,林只回答了圆明园被烧,关于租借和赔偿金却一概否认。

　　中洲和林云达的笔谈记录《琼浦笔谈》,除了保存在二松学舍大学的中洲自写本外,还有阿万丰藏的手抄本(宫崎县立图书馆阿万文书所藏),可见当时该书即以抄本形式流通。阿万丰藏当时投身饫肥藩士安井息轩门下,与中洲在文久二年末至翌年正月在日向国的清武町有过接触。

三、与朝鲜使节团随员的笔谈录《三岛中洲、川北梅山、崔成大笔谈录》①

日朝间缔结不平等条约（1875 年《日朝修好条规》）后，朝鲜向日本派遣了两次使节团（1876、1880）。朝鲜国内开化派和守旧派的矛盾激化，在对外问题上的意见对立也不断加深。在此背景下，以僧侣李东为首的开化派提出派遣使节前往日本的计划，并于明治十四年（1881）四月至七月间派遣 12 名朝鲜官员及随行和翻译共计 62 人，组成朝鲜视察团前去日本进行考察。各朝鲜官员及所担当的考察部门如下：朴定阳（内务省），赵准永（文部省），姜文馨（工部省），严世永（司法省），沈相学（外务省），洪英植（陆军），鱼允中（大藏省），李铣永、闵钟默、赵秉稷（税关），李元会（陆军操练），金镛元（汽船运航）。

负责司法部考察的严世永（1831—1900）多次造访司法省，欲学习吸收西方的法律知识，但韩语与日语间的语言交流却是障碍，故提出希望能带回法律书的汉译本。于是司法部大书记官松冈康毅寻求前同僚中洲的协助（见明治十四年六月二十四日中洲写给松冈康毅的书翰）②，最终由中洲安排为严世永提供治罪法和刑法的汉译本。

中洲和朝鲜视察团间的交流，可以参考《兴亚会报告》。从报告第 18 集（明治十四年八月）中可以看到，中洲作为这一年 6 月份的新会员出现。6 月 23 日，兴亚会在神田明神附近的开花楼举办了招待朝鲜视察团的宴会，中洲也以会员身份参加，并和古海长义（旧米泽藩士，海军主计局）各咏七绝两首，洪英植、鱼允中、李凤植（赵准永随员）相继次韵和诗，这一事迹当时还登载于报刊。当日参加宴会的视察团员除上述三人外，还有金镛元、沈宜永（李元会随员）、金世模。倡导亚细亚主义的团体兴亚会组织的机会，成为中洲和朝鲜视察团最初相识的机缘。追踪《兴亚会报告》的一系列记事，中洲此后在兴亚会的集会中发表诗文的机会不多，但他对

① 笔谈原本藏于学校法人二松学舍。此笔谈录虽然曾收录于海潮社发行的『二松学舍学芸雑誌』（明治十四至明治十五年），但该杂志本身就属于稀见珍本，且内容上亦有较大差异。笔谈的影印、翻刻、现代语翻译还收录于《三岛中洲研究》卷四。当日的笔谈最初只有中洲和崔两人进行，中途川北梅山加入。笔谈的形式是，开头由中洲和崔分别在自己的便笺写上问题和答案，每写下一段后传给对方看；川北梅山加入后，这种形式似乎难以为继，遂改为三人依次书写。由于三人笔谈显得顺序较乱，所以中洲事后用红笔添加了整理号码和笔者名。编号从 1 到 206，其中缺失了 91 到 99 号。

② 学校法人二松学舍所藏，见『学校法人二松学舍所藏資料目録』，编号为"書簡 0157"。

朝鲜局势仍十分关注。

与中洲交情最深的视察团员叫崔成大,是严世永的随行武官。当时任东京大学教授的中洲在 7 月 9 日将崔成大请至家中,两人进行了笔谈,当时正值暑假,中途中洲的旧友川北梅山加入其中。由于笔谈顺序难以分辨,事后中洲添加了 1 至 206 的汉文数字加以编号,并注明某段由某人书写。笔谈概要如下:

(no.9~20)围绕朝鲜郡县制和日本从封建制度到明治维新天皇亲政的讨论。

(no.21~36)中洲就朝鲜的历史书提问,并询问崔所回答的《国朝宝鉴》是否能到手一读,崔回答说不能。中洲接着询问书店里有卖的历史书籍,崔答非所问欲转移话题。

(no.37~49)中洲拿出引起崔兴趣的黄遵宪所著《日本杂事诗》,崔看后表示不解,既然黄遵宪记叙的关于日本的政体和风俗的内容皆不准确,为何政府却还能允许这种著作刊行。中洲解释道,旧幕府时代是严格禁止的,但现在遵循西方的做法却是允许的。

(no.126~130)中洲再次询问崔有没有朝鲜的历史书籍在市面上流通,而外国人不允许看是不是意味着不能进行买卖。崔回答以前是禁止的但现在没有问题。中洲又提出自己用《大日本史》换取《国朝宝鉴》的提议,但崔表示不能断定现在是否还有禁令,态度仍然十分慎重。

当日的笔谈中最为激烈的是两人针对儒教道德的争论。中洲主张道德采取儒教传统而技术学习西方的“取长舍短之说”,而崔针锋相对毫不退让,主张如何取舍取决于自我,不赞同学习西方法律。中洲认为儒教和西方先进科学在丰富人们生活这一要义上是等同的,甚至陈述了采用西方先进科学技术是符合圣人旨意的观点,不必对道德和技术进行本末之分,只需取其“长”即可。而崔从始至终坚持选择取舍的基准皆在“我”的观点。

针对中洲提出的“忠信”东西无异的想法崔也表示异议。中洲认为像“忠信”这种基本伦理道德是中西共有的话,西方人也算是同胞。与此相对的,崔认为遵从忠信笃敬的属于中等以上的人,而西方人属于无法认同儒教的异种,所以不期待其能够与之共通而得到理解。

中洲认为这一问题不能立马得出结论,日本在十多年前也持有和崔相同的观点,由于最近对明治初期的一边倒欧化进行反省从而欲再兴汉学,故自己提倡“取长舍短论”,对此崔立即反驳,认为日本应认真反省自身一边倒欧化,应该将朝鲜作为范本学习。

　　中洲主张以加强对外敌的军力戒备来进行强国,他认为这是亚细亚的幸运,崔虽表示一定认同,却始终没有超出以往"修内攘外"的范畴。可以说,中洲的想法在汉学和洋学的折中方面与幕末以外广泛出现的"东洋道德,西洋艺术"的观点相近,而崔的思维依旧受主张技术为末道德为主,尊崇道德第一位的儒家传统思想根深蒂固的影响。

　　在笔谈过程中,中洲向崔出示的黄遵宪(1848—1905)的新刊《日本杂事诗》(1880 年王韬序,原刊本)①的原本留存至今,中洲在书籍上用红笔添加了评语和批注,对有些内容评价颇高,就其中某些观点也写下了批判性意见。虽然不算是直接性的笔谈,但也可作为中洲与作者黄遵宪间的交流辩论,故下面对主要的评语加以介绍。

　　《日本杂事诗》中有吟咏经书注释的《西条书记考文篇》②,黄遵宪在解说中提到"盖日本之学,源于魏,盛于唐,中衰于宋元,复兴于明季,以至今日。自藤原肃始为程朱学,师其说者凡百五十人","为阳明之学者凡六人","(伊藤仁斋)不甚喜宋儒,而讲学自树一帜,其徒七十人","物茂卿之学,近伊藤而指斥宋儒过之,门徒六十四人","更有古学家,喜治汉唐注疏","说经之书,自《七经孟子考文》外,则有《论语解》《四书古义》",中洲在一旁加有圈点,大概评价黄遵宪还是大致把握了江户时期儒学史的概要;但在列举松崎复、安井衡、盐谷世宏为古学家一栏上批注"猪饲敬所经学,不在松崎、安井下,此编逸之何也",指出遗漏了津藩的老儒者猪饲敬所。此外,在列举经书注释的书目一栏上也写下"我邦论经者尤多,此所载九牛一毛耳"的评语,指出列举数目的不足。

　　《日本杂事诗》中又有吟咏江户时期汉文学的《徂徕而外有山阳》一篇,中洲对黄遵宪所列举的盐谷世宏、斎藤谦、古贺朴、柴野邦彦、中井积善、中井积德、佐藤坦、安积信、柴野允升、斎藤馨、篠崎弼、坂井华、松崎复,在栏上批注云"叙列古文家玉石混淆,盖闻其名而不读其文耳",认为黄遵宪的评价未必妥当。

　　此外,《日本杂事诗》吟咏清朝公使团初次登陆日本时看到的如田园诗般风景的《夕阳红树散鸡豚》一诗,中洲加评语云"长崎互市既久,狡黠类横滨、神户。然仅入近傍村落,皆浑朴如此编所记,况其他乎? 外人钦仰如此,可以知我风俗之优彼

　　①　二松学舍大学附属图书馆所藏。
　　②　中洲曾委托黄遵宪从《日本杂事诗》中选择《西条书记考文篇》和《徂徕而外有山阳》二诗挥毫惠赐,而中洲对这两首诗都做了批判性评语,所以选择这两首诗大概也是基于中洲的意图。

数等矣",为日本民俗的优秀性感到自豪。

针对《削木能飞翔鹊灵》宣称西方科学技术源于中国的这首诗,中洲写下"西学源于东来或然。然昌黎不云乎,师不必胜弟子,以师自任轻视弟子,亦汉人通弊,可不戒哉"的批注。

针对书中《五经高阁意如删》感叹日本大学渐弃儒学的现状,中洲写下"此则数年前事,今则东京大学文学部讲习四子、五经、诸子、资治通鉴等书",并将自己近日还出讲东京大学古典讲习课作为实例进行反驳。

中洲的评语内容和与崔成大笔谈时提出的主张有很多共通点。中洲在《日本杂事诗》一书刊行后时隔不久(1880—1881)就写下了以上批注,这些评注有助于我们了解这时期中洲的想法以及《日本杂事诗》发刊时的评价。

四、与清人张滋昉的笔谈录《日清迎春笔话》①

中洲在与朝鲜使节团笔谈后的第二年,又得到与清朝文人笔谈的机会。张滋昉(1839—1900,号袖海)原籍广东琼州,出生于顺天府大兴。明治九年(1876)因台湾问题与来访北京的副岛种臣进行交流,又以教授军人曾根俊虎北京官话为契机,明治十二年(1879)赴日,明治三十二年(1899)回国,20年间一直留在日本。张滋昉是南宋学者张栻(南轩)的32代孙子,也算是出身于书香门第。最初在兴亚会"支那语"学校和庆应义私塾教授中文(始于1880年),1889年被调往帝国大学汉学科(1889年)和被文部省接管的东京高等商业学校(1890年),是近代日本最早的一批中文教师。作为兴亚会"支那语"学校教师的张滋昉,是兴亚会创设时就参加的同盟成员,而前面提到的中洲于明治十四年(1881)六月入会,故毫无疑问,兴亚会便是二人相识的交点之一。

明治十五年(1882)一月七日,中洲邀请住所临近的旧友南摩羽峰和川北梅山以及通过兴亚会结识的樱井竹崖和张滋昉到自己家中,摆好茶果,设好酒宴,一边尽情饮酒,一边享受与张滋昉的笔谈。张滋昉性情洒脱,笔谈进行得非常融洽、顺畅。特别是谈到和张滋昉一起生活的美丽日本女子的话题时气氛十分热烈。樱井竹崖属于中洲交际圈内不常露面的人物,也许其就是宫内省的官员樱井纯造。

需要特别关注的内容是受中洲请求,张滋昉在兴亚会席上公开赠予朝鲜人诗

---

① 笔谈原本藏于学校法人二松学舍。

作,从诗中可以看出中日朝三国同盟的设想的确是曾经共有过的。

　　此外,中洲在所作的《壬子新年试笔》末尾添加了"虽是东京大学教授所作,但多半已是隐者境遇,冷眼旁观世间风波"之句,作为探究明治十四年(1881)政变后中洲心境的变化及感慨的材料也是非常有趣的。

五、《琼浦笔谈》录文

【琼浦笔谈　壬戌十一月廿二日与清人林云达笔谈于长崎英馆。】

仆姓三岛,名毅,号桐南,闻君近日与横山钝轩接话。钝轩即仆友人也。

　　昨有一缄,托柳小春转致钝轩,君见否?

近来偶与钝轩契阔,故不见尊书。

　　想仍在柳氏处,未曾寄去。

偶携鄙稿数篇来,赐览观幸甚,有闲见评正,更妙。

　　钝轩文甚高古。君与为友,佳制定相伯仲,仆当刮目。

仆与钝轩,年相伯仲,而文则否。惭惭汗汗。

　　观君首二作,其规矩准绳,实与钝轩伯仲。而洗伐研练,功夫似优钝轩。仆当
　　细评,迟日奉璧,何如?

仆滞本地不过两三日,明日再访,见返与否。

　　明日可以奉送。

贵邦近世博学能文,为谁?

　　康熙乾隆间,则袁枚、蒋铨号称才子,各有文集行世。其余词馆中新进亦多有
　　文稿,但不如二子之名动四远耳。

二氏文集,仆亦曾一读过。词馆新进中,谁为翘楚? 近来修考据者,有大家否?

　　前者,太平之世,文风昌炙。故文章一出,天下向慕。今干戈四起,科场时亦勉
　　强,文人学士避难不遑,何暇为此? 即使闻其名,亦未见少文也,而所见不过时
　　文八股数篇耳。

长毛猖獗,目下如何? 数日前闻之一友人,曾元帅复南京,确否?

　　如前扰乱,南京未复。

兄书生隐于商乎? 将商暇读书也。

　　中土多故,奔走不遑。自顾无才,不堪任事为苟全计。避地而来贵国,即借商
　　贾以赡衣食而已。无德无才,何为隐也。

不寓唐馆而洋馆，何故？

    唐馆作事，诸多不便，凡事掣肘，不如外边可以自如。

兄何许人，以何岁月来于此？

    仆岭南人，来此已三年矣。

见示高稿，幸甚。

    即当请教。

篇篇简明，而论又公平，足以知吾兄为人矣。

    蒙过奖。

今日有事，不得长谈。明日当再访。

    既有事，请尊便。

明日不来，期明外日。鄙文评正，勿食言。

    敢领教言。

【廿四日再访笔谈】

再昨蒙歘接，今又鄙文评正之赐，感谢不可言。

    愚见僭评，实未能尽其高妙，尚祈原谅。

高评溢美，不敢当。

    伏读大文，眼界一阔。足下抱才如此，何不出而试之？况今正用人之秋，安可
    怀瑾抱瑜，不一见于当世也。

仆仕一诸侯。至天下事，则可言而不可行。

    使足下之言而当道者能用之，亦与行之无异。孔子云："一言而可兴邦。"言亦
    非细故也。

北京近状，如何？

    北京目下无事。

闻长毛贼奉天主教，的否？

    是实，然亦有不奉者。

国有禁，仆未读洋教书。然察之，与浮屠方便相似。其意不过劝善惩恶，果中否？

    其意亦欲人为善，本无大错。但其立言甚偏，凡百事业功德，皆归耶稣一人，未
    免穿凿，令人难从。如吾儒尊孔子固是极其推崇，而其前何常不美尧舜文王。
    自孔子以来，使可将尧舜文王抹却耶？彼之推崇耶稣，适足以见谬执偏私也。

洋人视孔教，若何？

洋人于孔教亦甚尊崇,不敢下贬词。

彼欲施其教于贵邦及吾地,其意似骎骎,如何?

彼意本欲偏处传教,愚者从之,智者哂焉。然彼所传,每多乡愚贫民,或贪其些小滋润,比之乞丐为稍易得而出此。或妇女无知,听其天堂地狱之说,以为彼真,能为我赎罪也。识者吐之。

彼视吾邦,若何?

洋人到处,皆欲肆其蚕食,以渐而入,非大创之不可也。仆即其情,不久必有兵交。盖夷人之性,好事喜争,贪得无厌,得寸则思尺。若竟顺从,靡所底止。一拂其意,使藉(借)以起兵端,比比然矣。留心当世者,不可不虑也。

达观五大洲,不过一同胞。况贵邦与我,地近而风同,共奉孔教。今接足下,情好如旧,是所以布心腹泄杞忧也。有所见,勿惜指教。

承殷殷下问,敢不略陈鄙见,但空言无补耳。如大文所言,航海通市可以裕国,此亦一要领也。然其中之节目条贯,又非一时片纸所能尽。要在当事者,集众论而斟酌损益之。至夷务一节,更难悬议。要当事者,随机应变,不可以言传。过刚则偾事而激变,过柔则自懦而不震,将来有不可问者矣,必也。外则刚柔适中,随时变通;内则杜渐防微,兵食预足,有备所以无患也。又时访高才硕德以备咨谋,其大要如此。贵国职官多世袭,则草野岂无遗贤?朝廷有事之秋,固当破格用人也。

高谕的切,金玉不啻也。本邦旧俗崇武,而三百年昌平,人稍游惰。然洋夷入津以来,视彼为敌国外患,上下一心有复旧之志。目下庙堂贤才拔茹,而下则切齿扼腕,建言陈策者不绝迹,想武备逐日而盛矣。

亦闻贵国武备,早预各诸侯及士大夫,皆抱同仇之志。然将相不和,亦庆事也。《汉书》云:"天下治,注意相;天下乱,注意将。"将相和事乃有成。此陈平周勃,所以交相结纳以刘氏也。宋南渡,岳武穆大胜朱仙镇,金兀术大惊欲逃。有书生扣马,谏曰:"未有权臣在内,而大将能立功于外者。"兀术悟因止,而秦桧乃以十二金牌趣班师,而大功遂隳于垂成,宋室于以不振。此将相不和之明验也。即近日天津之败,亦半因大将掣肘,不能尽用其谋之故。又东晋偏安江左王猛临终,谓苻坚曰:"晋虽偏小,正朔相承,君臣和睦,上下同心,幸勿妄动。"苻坚不以为然,自率八十万精兵攻晋,败于八公山,遂致身亡国灭。此以见君臣上下同心,所以能御击强敌以自振也。孟子云:"天时不如地利,地利不如人和。"信然。

古今同一,慨真如高谕。

西洋阵法,果冠五大乎? 贵邦近日演洋法乎? 将守旧法也。

　　当今用兵,专以火炮为主。不畏死不逃遁者胜,并无所谓阵法也。如果兵粮丰
　　足,炮利备,守死不移,安能破之。若见贼先走,安问其他哉。

洋夷贪欲而狡诘(黠),邦人视如犬豕。贵邦视之如何?

　　犬羊豺狼,尽之矣。

彼舍朝鲜而不问,有故乎?

　　洋人所贪此利耳。朝鲜贫甚,土产又不多,且往来船只,又不靠彼土屯泊,故
　　舍之。

有事当办?

　　无甚事。有话,不妨见教。

闻近年北京覆没,典满州(洲)地于鲁西亚,输其金于英佛,以请和。不知有此事否?

　　旧年北京乃在天津口交兵,有不良者为之乡导,由间道潜入圆明园,焚烧抢掠
　　一空,遂以讲和。园离京城尚四十里,安有覆没之事? 如果覆没,则仆已为左
　　衽矣。和后亦非输金,但于各关口量减税饵耳。

愚见,贵国之患,不在长毛,而在西洋。

　　尊见亦是。然长毛亦细故。

陇蜀地方,经毛贼兵劫否?

　　前有到过,随亦他遁。

贵邦北疆(彊)与鲁西亚接,有交兵之事否?

　　一向和好,无交兵之事。

同治帝贤否如何? 文官武将,杰出今世者为谁?

　　帝年止七八岁,贤否固未能知。文官焕然一新,亦未知其确。武将则僧格林沁
　　胜保为最,其余亦未详悉。

仆见清史,不过《满汉名臣传》《东华录》《三朝实录》数部。更有好书见教。

　　近则《皇朝经世文编》及《圣武记》,贵邦人亦喜看。

二书则仆亦曾一读了。架上简明目录,实价当邦银若干。

　　此部乃本处友人托代购者,洋银三枚,即同壹两贰步。

近人诗文集,有可购去者否?

　　不多见,未知若何。

闻有《越匪纪略》之书,现藏否?

此属私书。仆曾一汉看过,而无其本。

邦人著书,有至贵地者乎?

向未见,闻近间有之。如《外史》一部,仆亦曾购过一部,寄与(予)友人。

足下未来本地前,有闻本邦古人姓名乎?

曾见刻本著十许人姓名,并著某人曾著某书若干卷、某书若干卷。但止见其目,仍未见其书也。

仆携贡纸数枚来,烦兄挥毫,欲夸示乡友,见许否?见书本地近制诗,更佳。

敢如命。

仆将以明日去本地,敢烦席上挥毫。

亦可。

仆乡距此邦程百五十里。然舟舶来往,而邮信亦不绝,欲以书牍请教可乎?

足下锦旋后,遇有鳞鸿,不妨书牍来往。文字相交,千里不间也。

六、《三岛中洲、川北梅山、崔成大笔谈录》录文

【明治十四年七月九日午后三时,朝鲜武班三品崔成大来访。因招川北梅山,三人同酌笔谈,至七时而罢。如左。寒流石上一株松舍主人三岛毅识。】

1	崔成大	既雨且热,文体葆安?丕欲更话,果数次造门,而未能拜稳,于中忡怅矣。
2	三岛毅	屡辱枉驾,屡不在家,多罪多罪。今日幸少闲,缓话至晚间亦不妨。
3	毅	雨后俄热,宜脱衣冠纳凉。
4	毅	贵国烟管长且大,夫人平生所用皆然乎?
5	成大	客地也,故甚短,居家则倍之。
6	成大	弟子之进,如彼其多。虽极钦慕,日事恼神,能不劳乎?
7	毅	劳精神,实如谅察。然比之农夫劳筋骨,或优。
8	成大	所以有大人事、小人事。
9	毅	贵国郡县为制古矣。然官人犹世禄乎?
10	成大	郡县则本无世禄,而但勋裔通籍,秩高则入勋府,袭世禄。
11	毅	现今官人多勋裔乎?
12	成大	然。

13	毅	其制郡县而其实如封建。
14	成大	忠勋府是内职非外官。
15	毅	敝国封建三百年,弟辈亦曾仕一诸侯。明治虽废封建,旧诸侯称华族,旧藩臣称士族。
16	成大	曾经何国乎?
17	毅	备中国高梁藩臣也。藩侯食五万石,为旧霸府执政。
18	成大	昔有今废。当之者,其非敢怒而不敢怨之地乎?
19	毅	敝国古代王政,而郡县为制;中代霸府代执政,封功臣为诸侯;至近时,霸府还政朝廷。为之陪臣者,岂敢怨之?
20	成大	一日万机,在昔犹然。况今维新之后,庶务丛集,总察恐为剧烦也。
21	毅	贵国正史为何,记制度者为何?
22	成大	敝国有《国朝宝鉴》,此非一人作也,乃国朝以来近臣记述之者也。
23	毅	《宝鉴》盖记制度,如君臣言行,无记述之乎?
24	成大	非特言行而已,凡百事为随有随记者。
25	毅	卷数若干?
26	成大	三十许卷。
27	毅	始何时?终何时?
28	成大	建国今为五百年,所记载者三百余年。
29	毅	上木卖之乎?
30	成大	或有之。
31	毅	外邦人见之亦许之乎?
32	成大	(掉头)
33	毅	书肆公卖历史为何?
34	成大	经史、诸子、百家及本国文章书稿,以至俚语、野谈、谚书等属。
35	毅	贵国文章大家,古今推何人?
36	成大	不可胜记。近日则别无超越。
37	毅	先生见此书乎?(指黄遵宪新著《日本杂事诗》)
38	成大	来此复见之。
39	成大	此人现居何地面?(指杂事诗跋撰者石川英)

40	毅	弟与此人交疏，不知其居。
41	成大	悉网罗无遗云者，果然乎？（指跋中语）
42	毅	盖谀言耳。
43	毅	清客好谀言，故我邦人交之者亦效颦。
44	成大	盖与黄氏阿好也。
45	成大	然则何以能刊行于贵国乎？
46	毅	世人喜新闻，故书肆刻之射利耳。
47	毅	先生姑抛笔吃茶。
48	成大	事系贵国政体，至及闾巷风俗者，有谬而不禁，何也？
49	毅	旧政府之时有严禁，今则无之，盖学洋政也。
50	成大	向日投示之贵稿六册，果是方家大匠手段。方次第玩味，读既奉还也。
51	毅	拙著不必还，读了裂之可也。
52上	成大	非徒感谢，将于归国之日，周视有眼者，以知贵公之如是文章也。
52下	毅	贵国取士之方，犹清国乎？
53	成大	多以科试主之。以是之故，俗尚都在于功令程式。文章从以降杀也。
54	毅	儒者独学古文乎？
55	成大	多读经史。此外自大国出来，自古剧烦。
56	毅	来者为友人川北梅山，名长颢。曾仕为史官，今隐居灌园，且读书自乐。
57	川北长颢	愚退栖后文酒自娱，不敢列官吏之席。且近患腰痛，杜门屏居。今日闻阁下之至，力病来谒。幸勿吝手教。
58	成大	文酒之娱，闻之者亦不无与娱底意，景仰万万。至若闻仆来临，何感如之。
59	长颢	愚与主人，三十年来旧交，常放意谈话，不敢为修饰。
60	毅	先生不好洋食，故供腐儒平生所用粗餐，幸下箸。
61	成大	每以酒馔馈之，感悚之外，不安极矣。
62	毅	气候与贵国寒温如何？
63	成大	此为敝邦六月中旬天气。在敝邦，当着布单衣，而裌衣尚不能脱。可知贵国节序之稍缓。

64	成大	敝邦人常处温突,不能耐寒湿。来此之后,所旅客馆不是楼屋, 厅轩贴地,湿气上升,易于生病,是以为闷。
65	毅	敝邦气候最好处,为西京及大坂(阪)。如东京则稍寒,易生疾, 真如贵喻。
66	成大	此亦受湿所祟耶?近以齿痛为苦,酒后愈甚。
67	长颢	今日骤暑,请先生脱冠纵谈。
68	长颢	贵国酒与敝邦如何?下物多用何物?
69	成大	曲米酿成则一也。而我酒较酽。
70	成大	下酒之物,多用鱼肉菜果。
71	长颢	先生嗜酒乎?生每夕与妻对酌,至七合而止。饮毕即寝,东坡所 谓"早眠不见灯"。每每然。
72	成大	可谓如此风流,如此文章,何渠不若古人乎哉?
73	毅	贵国人王仁,始传经书于我。我邦修周孔之学,此为嚆矢。贵国 史传亦载之乎?
74	成大	只闻其传,未见其迹耳。
75	毅	我邦称之为馄饨,贵国之称如何?
75	成大	称面。
76	毅	此肴称烩,贵国有似之乎?
77	成大	近海之地,多食之。
78	毅	并脱外套。(此时成大脱冠,故云)
79	成大	此则便是常着。
80	毅	有敝国之书,传于贵国者乎?
81	成大	非曰无之,仆之固陋,曾未得见也。
82	毅	常食用兽肉乎?
83	成大	近畿之地,多野少峡,不能常食。
84	毅	饭用稻乎?用麦乎?
85	成大	国内峡野交错,野则用米麦,峡则食粟稷。
86	毅	闻多豻,其皮当我金若干。
87	成大	果多之。而此本害人之物,捉得不易。若得其皮,国人亦珍之。
89	毅	我有熊而无豻,所以为岛国。
90	成大	然则熊胆买得不亦易乎?

100 毅	易。
101 成大	敝邦铳手辈,多有和他失真之弊。贵国无此弊乎?
102 毅	同。
103 毅	近来邦医八九学洋技、用洋药,故兽胆不甚贵。
104 成大	如欲得其真者,将何为计?
105 毅	弟周旋,搜索其真献之。
106 成大	敝邦之人,服则有效。故从以有失其真之弊。
107 毅	弟非医,不知其真否。然质之医,然后献之。
108 成大	幸为弟周章焉。
109 成大	有真者,则多少买之也。
110 毅	若有真者,当告其店主。
111 成大	同侪严公每拟一来叙话,而干事鞅掌,尚未得偕。
112 毅	憾憾。
113 毅	近文一篇乞正。
114 毅	先生若欲译邦文(即称假名者)为汉文,有友人闲居能汉文者,弟绍介之。
115 成大	若得向悬治罪法翻译者,则别无更翻者。方苦待中旬之约而已耳。
116 长颙	笔谈太烦,则意思亦烦,先生且放心痛饮。
117 成大	得陪两先生,实不易之奇缘,安得不开怀畅话也哉。
118 长颙	愚年龄,先生为做如何?
119 成大	顺而有奇。
120 长颙	洇如高喻六十。
121 成大	每有从游之意,而所不能遂者。其奈先生之不暂闲何。
122 毅	自今每有闲,驰使或书招阁下能来否?
123 成大	固所愿而不敢望。
124 毅	来此以来,读敝邦何等书?
125 成大	本为游览而来矣。干事经心,他不能暇及。良叹叹,请赖先生之教。
126 毅	贵国坊间,有卖贵国古今史述之书乎?
127 毅	不许外人见之,则或疑其不许卖买。

128	成大	在昔伊然，今似无碍耳。
129	毅	仆欲呈《日本史》，先生赐《国朝宝鉴》否？
130	成大	事因旧事，但无碍与否，现无朝令，今不可特言质对。如其无碍，则釜港自在，何难之有。
131	毅	李退溪先生之名，高于弊邦。今有其后裔，在朝乎？在野乎？
132	成大	（施圈）
133	毅	为何品官？
134	成	（加二字）
135	毅	先生龄已逾知命乎？
136	成大	贱齿今为四十有八。
137	毅	有男女若干？
138	成	（加一三两字）
139	毅	仆则反之，男三女一。
140	成大	过于仆四之三。
141	毅	先生曾游清国乎？清人游贵国者定多。
142	成大	惟有节价别使而已。留游之规本无。
143	毅	近年仆多接支那人，大抵过文而少质。贵国人则反之，是仆所最敬重也。
145	成大	如弟狂狷，何足以当之。大抵文质彬彬，然后君子。今于先生见之矣。
146	毅	是谀言也。
147	毅	先生亦或过文乎？
148	成大	此则有不然者。存观以仪范，参诸著述，其文质未尝不在于二者之间。尊非宫墙，安得无窥见之门乎？
149	毅	弟元修儒学者，然多年在法官，读洋律又与洋人接，知其长短。如道德则周孔不可不奉，但其技术取洋所长，恐公平。贵意如何？
150	成大	古今天下安有抛道德尚技术而致治之理乎？宁互济之，则无怪耳。
151	长颙	评曰，万世不易之论。

152	毅	然老庄亦自称道德，释氏、耶稣亦然。故余以周孔为真道德。
153	成大	不能辨似是之非，则何足道哉。
154	长颢	使周孔在今日，则必不唱道德，而真道德在其中，如何？
155	成大	同我亚细之国尚矣无论，并与西人而入我道德之域，道德弥天地，则更有何功利技术之可论乎？
156	长颢	功利技术不可不论。但以道德为根柢，则不陷诈伪。
157	长颢	愚三腹十子，亡其三。
158	成大	俄者与老妻共酌之教，何也？
159	长颢	名而已。
160	成大	犹有七子而偕老之，多福多福。
161	长颢	名虽偕老，其实则无。
162	毅	圣人代天生养斯民，古帝王制网罟耒耜诸器，皆所以生养之也。西人制器械为生养之具，是奉古圣人之遗意。我取之助生养，亦圣人之遗意也。
163	成大	岂然乎？不其然乎？
164	成大	先生固戏我蔑裂也。
165	毅	决（绝）非戏言，仆持论如此耳。盖取长舍短之说也。温故知新，圣人之教，本来然。
166	成大	其长其短，固在我之如何取舍。何庸取法于西人乎？在昔眽世，未闻取长于西也。
167	毅	此论也非今日所尽，待数年再会之后，更尽之。
168	成大	惟天而已耳。
169	毅	敝国十数年前议论，皆与先生一致。明治初政，矫枉甚过，遂心醉西制，百事模（摹）效之。今则稍悔之，是汉学之所以再兴也。于是始有取长舍短之论。
170	成大	先生衷曲之言，今始得闻。向前所云长短之论，仆岂深信也哉。贵国之稍悔，当为敝邦鉴辙之明证也。
171	长颢	评曰，是的确之论，不得不左袒。
172	毅	箕子庙在何所？
173	成大	在平壤府，此其故都。
174	毅	今京在别地乎？

175 成大	京都见在汉阳,距平壤五百里,贵里五十。
176 成大	在敝邦未接外人之时,自不能不趑且于心矣。及至贵国留(流)连数月,非徒修旧睦新,贵国遇人优异,迥出寻常,接面数三,多有终不可谖者。如弟初见之肤浅,未免井蛙而已。此是肝膈之语,请勿怪之。
177 毅	仲尼不云乎?"言忠信,行笃敬,虽蛮貊之邦行矣。"
178 成大	多赖贵国人待之以忠信笃敬也。
179 成大	不敢赞。一于其间然,此亦不几于长短者耶。(时观余近文,有此言。)
180 成大	此皆生存之人耶。(时观都下文人姓名录,有此言。)
181 毅	(加圈)
182 成大	凡几人?
183 毅	数百人。
184 成大	文风此蔚,钦敬万万。
185 成大	市肆亦有此乎?
186 毅	固有。
187 成大	此为六百余人。
188 毅	苟主忠信,虽洋人如同胞耳。况同种同文同学之国乎?
189 成大	大抵人之有行,不及于中人以上,则其乌能事事忠信,言言笃敬。然苟以忠信笃敬为心,其离不远,复之有期,可不贵哉。至如西人,是一种异类,不欲闻之。斯文不尘,则天将有徇铎之日也。
190 毅	西人固与东人异种,然自天视之,均是人耳。古人所以有一视同仁之言。
191 成大	桀犬吠尧,尧可吠之者乎?
192 长颢	一视同仁,岂有尧桀之别乎?
193 成大	有谷,则稗亦有之。
194 长颢	谷则养之,稗则除之,只在方略如何而已。
195 成大	所以天将徇铎之耳。
196 长颢	桀犬私其主耳。非公平之论,故有一视同仁之说。愚说不满高意,渐谢渐谢。

197	成大	莫非是野人高谈,请扯丙之。
198	毅	无敌国外患者,国必亡。今有洋夷猖獗于外,无乃我亚细亚之幸乎?
199	成大	诚然,高论也。
200	成大	惟修攘是图而已。
201	成大	日且暮矣。请辞焉。退俟辱招。(对毅有此言。)
202	成大	请更陪话。(对长颢有此言。)
203	长颢	今夕幸蒙佳话,何幸如之。多谢多谢!
204	成大	有怀难尽。良叹且惜。
205	毅	半日清谈,忘平生烦忙。多谢多谢!
206	成大	不信尘寰万事忙。

七、《日清迎春笔话》录文

【明治壬午人日,招饮南摩羽峰、川北梅山、樱井竹崖及"支那人"张滋昉于草堂,醉后笔谈如左。会甥日笠竹在席末,乞零纸,将供归国后谈柄,乃付之。】

寒流石上一株松舍主人　中洲醉识「三岛/毅印」「弍松/学究」

(中洲)四海一家年正新,蔬羹椒酒会佳寅（嘉）。最欣皇化宣遐迩,人日逢斯邦外人。

右席上卒赋拙甚,乞诸君大政。

(中洲)今将使弟少女荐点茶。贵邦茶技（方）,定与我异。供他日归国笑话耳。

(张滋昉)贵国点茶,大约与敝邦所谓工夫茶者大同而小异。得润燥吻为惠多矣。

(南摩羽峰)问工夫茶者,所由来古乎?

(张)工夫茶行于福建、广东两省,他省则无。其所由来,大约是蔡忠惠之遗法。

(羽峰)每人吃一碗乎,将数人连吃一碗乎?又茶之制法如何?

(张)敝国茶皆用大碗饮之,而工夫茶则一切茶具皆同贵邦之小者。而器具之精,一砂壶可值百余金。其茶种类不一,佳者每斤值七八十圆。自注水点汤,层层皆极其留心,非深于此道者不辨。其茶,先用数圆一斤者,注而弃之。然后用极上之茶入壶,注以汤,盖好,外用汤灌壶者数次,每人一小杯分而饮之。仆虽不鲜茶味，然极佳者多入，其味必濇。惟此工夫茶，虽佳茶而且多，其味则甘滑留舌本，醉饱之余，如饮甘露矣。

（中洲）过日所污高览新年拙诗，川北梅山君次韵如别笺。先生亦赐次韵，何荣如之。

（张）先生与川北先生两诗，所谓珠玉在前，仆虽勉步后尘，自惭形秽矣。

（中洲）茶味消肉食毒，故唐代始输之北边，与胡人互市。胡人多食肉，求需不已。终至今日之盛。弟所闻如此，果然否？

（张）诚然。如欧洲今日皆需亚洲之茶相同。然末茶宋以前盛行，今日则无。贵国点茶亦唐宋之遗欤。

（中洲）敝国点茶之仪，创于足利义政，成于丰臣秀吉茶博士千利久。利久盖折衷（中）贵国方者。

（张）今日翁江先生恐不来，仆日前晋贺，适有目医在坐，亦未遇也。

（中洲）过刻有来简曰，不能踏约，真如先生言。弟去臈赠张先生诗如左，请正。

谁留刘阮此盘徊，唯有胡麻饭一杯。他日知君盘国处，回头蓬岛是天台。

（中洲）先生寓有佳鹤，定欠伸待归。然为弟强为长夜之饮，幸甚。

（张）恐是羊公不舞之鹤。

（中洲）不关舞不舞。仆日前拜趋，惊其婉美，故妬言至此耳。谢谢。

（张）侍姬貌寝而先生为无盐生色，感谢。

（川北梅山）更有新年一绝，拙益甚，幸赐斧正。

乔松茂竹似山家，不省门前车马哗。彷佛鸟声来入耳，半窗红日梦梅花。

（张）先生身分（份）与梅花俱高。

（梅山）先生始赐谒见，脱略如此，仆安得不脱略。然谈至猥亵，神交之久，可见矣。

（张）未见之前已称神交，既见之后安可不脱略。形骸若拘拘于礼文之间，则俗士矣，非先生与仆之交谊也。

（梅山）交异邦之人多矣，未见如先生豁达者，可谓真契合矣。

（张）仆疏狂性成，先生不鄙之，则幸甚矣。

（中洲）往日先生在兴亚会席上，所赠韩客之诗，典雅甚妙，弟推为近作之杰。先生一挥，示之座客。

（张）倾盖相逢若弟兄，兴酣意气更纵横。使槎忽动星河影，樽酒欣联缟纻情。

东去高名同鲁仲，西来奇策问侯生。诸君不浅匡时略，好向瀛洲共结盟。

口占之作，殊不成诗，承奖汗颜。

（梅山）二联的当，格调亦高。置之唐贤集中，不易辨。

（梅山）仆将访先生，谒深闺佳人。不知先生许否？敢请。

（张）先生请枉驾，仆当敬俟。断不学"两行红粉一时回"之败兴也。

（张）养在深闺，人未知。知之自吾始之。岂然，岂其然乎？仆亦不能之谓。

（羽峰）先生，盐萝卜适口否？

（张）ツケモノ皆适口。若奈良ツケ及ミソツケ，尤妙。

（羽峰）何物慧儿，夙晓吾邦味与字。

（张）ミナウソ。

（中洲）此皆由闺训。

（梅山）吾保证之。

（中洲）乞醉后挥洒。

（樱井竹崖）先生应兴亚会聘，教谕周到，感荷何堪。仆亦连同会末，兴亚之事颇热中（衷）者。乞尔来不弃驽钝见顾，幸甚。纯拜。

（张）久钦大名，前幸识荆，今得相遇于（樽？）酒之间。仆学薄才疎，承奖愧悚。他日当登堂以聆雅海。

（竹崖）近日将与宫岛、北泽等之诸子，小集于草堂。先生清闲，被枉玉履，幸甚。

（竹崖）先生为主人劳笔，仆等乘间偷饮，酩酊甚矣。先生请重盃取均。

（羽峰）不知此乐与先圣，果如何？

（张）三日不朝则去，此女乐之祸也。三月不知肉味，此韶乐之美也。仆不知先圣之意何在，仆则以为女乐胜于韶，亦侮慢圣言，不敬之大罪也。

（梅山）亦各言其志也。何妨之有？

（中洲）去秋先生与韩客会饮于茅堂，此川北君在坐，先生记无？

（张）昨岁承宠召，有韩客在坐，并有贵门人同坐，而川北先生似未邂逅。然尝见佳章，则神交久矣。

（张）闻贵国饮此茶颇有礼节，仆如野人，祈谅之。

（中洲）苦味不适口，不必尽。

（梅山）闻先生大名久矣。今夕始得陪坐，何喜如之。如拙诗，昨日雨窗所得，极属率作，赐痛删幸矣。

（张）先生诗已见之于诸集中，今始得识荆，亲承馨咳，欣慰矣。既此作淡远而味腴，佩服佩服，何谦之甚也。

（梅山）仆三腹十子，不亦快乎。

（中洲）敝邦所学古文而已，故与贵国人往复亦皆用之。用之贵国商贾，亦通否？

（张）敝国商人，若用深奥古文，必不能通。且目不识丁者甚多。

（张）女乐胜韶，颇有明证。如贵国诸友人同至新桥则喜，若同听加藤樱老古乐则颦蹙矣。

（羽峰）先生亦识吾樱老乎？彼老以古乐自任，余辈闻其音，倦怠欲睡；观美人颜，则眼始明。

（张）此亦先圣，吾从众之意。

（羽峰）妙妙。

（竹崖）人情无东西，似有古今。我则从今矣。

（竹崖）客自冻云堆里过，蔬纵酒薄奈寒何。赖添词伯唱酬兴，喜听阳春白雪歌。

辛巳十二月十七日招饮中洲、青邨等诸贤于草堂。此日冻云积雪寒甚，无复红裙之赒酒。短句谢之。　纯拜草

（中洲）壬午新年试笔，如左，乞正。

满舍生徒坐作团，拜年又对五辛盘。早梅一朵香吹暖，新酒三杯醉压寒。

寄志烟霞如在野，置身冗散似无官。皇恩许我称中隐，世上风波袖手观。

（梅山）次韵中洲三岛君新年作　川北长颛

东窗举酒日团团，喜见春蔬已上盘。先世遗规遵俭素，一家生计免饥寒。

逃名我独全真隐，厌热君方爱散官。只有丹心灰不尽，忍将世事付傍观。

（梅山）先生酒量如何？仆每夕与妻婢、兼房对酌，至七合而止。一酌就寝，不待鸦鸣启户。每每如此。

（张）十年前，仆殆过之。近日则服先生之海量，为不可及。

（张）少年颇嗜酒，每饮敝国绍兴酒（如贵国ヲサケ彷彿）七斤、高粱酒（此即贵国烧酎也）一斤，尚不至醉。今则望洋而叹。

（梅山）每夜饮过量，不觉就寝，至夜半，方应侍婢需。先生如何？

（张）元人诗云："只消几度薯腾醉，看得春光到牡丹。"此情此景似之。仆病未能也。

（羽峰）夫子自道，盖此永夜不下，再三度也。

（梅山）仆每每醉甚，淫而不发，淫发者屡。老境可怜。

（羽峰）先生谦极矣。

（张）诸先生高论如枚乘七发，虽有痼疾，亦当蹶然而起。

（羽峰）仆则多多益辨，请勿其老耄。语曰"老当益壮"，仆晨昏遵奉之。

（张）仆未及老耄而衰秃实甚。今闻先生之语，不禁起顽廉懦立之志。可谓益友矣。

（羽峰）醉而入温柔之乡，其味八珍不啻，其乐王公难换。先生以为如何？

（张）先生真知味者，恐三月不知肉味，无是乐也。

（张）仆若大醉而归，闻侍姬吟唐人诗云："醉则从他醉，犹胜独睡时。"与先生盖同。

（梅山）二句妒意烂漫。

（张）不断海风吹月上　渭城一日本吟声。唐时诗皆入美人之口，今则无矣。此今昔之感也。

（羽峰）日本亦然，不独贵国也。

（张）今日瓮江先生不在坐，殊觉歉然。

（张）仆每日阅新闻，见报告中有可嗜之物，必购而尝之。

（羽峰）何物乎？

（张）イロイロたクサンアリマス。

（羽峰）一一应先生之索，请举其一二。

（张）カスツケウシ、トリ、シジチ、カツヲブシ，种种不一，皆由新闻而得之，仆甚幸焉。

（梅山）由新闻而得之，盖避嫌之辞。中洲先生由闺训之语，得其要者欤？仆于实验证焉。

（梅山）先生近敝国妇人，肉味如何？

（张）味美而腴，此贵邦之名产也。

（中洲）先生须尽醉，然后吃饭去。

（张）亦尽醉饱德矣，再迟恐妨清兴。他日请先生贲临，聊献蔬酌。如何？

（翻译：浙江工商大学东亚研究院　谢咏）

第二部分
中日笔谈

宋代来华日僧笔谈述略

华雪梅

（中国　浙江工商大学）

本文所说的"来宋日僧"，即指来宋朝求法巡礼的日本僧人，日本学术界一般称之为"入宋僧"。据日本著名学者木宫泰彦统计，名留史册的来宋日僧多达百人以上，[①]由此可见宋日佛教交流之盛况。

北宋时期，日本采取禁止本国人私自前往海外的海禁政策，因此来往中日之间的商船只有宋船，入宋日僧多搭乘宋人商船赴华求法巡礼。两宋期间来华的日本僧人，虽系以私人身份跨海而来，但宋朝往往视之为朝贡使，事实上这些日本僧人也有些政府背景，在两国之间传递相关信息，因此北京大学滕军教授称其为"身披袈裟扮演外交使节"[②]，也是有一定道理的。

自日本停派遣唐使（894）之后的 200 余年间，日本与东亚各国均无正式邦交，但是宋日贸易一直很活跃。据刘德有、马兴国主编的《中日文化交流事典》统计，近140 年间，北宋入日商船多达 70 次左右。[③]"到了南宋时代，中国已经完成了很有特色的宋代文化，而日本则为了适应新兴武家的爱好，正在试图建立新文化，因此，又和遣唐使时代大量移植唐朝文化一样，一再努力汲取宋朝的新文化。"[④]正是在这种时代背景之下，日本僧侣频繁来宋，或求法问道，或巡礼五台山等圣迹。

在中国的史料记载中，无论是官修史书还是私修史书，抑或是个人文集等，均有关于来宋日僧的记载。由此可见，来宋日僧不仅扮演联系宋日两国关系使者的角色，而且多直接参与宋日文化交流，尤其是佛教文化交流。笔者注意到，唐宋时期以私人身份来华的日本僧侣，他们既不谙汉语又无翻译随同，所以基本依赖笔谈

①　[日]木宫泰彦著，胡锡年译：《日中文化交流史》，商务印书馆 1980 年版，第 255、306 页。
②　滕军：《中日文化交流史考察与研究》，北京大学出版社 2011 年版，第 176 页。
③　刘德有、马兴国：《中日文化交流事典》，辽宁教育出版社 1992 年版，第 226 页。
④　[日]木宫泰彦著，胡锡年译：《日中文化交流史》，商务印书馆 1980 年版，第 237 页。

沟通,尤其是在方言林立的南方,笔谈几乎成为日本僧侣求法问道的唯一手段。正如王勇教授所说:"东亚各国在中国文化影响之下,相继从野蛮状态迈入文明阶段,而借用中国文字是这一转捩的标志。因此在近代以前的千余年间,东亚各国虽语言互不相同,但汉字成为相互沟通的主要媒介。"[①]

目前学术界关于来宋日僧的研究可谓"汗牛充栋",然而提及笔谈者甚少。笔者着眼于来宋日僧采用的笔谈的交流方式,试图通过中日史料记载,探明笔谈这一交流方式的必然性与普遍性。

笔谈作为一种东亚传统的交流方式,在新的历史条件下予以研究,定会发掘出新的史料价值。这一交流方式持续时间之久、波及范围之广、产生影响之大是有目共睹的。笔者认为,笔谈文献对于深化中日文化交流史研究,尤其是东亚"汉字文化圈"内的文化交流研究,有着不可替代的价值和意义。

一、奝然入宋

来宋日僧人数虽多,但在宋日两国交流史上颇具影响力的却很少,其中著名的有奝然、寂照、绍良、成寻、戒觉、荣西、道元等人。提到来宋日僧,不得不说起奝然。看《宋史·日本传》的记载中有大量篇幅提及奝然,便可知其重要性。可以说,奝然是系统地向中国介绍日本国情的第一人。

奝然(938—1016),俗姓秦,生于京都。幼入东大寺从观理习三论宗,又从石山寺元杲习真言密教。宋太平兴国八年(983)八月一日,奝然克服诸僧的反对,在老母的支持下,率领弟子成算、祚一、嘉因等人乘宋商陈仁爽、陈仁满之船入宋;宋雍熙三年(986)搭乘宋商郑仁德之船回国。

奝然谒见宋太宗,对答太宗的垂问,在《宋史·日本传》中有如下记载:

> 雍熙元年,日本国僧奝然与其徒五六人浮海而至,献铜器十余事,并本国《职员令》《王年代纪》各一卷。奝然衣绿,自云姓藤原氏,父为真连;真连,其国五品品官也。奝然善隶书,而不通华言,问其风土,但书以对云:"国中有五经书及佛经、《白居易集》七十卷,并得自中国。土宜五谷而

---

① 王勇:《燕行使笔谈文献概述——东亚笔谈文献研究之一》,《外文研究》2013年第1卷第2期,第37页。

少麦。交易用铜钱,文曰'乾文大宝'。畜有水牛、驴、羊,多犀、象。产丝蚕,多织绢,薄致可爱。乐有中国、高丽二部。四时寒暑,大类中国。国之东境接海岛,夷人所居,身面皆有毛。东奥州产黄金,西别岛出白银,以为贡赋。国王以王为姓,传袭至今王六十四世,文武僚吏皆世官。"①

"奝然善隶书,而不通华言,问其风土,但书以对",由此可见,奝然面对太宗垂问日本的风土、文物,采用笔札作答,而非口头回答。"善隶书"说明奝然是一位才华横溢、具有相当汉学素养的僧侣,即便如此,他依然无法用汉语对话。

奝然以"笔札"对答太宗的垂问,宋太宗甚为感叹,在《宋史·日本传》中有如下记载:

　　太宗召见奝然,存抚之甚厚,赐紫衣,馆于太平兴国寺。上闻其国王一姓传继,臣下皆世官,因叹息谓宰相曰:"此岛夷耳,乃世祚遐久,其臣亦继袭不绝,此盖古之道也。中国自唐季之乱,宇县分裂,梁、周五代享历尤促,大臣世胄,鲜能嗣续。朕虽德惭往圣,常夙夜寅畏,讲求治本,不敢暇逸。建无穷之业,垂可久之范,亦以为子孙之计,使大臣之后世袭禄位,此朕之心焉。"②

由此可见,奝然虽不通汉语,无法用语言与宋太宗直接交流,但通过笔谈,二人交谈甚欢,"存抚之甚厚,赐紫衣,馆于太平兴国寺"便是最好的证据。

奝然笔札回答宋太宗垂问这一事件,不仅被收录在正史《宋史》中,在日本元和七年(1621)活字印本《新雕皇朝类苑》、宋朝钱若水的《太宗皇帝实录》、元朝马端临的《文献通考》等史料中均有对此事的记载。除此之外,在正史《元史·日本传》中,也再次提及奝然入宋笔札交谈事,其记载如下:

　　宋雍熙元年,日本僧奝然,与其徒五六人浮海而至。奉职贡,并献铜器十余事。奝然善隶书,不通华言。问其风土,但书以对,云其国中有五经书及佛经、《白居易集》七十卷。奝然还后,以国人来者曰滕木吉,以僧

① 　[元]脱脱:《宋史》第四十册,中华书局1977年版,第14131页。
② 　[元]脱脱:《宋史》第四十册,中华书局1977年版,第14134页。

来者曰寂照。寂照识文字,缮写甚妙。至熙宁以后,连贡方物,其来者皆僧也。[①]

　　在中国的古典文献史料中,无论是正史还是通考类文献,只要提及宋朝时期的中日交流,就必然会提到奝然。他带到宋朝的《职员令》和《王年代纪》,虽原书均已散佚,但从元朝丞相脱脱编撰的《宋史·日本传》的很大篇幅引自《王年代纪》来看,其影响之大便可窥探一二。关于日本古代时期的文字记载,虽然中国各朝正史中也都有倭人传或日本传,但对日本的国体及其典章和文物制度,却一直记述不清。直到奝然携《王年代纪》入宋,中国史书对此才有了比较清晰的记载。

　　奝然回国时,携归日本的有太宗所赐宋版《大藏经》480函5048卷、新译经41卷及旃檀释迦像等。这些经书和雕像无论是在当时还是现在,都是价值连城的。可想而知奝然通过笔谈与宋太宗交流之顺畅,若非如此,太宗定不会把如此贵重之物赠予奝然。遗憾的是,奝然在宋四年期间,虽得到太宗敕准巡礼五台山等圣迹名刹,但由于史料的严重缺损,其间的笔谈记录已经无法考证。但不可否认,奝然入宋,在无通事翻译的情况下,无论是觐见皇帝还是拜谒高僧,定是通过笔谈交流。

二、寂照入宋

　　寂照(964—1034),又作寂昭,日本平安时代天台宗僧人。出身贵族,俗名大江定基,为谏议大夫大江齐光第三子。痛失爱妻后,感于无常,遂出家为僧。师事寂心(庆滋保胤),后随比叡山源信学习天台宗,随醍醐寺仁海学习密教。随后,于长保四年(宋咸平五年,1002)奏请入宋巡礼五台山获准,长保五年(宋咸平六年,1003)寂照40岁时,率弟子元灯、念救、觉因、明莲等渡海入宋,参谒真宗,蒙赐紫衣,获赐圆通大师称号。又至天台山参访礼拜,且呈上源信所托付之天台宗疑问二十七条。后因苏州人三司使丁谓(966—1037)劝告,长期住在苏州吴门寺,仁宗景祐元年(1034)于杭州清凉山麓示寂。[②]

　　关于寂照入宋,《宋史·日本传》中有这样一段记载:

---

① ［明］宋濂:《元史》第十五册,中华书局1976年版,第4625页。

② 刘德有、马兴国:《中日文化交流事典》,辽宁教育出版社1992年版,第238页。此段文字根据该书"寂照"条编写而成。

景德元年，其国僧寂照等八人来朝。寂照不晓华言，而识文字，缮写甚妙，凡问答并以笔札。诏号圆通大师，赐紫方袍。①

从这段史书记载可见，寂照擅长书法，通过笔札与人交谈。关于寂照初踏宋土，用笔札与人交流的记载，还散见于宋朝藏书家王钦臣的笔录《王氏谈录》、宋元之际著名历史学家马端临的典章制度史专著《文献通考》等历史文献中。虽然寂照不谙汉语，但通过记载可知，寂照滞留宋朝期间，与人笔谈交流并无障碍。这一观点在《杨文公谈苑》中也可得到佐证：

寂照领徒七人，皆不通华言。国中多习王右君书，寂照颇得其笔法。上召见，赐紫衣束帛，其徒皆赐以紫衣，复馆于上寺。寂照愿游天台山，诏令县道续食。三司使丁谓见寂照，甚悦之。谓，姑苏人，为言其山水奇见，寂照心爱，因留止吴门寺，其徒不愿住者，遣数人归本国。以黑金水瓶寄谓，并诗曰："提携三五载，日用不曾离。晓井斟残月，春炉释夜渐。鄱银难免侈，莱石自成亏。此器坚还实，寄君应可知。"
谓分月俸给之。寂照渐通此方言，持戒律精至，通内外学，三吴道俗以归向。寂照东游，予遗以印本《圆觉经》并诗送之。②

由此可见，寂照入宋谒见宋真宗，受到了优厚的待遇，因苏州人三司使丁谓以苏州园林之美为由，极力挽留，故挂锡苏州吴门寺。从寂照赠给丁谓的这首诗作可以看出，寂照拥有很高的汉文水平。"谓分月俸给之"，记录了丁谓对寂照的庇护，二人虽为不同国家之人，但是同在"汉字文化圈"的熏陶下，产生了如同兄弟般的情感。寂照与丁谓的这段记载，还被后来入宋的成寻（1072 年入宋）记录在《参天台五台山记》中，③这更加有利于我们全面了解寂照入宋的经历。

寂照自宋真宗咸平五年（1002）入宋，直至宋仁宗景祐元年（1034）圆寂，埋骨杭州清凉山麓，滞留宋朝 32 载。寂照入宋 32 年，滞留不归，据日本南山大学蔡毅教授考证，寂照的《以黑金水瓶寄丁晋公》这首诗作，经后来入宋的成寻之手，托归国

---

① ［元］脱脱：《宋史》第四十册，中华书局 1977 年版，第 14136 页。
② ［宋］杨亿著，李裕民校点：《杨文公谈苑》，上海古籍出版社 2012 年版，第 11 页。
③ 成寻著，王丽萍校点：《新校参天台五台山记》，上海古籍出版社 2009 年版，第 458 页。

的弟子于熙宁六年(1073)带回日本。"寂照的这首汉诗,也由此实现了故乡的回流。"①从某种意义上来说,寂照的汉诗回归日本,对寂照本人来说也是一种安慰。

寂照应丁谓之邀,居住在苏州吴门寺,使得"寂照渐通此方言"。这表示寂照与宋人的交谈方式,通过生活的实践和积累,渐渐从笔谈转化为口谈。这一记载,对于了解寂照的生平及其经历有着非常重要的意义。然而这一记载并未广为世人所知,例如在日本的《国史大辞典》中,对寂照有如下介绍:

> 寂照(?—1034),平安时代中期入宋僧,大江齐光第三子……于景祐元年(长元七年,1034)卒于杭州。苏州报恩寺内的普门院是寂照生前所建的佛堂,示寂后,其肖像被祭祀于此。熙宁五年(延久四年,1072),入宋僧成寻寻访此地。据说寂照不谙汉语,均采用笔谈交流,其王羲之笔风的字迹非常漂亮。②(笔者译)

显然,此条关于寂照的解释不甚正确,虽寂照初入宋时不谙汉语,但在宋朝生活了32年,渐渐习得苏州方言,然而此信息并未被日本权威工具书采录。

三、成寻入宋

成寻(1011—1081),日本平安时代后期天台宗僧人,曾任京都岩仓大云寺寺主。《参天台五台山记》是成寻入宋所记日记,据其记载宋熙宁五年(1072)三月十五日,成寻一行人在请求入宋巡礼未被批准的情况下,私自乘坐宋商之船渡海入宋,四月五日"着明州陆地边",四月十三日"着杭州凑口",然后巡礼五台山。现存《参天台五台山记》版本较多,本文主要以目前国内最好的点校本——王丽萍教授点校的《新校参天台五台山记》为参考文献。

关于成寻的记载,散见于中日两国史料中,然而日本史料的记载与中国史料记载略有区别,日本史料中关于成寻最多、最详的记载当属《参天台五台山记》,下面仅把中国史料中关于成寻的记载列表如下:

---

① 蔡毅:《日本汉诗西传举隅——以〈杨文公谈苑〉为例》,载《西华师范大学学报(哲学社会科学版)》,2014年第2期,第5页。

② 国史大辞典编辑委员会:《国史大辞典》第七卷"寂照"条,[日]吉川弘文馆,1994年版,第210页。

史料年代	史料名称	"成寻"写法	提及笔谈
宋	《宋史》	诚寻	×
宋	《续资治通鉴长编》	诚寻	×
宋	《宋会要辑稿》	成寻	×
元	《文献通考》	诚寻	×
明	《筹海图编》	诚寻	×
明	《宋史新编》	诚寻	×
明	《日本考》	诚寻	×
明	《咸宾录》	诚寻	×
明	《皇明经济文录》	诚寻	×
明	《登坛必究》	诚寻	×
明	《海防纂要》	诚寻	×
明	《皇明驭倭录》	诚寻	×
明	《日本考略》	诚寻	×
明	《东西洋考》	诚寻	×
明	《西园闻见录》	诚寻	×
清	《续通志》	诚寻	×
清	《日本源流考》	诚寻、成寻	×
清	《骈字类编》	诚寻	×
清	《日本国志》	成寻	×

　　从上面的表格可知,中国的史料多采用"诚寻"二字,仅《宋会要辑稿》《日本源流考》《日本国志》标记为"成寻"。然而日本的史料如《参天台五台山记》《元亨释书》《本朝高僧传》等,均采用"成寻"写法,这也毋庸置疑。此外,关于成寻采用笔谈与宋人交流之事,日本史料尤其是成寻的《参天台五台山记》中,关于笔谈的记载随处可见,然而中国史料从宋朝至清朝却只字未提。由此可以猜测,宋朝时期日僧往来频繁,采用笔谈交流可能已经成为一件司空见惯的事情,没有必要在史料中记载。

　　据成寻入宋日记《参天台五台山记》,宋熙宁五年(1072)十二月二十九日条有如下一段记载:

二十九日癸卯天晴。于梵才三藏房,见奝然法桥并寂照大师来唐日
记,即借取,写取《杨文公谈苑》如左。

公言:雍熙初,日本僧奝然来朝,献其国《职员令》《王年代纪》……奝
然善笔札,而不通华言,有所问,书以对之……景德三年,予知银台通进
司,有日本僧入贡,遂召问之。僧不通华言,善书札,命以牍对,云:“住天
台山延历寺,寺僧三千人。身名寂照,号圆通大师……”寂照领徒七人,皆
不通华言……寂照渐通此方言,持戒律精至,通内外学……①

关于《杨文公谈苑》的内容,上文已有所涉及,此不赘述。顺此推测,如若不是
“奝然法桥”和“寂照大师”的《来唐日记》(入宋日记)散佚,或许会有更多笔札交谈
的趣事。在藤善真澄教授的《成寻和〈杨文公谈苑〉》一文中,对成寻与《杨文公谈
苑》的种种关系,做了非常详尽的考证,并提及奝然、寂照笔谈之事。②

《宋史·日本传》关于成寻的记载是中国史料中最为详细的,其后编纂的史料
多以此为依据,兹引如下:

熙宁五年,有僧诚寻至台州,止天台国清寺,愿留。州以闻,诏使赴
阙。诚寻献银香炉,木槵子、白琉璃、五香、水精、紫檀、琥珀所饰念珠及青
色织物绫。神宗以其远人而有戒业,处之开宝寺,尽赐同来僧紫方袍。是
后连贡方物,而来者皆僧也。③

虽说《宋史·日本传》记载比较详细,但相比日本的史料而言,可以说极为简
略。《宋史·日本传》仅仅介绍了成寻入宋的时间、在宋行程(极为简略)、携带入宋
之物和宋神宗对其赏赐等。“《参天台五台山记》从成寻于日本登上宋商之船之日
开始,至成寻于中国与归国弟子辞别之日结束,共一年零三个月,因其中有一个闰
月,故共十六个月,468篇,几乎一天也未间断,非常完整而详尽地记录了旅行中每
天的情况,亲身体验,耳闻目睹,事无巨细,悉数入载。”④

---

① 成寻著,王丽萍校点:《新校参天台五台山记》,上海古籍出版社 2009 年版,第 456 页。
② 藤善真澄:『参天台五臺山記の研究』,[日]关西大学东西学术研究所研究丛刊,2006 年第 26 辑,第
483 页。
③ [元]脱脱:《宋史》第四十册,中华书局 1977 年版,第 14137 页。
④ 成寻著,王丽萍校点:《新校参天台五台山记》,上海古籍出版社 2009 年版,第 8 页。

在《参天台五台山记》中，随处可见成寻笔谈之事，兹举几例如下：

十二日戊午天晴。未时，着州国清廨院。即参少卿许，以笔言问答，皇帝殊有敕宣，其旨最重，必蒙厚恩云云。一两经回取朝廷指挥，并具使臣可上京者。松门巡检潘大保本宿廨院，笔言通语。七时行法了。出少卿间，下有一人若冠，与半纸，披见诗一首也："石桥建此知何载，侧阴森森木水清。多少人心平与曲，就中试验最分明。"①

六日己酉雨大下。巳一点，行事太保与乳母子太保共来，行事太保以笔书云："此是御波波母乳子，为一会阇梨来也。御乳母为雨悦，为阇梨储一斋，而皇帝被仰云：诸僧会合，皆令斋者。阇梨知因缘。"答书云："委承因缘，千回感谢，从今以后，可祈祷寿福。"②

由此可见，在通事（翻译）陈咏不在的情况下，成寻均采用笔谈与人交谈，双方"笔言通语"，交谈非常顺畅。关于通事陈咏的职能，在郭万平③、王丽萍④、陈少丰⑤几位的论文中均有介绍。从通事陈咏所扮演的角色可以看出，入宋日僧无论是巡礼圣迹还是觐见皇帝，抑或是生活琐事，均是由通事上下打点，在通事不在的情况下，日僧均采用笔谈手段与人交流，这种交流方式日僧屡试不爽，且与宋人交流基本无障碍。

四、结　语

来宋日僧的数量虽有一百多人，然而由于史料多已散佚，我们无法进行全面系统的研究。本文主要聚焦于奝然、寂照、成寻三人，考证中日史料中关于笔谈的记载。笔谈作为双方沟通、交流的特殊方式，无论是在宋日僧侣间的交流还是东亚各

---

① 成寻著，王丽萍校点：《新校参天台五台山记》，上海古籍出版社 2009 年版，第 158 页。
② 成寻著，王丽萍校点：《新校参天台五台山记》，上海古籍出版社 2009 年版，第 588 页。
③ 郭万平：《来宋日僧成寻与宁波商人陈咏》，选自《宁波与"海上丝绸之路"国际学术研讨会论文集》，2005 年版。
④ 王丽萍：《〈参天台五台山记〉所载宋人陈咏轶事考》，《文献》2005 年第 3 期。
⑤ 陈少丰：《试论宋代中外交流中译语的职能——兼谈宋代来华外国人的语言交流问题》，《临沂大学学报》2012 年第 1 期。

国的交流中均发挥了不可替代的作用。同属"汉字文化圈"的东亚各国,通过笔谈这一手段,即使沉默不语,也能传达心意,这是其他交流方式所无法媲美的。

然而,目前学术界关于笔谈的研究甚少,浙江工商大学东亚研究院王勇教授率先倡导"东亚笔谈"研究课题,并长期收集分藏于东亚各国公私机构的笔谈资料,探究东亚范围内文化交流的独特方式,可谓开辟了东亚研究的新视域。正如王勇教授所说:"把笔谈文献作为东亚各国心灵沟通、信息传递、学术交流、文化传播的独特载体和模式,加以系统的整理与理论的构架,既具有学术价值,也符合时代潮流。"①

本文仅梳理了北宋时期来宋日僧奝然、寂照、成寻的笔谈文献,其他笔谈资料还散布于各种史料和随笔之中,这些资料还有待发掘和进一步研究。

---

① 王勇:《燕行使笔谈文献概述——东亚笔谈文献研究之一》,《外文研究》2013年第1卷第2期,第41页。

明代中日文人笔谈之研究

陈小法

（中国　浙江工商大学）

提起笔谈，一般有两方面的含义：一是文学体裁的一种，即笔记类著作，著名的如《梦溪笔谈》；二是通过书写文字来交换意见或发表见解。尤其是后一种，通过书写汉字或文言文，使得汉字文化圈地域内的不同语言知识分子能够相互交流。应该说，这种特殊的文化交流方式自古以来就是中、日、朝甚至越南等地知识分子之间用来交流的重要方式。

然对这种"沉默的会话"的研究，从目前发表的主要成果来看，中日之间的研究主要集中在我国清代时期，代表性的成果有实藤惠秀《大河内文书——明治日中文化人的交游》（平凡社，1964 年），实藤惠秀、郑子瑜合编《黄遵宪与日本友人笔谈遗稿》（早稻田大学东洋文学研究会，1968 年），陈捷『楊守敬と宮島誠一郎の筆談録』（《中国哲学研究》12，1998 年），伊原泽周《从笔谈外交到以史为鉴——中日近代关系史探究》（中华书局，2003 年），刘雨珍《清代首届驻日公使馆员笔谈资料汇编》（天津人民出版社，2010 年），等。参与笔谈的人物涉及外交官、文人、政治家、医生等，尤其是偏重黄遵宪与日本人的笔谈研究，笔者认为略显不足和遗憾。

其实，中日文人之间的笔谈历史，可以说只要两国人士一有往来几乎就会有这种交流方式存在，因此，不难想象其历史的悠久性。而确切有文献记载的也至少可以追溯至隋唐时期，那时的遣唐使就有与中国文人进行笔谈交流的片断记载，如804 年入唐担任文书工作的上毛野颖人虽然不会说中文，但在遇到通事不能翻译的时候，自己就采取笔谈来和唐人交流，[①]而 1171 年入宋的日僧觉阿在参谒灵隐寺住持瞎堂慧远时，也依靠笔谈进行问答。[②] 到了明代，随着人员往来的频繁和数量

----

① 石井正敏：『遣唐使と語学』，[日]『歴史と地理』2003 年第 5 号，第 43—51 页。

② 榎本涉：『中世の日本僧と中国語』，载『歴史と地理』，2003 年第 9 号，第 33—42 页。

的激增，这种记载就更多了。不仅在遣明使日记中有较多的记载，在明人的各种文集、五山日僧的笔记中也都有出现。

一、笔谈中善书的日本人

（一）善书札的入宋僧寂照

中国文人历来重视书法，甚至有"书如其人"之说。笔谈不同于口述，除学识外，双方的书法水平也一览无余。尤其是一名外国人，如有一手好字，自然会给中国人留下深刻印象。而古代来中国的日本人中，善书的不少，但较早通过笔谈而载入史册的恐怕要数入宋僧寂照了。关于他，杨亿在《杨文公谈苑》中有如下记载：

> 景德三年，予知银台通进司，有日本僧入贡，遂召问之。僧不通华言，善书札，命以牍对，云："住天台山延历寺，寺僧三千人，身名寂照，号圆通大师。……"①

景德三年（1006），杨文公就职银台通进司时，以寂照为首的日僧来朝，杨与寂照进行了会谈，由于日僧不懂汉语但善于书札，会谈实际上以笔谈的形式进行。

时隔三百多年，明代的陶宗仪在《书史会要》卷八"外域"的"日本国"条中，在介绍日本书法的时候，也提到了寂照。

> 于宋景德三年，尝有僧入贡，不通华言，善笔札。命以牍对，名寂照，号圆通大师。国中多习王右军书，照颇得笔法。后南海商人船自其国还，得国王弟与照书，称野人若愚。又左大臣滕原道长书，又治部乡源从英书，凡三书，皆二王之迹。而若愚章草特妙，中土能书者亦鲜能及，纸墨光精。左大臣乃国之上相，治部九卿之列也。②

陶宗仪不仅提到寂照善书，而且还指出了他的书风，即颇得王右军笔法。接着，陶宗仪又写道：

---

① 杨亿：《杨文公谈苑》，上海古籍出版社 1993 年版，第 10—11 页。
② 陶宗仪：《陶宗仪集》，浙江人民出版社 2005 年版，第 610—612 页。

　　曩余与其国僧曰克全字大用者,偶解后于海陬一禅刹中,颇习华言。云彼中自有国字,字母仅四十有七,能通识之便可解其音义。因索写一过,就叩以理,其联辏成字处,髣髴蒙古字法也。全又以彼中字体写中国诗文,虽不可读,而笔势纵横,龙蛇飞动,俨有颠素之遗则。今以其字母附于此云。①

　　在某禅寺中,陶宗仪邂逅了一位名叫"克全大用"的日僧。由于克全大用精通汉语,所以一般交流无须笔谈。但是,涉及国字假名的时候,克全大用还是用笔谈的方式向陶宗仪做了解释,并用假名文字写了中国式诗文。陶宗仪看来,这种文字虽然完全看不懂,但颇有张旭、怀素的遗风。最后,陶宗仪还把克全大用写的假名附在了后面。可以说,不是笔谈的话,也就没有这份中国文献中最早最全的日本假名文字记载了。正因如此,此书刊刻几十年后,也传到了日本,并成为日僧谈论的话题。在日僧瑞溪周凤的《卧云日件录拔尤》"康正二年(1456)三月十六日"中有如此记载:

　　　　外记又话:近年自大明曰《书史会要》者来,中载日本伊路叶。东福寺僧持之云云。②

　　当然,明代来中国的日僧中,尤其能书的要数仲方中正和东林如春两位。

(二)仲方中正书"永乐通宝"

　　某天,仲方中正的儿子心月梵初拿着一幅秘藏的山水画《江山小隐图》给当时著名的五山禅僧横川景三(1429—1493)观看,见上有仲方中正的真迹题跋,于是横川景三披露了以下一段佳话:

　　　　应永辛巳,从国信使而南游,盖奉钧命也,时大明永乐纪元也。于是乎,我使者不通华言以牒奏对,天子以老人善于笔札,试御书院,遂命老人书"永乐通宝"四字,铸之铜钱。书"相国承天禅寺"六字绣之法被,以赠我

---

① 陶宗仪:《陶宗仪集》,浙江人民出版社 2005 年版,第 610—612 页。
② 瑞溪周凤:「卧雲日件録拔尤」,[日]岩波书店 1961 年版,第 95 页。

国,国人到今荣焉。①

上文提到的应永辛巳(1401)从国信使南游的就是仲方中正(1373—1451)。他是临济宗梦窗派禅僧,讳中正,通称正藏主,道号仲芳(仲方)。出生于相模镰仓(神奈川),师从昙仲道芳。精通书法,世称"正藏主样"。1401年随遣明使坚中圭密入明,回国后在应永二十年(1413)左右入住相国寺,近侍历代鹿苑院的塔主。作为将军与僧录之间的联系人,留守位于鹿苑院内的足利义持的寮舍荫凉轩。元朝移民林净因(自称是林和靖后裔,随日僧龙山德见东渡)的曾孙之一是兆妙庆禅门之妻伟芳宗奇,乃仲方中正的侄女。② 在其影响下,将军足利义满、足利义持、足利义教相继皈依佛门。

在明期间,因不会中文,遇事只能笔谈。仲方中正漂亮的书法引起了当时明朝文人的关注,并传到了永乐帝耳里,永乐皇帝亲自召他在皇宫书院面试,果然名不虚传,于是命其书写铜钱上的"永乐通宝"四字。同时,永乐帝也特赐一幅写有"相国承天禅寺"六字的法被以示褒奖,日本人至今引以为傲。

关于这段逸闻的真实性,曾有不少学者表示怀疑,因为让一名外国僧人书写本国铜钱上的文字显得不可思议,同时中国文献也没有任何记载。但也有信者,如日本学者东野治之。他认为,横川景三的记载与这段佳话发生只相距七十余年,而且是当着仲方中正儿子心月的面。因此,臆造的可能性较低。再者,永乐通宝这一铜钱主要用于赏赐外国,并不是明朝国内通用货币。基于以上这两点,东野治之认为仲方中正题写永乐通宝是可信的。③

(三)东林如春书"鸿胪卿寺"匾额

日僧仲方中正书写明朝铜钱文字"永乐通宝"已是广为人知的中日交流佳话,而同样是日僧的东林如春奉诏为当时大明官衙"鸿胪卿寺"题写匾额之逸事,却鲜为人知。

话说日本永正十五年(1518),东林如春已经圆寂二十八年整,在其牌位迁移仪式上,建仁寺住持月舟寿桂在所做的法语中,首次披露了上述消息:

---

① 玉村竹二:『五山文学新集』第一卷,〔日〕东京大学出版会1967年版,第247页。
② 玉村竹二:『五山禅僧傳記集成』,〔日〕思文阁出版2003年版,第462—463页。
③ 东野治之:『書の古代史』,〔日〕岩波书店1994年版,第176—181页。

师越州人也，恂恂不言，研精芸苑，学松雪书，咄咄逼真。壮年居洛建仁，以任书记，中年从国信使九渊师观光中华，御史张楷作诗唱和。能书之名振于中朝，天子降诏，书鸿胪卿寺之额，师泚颡而退，诏命不允，挥毫应之，观者绝倒，颇被圣眷。咸谓：不图斗南之后，日本复有此僧。①

从上文可知，东林如春平时恭谨温顺不善言辞，但精研书法而深得赵子昂之神韵。中年从师九渊龙琛来明，与宁波文人张楷有诗文唱和。明帝得知其书名后，诏其书写"鸿胪卿寺"衙门的匾额，开始东林如春推辞，但诏命不肯，于是挥毫泼墨，观者无不惊叹，明帝十分喜爱。都说没想到在斗南之后，日本还有如此杰出的僧人！

文中提到的"斗南"，全名"斗南永杰"，是日本杰出的书法家，深得唐朝虞世南笔法，有"杰斗南样"之称。其出生地、生卒年皆不详。只知为临济宗焰慧派僧，师事南禅寺少林庵的春谷永兰，中年入元。② 据季弘大叔《蔗轩日录》"文明十八年十二月廿九日"条的记载，"贞庵、双桂、斗南为少林三绝。斗南为兰春谷之弟子"③。可见斗南的书法被称为南禅寺少林庵的一绝。日本相国寺的兴彦龙评其书法曰："斗南翰墨续谁灯，咄咄休言逼永兴。书止晋人人不会，梅花直指付倭僧。"④

不仅如此，斗南来到中国后，其书名也闻名中国。明代朱谋垔在《续书史会要》中提到日本书法家时，就有"释永杰，字斗南，扶桑人，书宗虞永兴"之记载。遗憾的是，斗南最终有无归国，不得而知。日本学者上村观光认为其归国了，并曾住城州鸣泷村妙光寺，玉村竹二则认为这没有任何根据，不足为信。而伊藤幸司认为斗南和其他三位日僧一起，被发配到了云南，最后葬身大理。⑤

明朝人把东林如春的书法与斗南永杰相比，可见其书艺高超之一斑。

二、《笑云入明记》中的笔谈

景泰四年（1453），日本派遣九艘遣明船来到中国进行朝贡贸易。从僧笑云瑞

---

① 村井章介、须田牧子：『笑雲入明記日本僧の見た明代中国—笑雲瑞訢著』，[日]平凡社 2010 年版，第 315 页。

② 玉村竹二：『五山禅僧傳記集成』，[日]思文阁出版，2003 年版，第 496 页。

③ 季弘大叔：『蔗軒日録』，[日]岩波书店 1953 年版，第 261 页。

④ 上村观光：『五山文学全集別卷』，[日]思文阁 1973 年版，第 536 页。

⑤ 伊藤幸司：『日明交流と雲南—初期入明僧の雲南移送事件と流転する「虎丘十詠」—』，载《仏教史学研究》2009 年第 52 卷第 1 号，第 26—47 页。

诉作为其中一员对整个朝贡过程进行了简单记录,这就是《笑云入明记》。因当时的正使是东洋允澎,所以日记又以《允澎入唐记》之名而广为人知。但由于东洋允澎于景泰五年五月十九日圆寂于杭州武林驿,加之真正的作者为笑云,所以用《笑云入明记》一名也许更为合适。

如此众多的日本人在中国历经九百多天,自然少不了各种交流。由于语言障碍,笔谈也自然可以想象。因相关资料不多,所以我们主要还是根据上述日记来做追踪考察。

(一)笑云瑞诉的笔谈

首先,来看看日记的作者笑云瑞诉的笔谈情况。细读全文,似乎只有一处出现了笔谈的交流方式。那就是"景泰五年四月十三日"条中的如下记载:

> 一秀才来,予问地图,才乃冠中出小笔书曰:此地春秋属吴,战国属越,后属楚。初置金陵邑,秦改曰秣陵。吴大帝都此,改曰建业。晋武帝改为秣陵。又分北为建业,改业邺,复改为建康。东晋元帝渡江复都焉。又为丹阳郡。宋、齐、梁、陈因之。唐、宋之后,元又都焉。札牙笃皇帝至顺元年,改建庚(康)为集庆路,方今大明立极之初,定鼎于此,改曰应天府云云。①

笑云向一位秀才打听南京的地图,于是这位秀才从帽子中取出小笔,详细进行了笔录。根据秀才写的内容来看,南京的历史演变确实很复杂,不要说是一名外国人,就连本国人也不一定理解得了,何况是口述的话,其难度更可想象。那么,为什么笑云很少与中国文人进行笔谈交流呢? 原因在于笑云懂中文。景泰五年六月一日有以下的记载:

> 入勤政堂,见陈大人。予说北京南台之事,大人喜。予粗通语音。②

回到宁波后的笑云,向陈大人汇报了北京朝贡的情况,大人听后很高兴。接

---

① 村井章介、须田牧子:『笑雲入明記日本僧の見た明代中国—笑雲瑞訢著』,[日]平凡社 2010 年版,第 222—223 页。
② 村井章介、须田牧子:『笑雲入明記日本僧の見た明代中国—笑雲瑞訢著』,[日]平凡社 2010 年版,第 228 页。

着,笑云特意注上一笔,说自己粗通语音。估计是笑云用中文把北京复杂的朝贡过程陈述了一遍,陈大人表示听懂了,所以笑云认为自己懂点中文。其实,这是谦虚,根据日记来看,笑云的中文已经达到相当程度,一般会话没有问题。不仅如此,还精通汉诗。景泰四年十月九日,在北京的笑云赋诗一首,呈予中书舍人,这位舍人给予了很高评价,说:"外域朝贡于大明者凡五百余国,唯日本人独读书。"①

(二)九渊龙琛的笔谈

下面,就对与笑云瑞䜣同时来中国的另一遣明使九渊龙琛的情况做个考察。

关于九渊龙琛的介绍,笔者之前曾做过一些考察,不再赘述。② 在此,仅就他与明朝文人的笔谈进行研究。在日僧正宗龙统的诗文集《秃尾长柄帚》中有如下一段记载:

> 日东九渊叟,偕其法侄南叟朔上人,公事之暇,过飞虹,诣予蜗居。焚香啜茗,笔话移时,意蔼如也。袖中出诗什数章见示,予熟览之,乃知为朔公之弟正宗统上人之大作也。视其字画遒美,句法清新,矧复友爱之情,隐然见于言外,绰有三百篇之遗意焉。虽中华有作者,亦不能远过矣。可美可美。九渊谓予曰:"正宗所居,扁曰萧庵,愿赋一诗,寄以赠文,不亦可乎?"予因慕其才,故不辞而为书一绝以奉,尚希道照甚幸。斋居幽爽绝尘氛,华扁书萧忆子云。最爱高僧才器美,天葩落笔吐奇芬。大明景泰五年岁次甲戌仲春既望日,大兴隆前堂金台质庵寄奉。③

景泰五年二月十六日,日僧九渊龙琛偕法侄南叟龙朔拜访北京大兴隆寺的质庵文淳禅师,三人"焚香啜茗,笔话移时"后,九渊龙琛拿出南叟龙朔之弟正宗龙统上人的作品,请质庵文淳题跋。三百多篇作品不仅字画遒美,而且句法清新,富有友爱之情,所以质庵文淳感动之余赠诗一首。当然,值得注意的是引文中画线的两句,中日友人之间虽然语言不通,但一边焚香品茗,一边通过笔谈进行交流,气氛非常融洽。不难想象,后面主客之间的求诗、赋诗都是通过笔谈完成。不仅如此,九渊龙琛还向宁波文人卫时用求得了正宗龙统的赞文,全文如下:

---

① 村井章介、须田牧子:『笑雲入明記日本僧の見た明代中国—笑雲瑞䜣著』,[日]平凡社2010年版,第205页。

② 陈小法:《明代中日文化交流史研究》,商务印书馆,2011年版,第207—208页。

③ 玉村竹二:『五山文学新集』第四卷,[日]东京大学出版会1970年版,第5页。

> 九渊大和尚一日过予,茶话之间而曰:"吾国一僧,讳龙统,字正宗者,
> 聪明特达人也。八岁能诗,披云扫雾,二十四年,经天纬地,一时英俊,咸
> 仰余光而走下风,是亦斗南一人耳。"予闻是言,心甚歆慕,但以不获聆清
> 诲于左右为恨,是以辄得俚言一律,录奉正宗上人法座前,伏希,过目呵
> 呵,掷之幸甚。青年德望冠时髦,志气凌云万丈高。海外共夸骐骥足,斗
> 南争觑凤凰毛。诗才李杜声名匹,文势欧苏气象豪。几度相忆欲相见,烟
> 波渺渺梦魂劳。四明西山小隐卫时用谨奉。①

可以想象,九渊龙琛与宁波文人卫时用之间也是一边喝茶一边以笔谈的形式
进行交流。

三、宁波人宋素卿与日本人的笔谈

明代时期渡日的中国人中,除政府使节外,多数为被倭寇掳走的无辜百姓,当
然也有少量因走私而私自东渡或亡命之人。政府使节出使日本时,当然配有正规
的通事,而通过其他途径来到日本的中国人,首先遇到的就是语言问题。在此,以
东渡日本的宁波人宋素卿为例进行说明。

关于宁波人宋素卿,笔者曾做过专题研究。② 因其父亲、叔叔都是与日商进行
海外贸易的牙人,为了谋取更大的利益,其不惜冒险潜入日本。东渡后的宋素卿,
由于生性聪慧,得以进入日本的上层社会,得到大名的重用,最后如愿以偿,成为中
日贸易中的重要成员之一。可惜的是,在嘉靖二年的宁波争贡之乱中出了问题,最
终死于杭州狱中。

虽然宋素卿可以说曾叱咤于中日交流舞台,但初到日本的几年,也是语言不
通,交流受到一定程度的影响,有文为证——日本室町时代后期公家三条西实隆的
日记《实隆公记》③卷三下"明应七年九月十四日"条中有这样的记载:

---

① 玉村竹二:『五山文学新集』第四卷,[日]东京大学出版会 1970 年版,第 5 页。
② 陈小法:《明代"潜入日本"的宁波人宋素卿杂考》,《海交史研究》2005 年第 1 期,第 51—61 页。
③. 《实隆公记》是日本室町时代后期的公家三条西实隆的日记,记自日本文明六年(1474),搁笔于天文
五年(1536),被认为是那个时代的一级史料而备受重视。

　　东福寺了庵和尚入来,茶十袋被惠之,暂谈法语等。又先日来朝之唐人来,件诗等被携来。手迹如日本人,虽无殊事注左。不能通语之间,先记之问答云云。

　　"明主尊僧否? 明臣何姓名?"

　　"明州人,姓朱氏,名缟,字素卿。今日特来游东福寺,吾不知大长老尊名,可书尊名之?"

　　"慧山住持桂悟拙号了庵,特来山中,宓望佳制一篇。"

　　"今夕此无价轩中一宿为幸。"

　　"明日早辰去参拜。"

　　"大人忙,不得在贵寺宿之。"

　　大明朱素卿,昨来游此山中,特蒙礼谒于丈室,求赋诗不作而归,遂宿万年祖堂下,寄短篇以谢。

　　素卿明国杰,踰漠到扶桑。

　　风化无殊域,古今朱紫阳。

　　惠山桂悟拜昨游东福禅寺,万年室而留宿之。今早惠日老师父赐尊诗一首,猥奉和高韵,改正幸之。

　　老禅通特达,朱子宿公桑。

　　天下皆归德,仰看惠日阳。

　　四明朱素卿稿①奉印②

　　那天,宁波人宋素卿来拜访三条西实隆,恰好了庵桂悟也在座,上述内容就是宋素卿和三条西实隆以及了庵桂悟之间初次见面时的笔谈记录。

　　明应七年(1498)九月十四日,宋素卿(根据他本人的笔谈内容,实姓"朱",名缟,字素卿)携诗去拜访三条西实隆。两"不能通语",所以只好笔谈。三条西实隆问了宋素卿两个问题:一是大明皇帝崇佛吗? 二是贵姓? 第一个问题没有记录,第二个问题宋素卿做了详细回答。可见两人是第一次见面。宋素卿又问三条西实隆东福寺的住持是谁,回答说是了庵桂悟。当夜,朱缟宿于无价轩,次日去参拜了东福寺并与了庵桂悟有诗文往来。因此,朱缟初次去三条西实隆府邸时,才结识了了

---

　　①　"稿"当为"缟"之误。

　　②　高桥隆三:「実隆公記」卷三下,[日]续群书类从完成会太洋社 1960 年版,第 558—560 页。

庵桂悟。

了庵桂悟(1425—1514)是日本室町时代中期至战国时代著名的临济宗禅僧，讳佛日禅师。1478 年出任东福寺住持，因三条西实隆的推荐经常在朝廷说法而一举成名。1506 年，后土御门天皇任命他为遣明使正使，1511 年入明，1513 年回国。在宁波期间，与当地文人有许多交流，特别是与王阳明的交流被称为中日佳话。①

四、结　语

明代宁波人余永麟在《北窗琐语》中有这样一段记载：

> 嘉靖乙亥，入贡正使石鼎、周良、珠宣、用琳皆解文字者也。余每致笔谈，多重佛略儒。五经用《汉隽》，王弼、郑玄之徒皆彼所深信。医用旧方，而略发挥。诗尚纤巧，又元体之下者题咏颇多。②

嘉靖乙亥即 1539 年，这年是宁波争贡事件之后迎来的首批日本朝贡使节，正使为湖心硕鼎(即上述史料中的"石鼎")，副使为策彦周良，这两人博学多才，精通汉文。而文中提到的珠宣、用琳也为本次遣明使。根据余永麟的记载，他俩也懂文字。虽然相互之间语言不通，但通过与他们的多次笔谈，得知了日本国内当时儒学、佛教、医方、诗风等情况。当然，这次遣明使的笔谈交流绝不限于这些，这在策彦周良的朝贡日记《初渡集》中有详细记载，限于篇幅，容待日后专题讨论。

通过以上分析可以发现，明代时期的中日文人笔谈有以下几个特点：

第一，参与笔谈的中国人中既有一般知识分子、文人、僧侣，也有官员甚至一国之君。而日方主要是僧侣，当然也有公家人即朝廷官员，如上述的三条西实隆。其中的原因主要是当时在日本，僧侣是汉学水平最高的阶层。

第二，笔谈内容非常丰富，既有两国的风土人情、宗教习俗，更多的是文人之间的闲谈与文笔活动，如诗文唱和、题写序跋等。

第三，正是通过笔谈这种特殊的交流方式，既可以及时准确获取外国的信息，

---

① 关于了庵桂悟与王阳明的关系，可参见南炳文的《"朱成功献日本书"的送达者非桂悟、如昔和尚说》（《史学集刊》2003 年第 2 期）和钱明的《王阳明与日本的关系新考》（《宁波大学学报（人文科学版）》2005 年第 5 期）等。

② 余永麟：《北窗锁语》，商务印书馆 1936 年版，第 34—35 页。

同时也作为文字材料保存了下来。

第四,参与笔谈的日本人中,善书的为数不少,给当时的明朝人留下了深刻印象,从中也可见遣明使素质的一斑。

第五,无论是在中国与日本人笔谈的明朝人,还是东渡的明朝人,他们的学识均获得了日本人的高度肯定。

晚清陈荣昌与日本人士的诗歌交流

陈友康

（中国　云南中华文化学院）

陈荣昌是云南留学教育的倡导者，是云南派往海外考察教育的第一人。1905年（清光绪三十一年，日明治三十九年），他前往日本考察学务，得到清朝驻日公使馆、日本外务部、文部省等部门，以及大偎重信、田中不二麻吕、长冈护美、嘉纳治五郎、伊泽修二、田所美治等日本明治、大正时期政教名流的帮助，在认真考察了日本的教育、实业、政治、文化等后，他把见闻写成《乙巳东游日记》，旅行过程中所写的诗则编为《东游集》，这是近代中日文学交流的珍贵文献。

一、陈荣昌的日本之行

陈荣昌（1860—1935），字小圃，又作筱圃，号虚斋、困叟。逝世后，门人私谥曰"文贞"，昆明人。光绪九年（1883）进士，担任过翰林院编修、国史馆纂修、贵州学政、资政院议员、贵州提学使、山东提学使、云南经正书院山长、云南高等学堂总教习、云南教育总会会长、《云南丛书》名誉总纂、云南国学专修馆馆长等，是近代著名教育家、文学家和书法家。著有《虚斋文集》《虚斋诗稿》《桐村骈文》《虚斋词》等。前三种收入《云南丛书》刊行。

陈荣昌是晚清民国时期云南"乡绅首领"，名望甚高。他经历丰富，有为有守，著作等身。士子奉为楷模，官方尊为元老，民间誉为善人。他引领风气，表率群伦，成为那个时代云南的精神领袖之一，在全国文教界也有一定影响。他的学生——曾任浙江提学使的袁嘉谷在所撰《清山东提学使小圃陈文贞公神道碑铭》中说，他"诚敬之心，宏通之识，素以天下为己任，古所谓大人天民；而仁爱之心，尚流露于文字间。门生才俊盈天下，训之以勤，接之以和，律之以正；亲炙有人，望而知其为先生弟子，私淑者不可胜计，且有闻风而愿列门墙者。东游倭，南游交，彼都人士亦想望风采。自食其力，无求于世。发为文章，其书满家，又不肯与世俗所谓文学家、诗词家、书法家较长短，立异同，盖自有千秋，非一时一地之人也"。陈荣昌东游日本时，袁嘉谷恰好任清政府留日学生监督，师徒二人异域相见，格外开心，袁嘉谷陪他考察和游览日本胜景，多有唱和。"彼都人士亦想望风采"是袁嘉谷目睹的事实，表明陈荣昌日本之行相当成功。

　　日本历史上一直视中国为学习的对象，其政治思想、政治体制、文化教育、文字都仿效中国。19世纪以后，西方殖民势力侵入亚洲，对亚洲形成全方位挑战和挤压。日本通过明治维新，改革政治、经济、军事、教育体制，"脱亚入欧"，学习西方思想文化和科学技术，迅速崛起，成为与西方列强争雄的亚洲头号强国，成功应对西方挑战。而"天朝上邦"中国仍在内忧外患、风雨飘摇中挣扎，与日本形成强烈反差。1894年，甲午一战，中国被迫签订丧权辱国的《马关条约》；1904年日俄战争，在中国东北开战，已属荒唐，而弹丸之地的日本居然战胜沙皇俄国，给中国人以强烈震撼。为了摆脱困境，振兴国家，拯救民族，20世纪初，中国出现了考察日本、留学日本的热潮，以期学习日本的成功经验，"转望其文明输入中国"。

　　在这样的背景下，云南地方当局积极跟进，派人到日本考察和学习。陈荣昌是云南留学教育的倡导者，光绪二十八年（1902），在他建议下，云南首次选派10名学生留学日本，随后又连续三年选派三批留日学生。他们学习政法、军事、实业、师范等。除官派外，自费留日也相当踊跃。"在东乡人"深受日本发展之触动，致函云南当局，希望派员考察，学习日本经验，维新变革，振兴桑梓，解救云南"岌岌如累卵"的边疆危机。

　　光绪三十一年（1905），云贵总督丁振铎奏请光绪帝同意，委派云南"硕望"，时任翰林院编修、云南高等学堂总教习的陈荣昌，以学务视察员身份和进士钱鸿逵赴日本考察学务，陈荣昌于是成为近代云南地方当局派赴日本考察的第一人。他们三月从云南出发，六月八日东渡日本，十七日在长崎登岸，九月十七日返沪，在日本实际考察三个多月，主要考察了长崎、京都、札幌、东京等城市。

　　陈荣昌到东京后，于六月三十日拜访清朝驻日公使杨枢（星垣），请公使馆照会外务部，以便考察。杨枢嘱咐袁嘉谷与他商定考察路线和场所，开单照办。他们与陈荣昌的另一个学生——正在日本学习师范的秦光玉制订了全面细致的考察计划。留学生钱良骏、李培元、李伯贞等担任义务翻译。

　　日本方面给陈荣昌的考察积极协助。外务部、文部省发公函给有关单位，要求支持。他参观考察的各个学校、有关部门和企业的负责人接待热情，介绍情况认真。特别是嘉纳治五郎、长冈护美、田所美治竭诚支持,使他受到特别的礼遇,收获颇丰。他向驻日公使馆提出想到文部省听讲,使馆说这样的事以前没有经办过,感到为难。在长冈护美和嘉纳治五郎帮助下,问题得到解决,请了政界、教育界、学术界的名流和他座谈交流,为他安排了专题讲座,使他有条件接触代表日本前沿水平的教育理念和学术思想。在文部省听讲六次,讲的内容有教育学、人类学、社会学、国家学、法律学、铁路事宜等。文部听讲的优遇之前只有吴汝纶享受过。和田纯说:"文部听讲惟吴挚甫先生来游办过一次,今长冈子爵为介绍,文部已许之。"吴汝纶,字挚甫,1902 年为筹办京师大学堂(今北京大学),到日本考察,他是到日本考察学务的人中,来头最大的人之一。

陈荣昌到日本的时候,正遇上学校放暑假,考察有所不便,他就先考察实业。他沿着足尾,经过青森,渡过轻津峡,游历北海道,重点在札幌,考察了农业、矿产业、森林业、畜牧业,参观了岛津电机制造所、织物株式会社、新宿自来水厂、足尾矿业所、北海道制麻株式会社、札幌农业学校(今北海道大学)及种畜场、浪花电话交换局、印刷局、卫生试验所、瓦斯陈列场、炮兵工厂、中央气象台、赤十字社、警视厅、东京监狱等。这次考察让他大开眼界,感到可惊可愕,深感云南与日差距之大,云南亟待发展实业,而发展实业,尤须先学习研究实业方面的理论和技能,培养实业人才。

日本教育是陈荣昌考察的重点。他拜访了文部省、外务部、司法省、东京府教育会、教育博物馆、帝国图书馆,参观了各级各类学校数十所,有大学、中学、小学、幼稚园,有普通学校,也有职业学校、特殊学校。考察过的学校有长崎县师范学校,北海道师范学堂、养育院、感化院、高等师范学校及其附属小学,第一高等女学校,常盘小学校,有马小学校,东京府女子师范学校及其附属幼稚园、盲哑学校、女子工艺学校,三轮田高等女学校,此外还有华族女学校、帝国大学校、早稻田大学、中央士官学校等。他详细了解了各个学校的创办历史、学制、学费、师资、生源、教育理念和教学方式等方面的情况。

完成任务后,陈荣昌准备返国。九月十五日,云南留日同乡在富士见轩举行宴会,为陈荣昌一行钱行,并答谢日本友人,参加集会的有 100 多人,气氛热烈。他们合影留念,开怀畅饮,互相祝福。陈荣昌作诗《宴诸公于富士见轩》(《虚斋诗稿》卷十《东游集》),交代了他来日本的目的,是要验证中国知识界对日本的种种议论,他的考察,增广了见闻,化解了疑惑,明确了方向,坚定了信心。他感谢日本友人顾念中日"同文"关系给他真挚的帮助,表达离别和思念之情:

中原士论久纷纷，为向东瀛证所闻。

愿我栖迟来异地，感君眈挚念同文。

山多红叶秋今老，篱有黄花酒自分。

富士轩中留玉照，他年相对慰离群。

陈荣昌的东瀛之行成果颇丰。到东瀛之前，陈荣昌和普通士大夫一样思想是比较保守的，虽然也强烈感受到中国的危机，但"天朝上邦"、文化优越的心理依然根深蒂固。到了日本以后，事实证明了这种心理的虚妄，让他的思想发生了重要变化。他的学生陈度说，陈荣昌出洋之前"但恶新学，诸生文中偶涉及，辄遭屏斥"，日本回来之后，就变得非常开明通达，不再固执："殆出洋归，博览科学译籍，则极明通，不似此前之执也。"

他目睹了日本经过维新变革之后翻天覆地的变化，实业发达，经济繁荣，教育先进，科学昌明。考察的所见所闻，处处与中国形成强烈反差，给他强烈刺激和震撼，更使他深切体会到中国的贫弱落后及缺乏生气。形成这种反差的原因就是"日本维新之力而中国维新之不力"，中国戊戌变法惨败，而日本明治维新成功。他希望国人"爽然破前此之酣梦"，"激发愧励之思"，从自我满足、自我陶醉、自欺欺人的美梦中醒过来，面对差距，感到惭愧，并自我激励，努力改进。他自我反省道："自念我国积弱至此，既失古来旧有之文明，今欲步人后尘，又若有望尘而莫及者，愧耻在心。"因此更要"发愤"以图强。归国以后，他以较为现代的政治思想、教育观念、实业思想观察中国尤其是云南存在的问题，并付诸实践，为云南的现代转型发挥了积极作用。

二、《东游集》和《乙巳东游日记》简介

《东游集》收录陈荣昌考察日本期间写的诗，共157首，编入《虚斋诗稿》，收入《云南丛书》刊行。《东游集》存诗不少，但在日本作的不算多，大部分是往还日本路上的所见所感。另外，在日本写的部分作品他也许认为应酬色彩较浓，编《东游集》时未收入，幸好保存在《乙巳东游日记》中，使我们得以更全面地了解他与日本人士"笔谈"的情况。

陈荣昌接触的日本人士多是热心中国文化和中国事务的文化人，并且有一定

的汉学修养,有的专门研究汉学,工汉诗,所以交流起来心理、语言的障碍都不大。正如长冈护美给陈荣昌的赠诗中所说"吾辈同文有夙缘"。他和日本学者之间的交流切磋颇为广泛,与大偎重信、田中不二麻吕、长冈护美、嘉纳治五郎、伊泽修二、竹添井井、田所美治等日本明治时期和大正时期政教名流互相切磋教育,谈论中国文化,诗歌赠答。从《东游集》和《东游日记》中可以考见,与陈荣昌发生诗歌关联的日本人士有长冈护美、嘉纳治五郎、竹添井井、田所美治、得能通昌、安达常正、高田忠周、烟崖荒浪坦、和田纯、儿玉春三等。

陈荣昌是翰林出身,担任过学政等清要的官职,为人实诚厚道,诗文造诣亦深,因而他受到日本学人的尊重。他们或相互诗歌酬唱,或向他赠送书籍,或请他为自己的诗集作序。陈荣昌往往用诗的形式表达他的谢意和观感,因此赠诗就多一些。当然,陈荣昌不懂日语,日本人士不一定会讲汉语,他们的诗歌交流也只能是用汉文"笔谈"。拜中日文化长期交流积淀之赐,互相不通语言的双方能够用汉文顺畅沟通,实现有效互动。江户时代有"东国诗人之冠"美誉的广濑旭庄在《赠松春谷三首》中说,他和中国人交往,"言语虽不接,肝肺乃相亲",陈荣昌和日本人士的笔谈亦臻于这样的动人境界,感情融洽,心态平和,见解精致,让人倍觉温馨和感动。

陈荣昌十分敬业,考察任务重,又不通日语,但他每天记日记,而且相当详细,有时在十分"疲惫"的情况下,仍然根据自己的记忆和翻译的记录稿坚持写作。《乙巳东游日记》起于三月二十四日,止于九月十七日,记载了他在日本的经历、见闻、与日本人士的交往,反映了他对日本的历史、政治、文化、教育、实业、军事等的观察和认识,记载了日本人士的言论,揭示了日本在明治维新以后迅速崛起的原因,呈现出一个近代化国家的全新面貌,也体现了他对中国特别是云南如何学习日本、发愤图强的思考。日本国民的民族精神、科学精神和爱国精神让他印象尤深。

在日本时,云南留日同乡就劝他将日记刻印流布,他听从劝告,希望"蓬瀛蚕纸,化身千亿,流播乡里",使云南"人人开辟其知识,钥启其锢蔽,鼓铸其精神,策群力以兴实业,讲实学",达到"振兴国势,恢张国力"之目的。回国后,日记就由云南官书局迅速刻印出版。另外,还有东京云南同乡会的石印本,也是 1905 年(清光绪三十一年,明治三十九年)印的。该版本附录《中华铁路小言》《学制大意》二文,前者系小川资源著,钱良骏译;后者为田所美治著,周钟岳译。钱良骏、周钟岳都是陈荣昌的学生,当时都在早稻田大学学习。以庋藏晚清中国东游记著称的东京都立图书馆实藤文库收藏有这个版本。云南大学周立英对《乙巳东游日记》加以整理,2007 年由云南美术出版社出版点校本,这是目前易见的版本。

三、大隈精神的激励

大隈重信是日本近代著名政治家、教育家，是明治时期和大正时期的风云人物，两次出任内阁总理大臣，对日本财政改革、实业发展和教育发展有重大贡献。1889 年十月，在担任外相期间，他废除治外法权和关税自主的主张遭到极右翼势力玄洋社反对，玄洋社成员来岛横喜用炸弹袭击他，他的右腿被炸断，成为著名的"独脚首相"。面对清政府无力抵抗西方列强瓜分的局面，大隈倾向中国革命，希望促成中国政治的现代转换。戊戌变法那年，他发表《保支论》，说日本为报答中国文化之恩，有义务抵御西方，以便让中国有充分的时间自强。因此，他支持康有为、梁启超、孙中山等在日本的政治活动。当然，他的所谓"保护中国"，也有排斥西洋、扩张日本在华势力，甚至武力干涉中国的成分。

1882 年十月，大隈重信在东京府丰岛郡早稻田村创办东京专门学校，1902 年更名为早稻田大学，以"保全学术之独立，有效地利用学术，造就模范国民"为宗旨，培养了大量的政治家和专业人才，促进了日本经济社会进步，成为日本最杰出的大学之一。大隈重信和早稻田大学重视中国学生，1905 年开设中国留学生部，招收300 多名中国学生。李大钊、廖仲恺都是早稻田的早期留学生。1905 年，云南学生周钟岳、顾视高、陈诒恭、吕志伊等也在早稻田学习。他们都是陈荣昌云南高等学堂的学生。

七月初四日，陈荣昌拜访大隈重信。大隈和他进行了较长时间的深入交谈。陈荣昌记录了他对大隈的观察和大隈对办好中国教育的建议。他说，大隈"以维新功，封伯爵"。"其谋国长于理财，又以排外为主义，故凡排外如近日击俄之举，国人皆称之曰'大隈主义'。"他被炸断右脚后，不但没有被吓到，反而更加勇敢和坚定，"虽跛而任事益勇，持议益坚"。此时他不再在政府任职，但仍任上议院议员。他是坚定的国家主义和民族主义者，他认为中国也需要国家主义和民族主义凝聚人心，他"念君不远万里而来考察学务，是必热心教育者，故直抒鄙见相告"，建议陈荣昌，"中国兴学当以国家主义、国民教育为宗旨，扫除旧学，一切更新，乃能有效，否则，新旧冲突无益也"。陈荣昌对"扫除旧学，一切更新"的观点不理解，问："日本维新已见大效，然亦保存国粹，今曰'扫除旧学，一切更新'，其说何如？请详示之。"大隈说，他讲的旧学是辞章、科举，"此等旧学不扫除，最于新学有碍，故曰新旧冲突无益也"。"若夫孔孟之道，日本亦守之为国粹者，安有扫除之理？"他们还讨论了国民教

育、立宪、云南自强等问题,"大偎言颇爽直"。陈荣昌说:"予因大偎之言颇有所感,
其曰国家主义、国民教育者,岂非使人人知爱国、人人知重土地乎?"

八月十二日,陈荣昌考察早稻田大学,参加中国留学生"始业式"(开学典礼)。
清朝驻日公使杨枢出席并演讲,他说:"日本东京学校,帝国大学之外,自以大偎伯
所设早稻田大学为最,然颇不易入。大偎伯念两国同文同种,诸生远来就学,吾与
大偎伯又数十年旧友,为诸生力请,乃特开此班。诸生宜体此意,各自勉学,以底于
成,是所至望。"典礼结束后,大偎邀请"清国各员"到他家里共进晚餐,陈荣昌因为
时间已晚,担心耽误了宏文学院的听讲,于是辞别。晚上,他到宏文学院,听小川资
源讲铁路事宜。

大偎重信的精神激励了陈荣昌。他表示他掌管云南教育,要协助云南主要官
员,教育云南人民增强爱国心和凝聚力,以保障云南之生存。他要"为国家造人
民",大力倡导国民意识,如果信从的人多自然是好事,即使没有人信从甚至反对,
他也要像大偎伯爵那样敢于担当,勇往直前,即使像大偎那样被炸断脚也无怨无
悔:"吾特愿为石碾之一人,又忝司桑梓教育事,襄助大吏,为国家造人民,以是提倡
之。信从者众诚善,即不信从而与吾反对者,虽断吾足如大偎伯亦不悔也。"这体现
了他的担当精神,也反映了他的爱国赤诚。

四、长冈护美的友情

长冈护美,出身于熊本藩藩主世家,皇后之兄,封子爵,是明治维新中藩政改革
的积极践行者,任贵族院议员。他积极推动中日文化交流,倡导"兴亚论",担任过
日本兴亚会会长、东亚同文会副会长、亚细亚学会会长。他家世代传习汉文,他自
己爱好汉诗,是有成就的汉诗人。1883年,汉学大师、著名诗人俞樾(曲园)曾把他
的诗选入《东瀛诗选》,他引为光荣。1900年,他专程赴苏州向俞曲园请教,曲园称
其为"东瀛贵戚"。黎庶昌担任驻日公使时,多次举行中日文人雅集,长冈护美是热
情的参加者,与清朝文人唱和之作颇多。他对到日本考察的中国官员给予协助。
因为帮助调停清朝留日学生罢课事件,还得到光绪帝的嘉奖,"赏"宝星勋章。

长冈"为人和蔼可亲",热情帮助陈荣昌,为他写十余封介绍信给文部省及其他
单位,还替他联系聘请日本教习。长冈说:"文部听讲及其他应考察者,均能为介
绍。日本与大清为东亚唇齿之国,非协和不能存立,故诸君来考察者,必竭力为介
绍,冀有可仿行者,归而仿行之。"陈荣昌"感激其盛意","记其语以为发愤之助"。

长冈还请他到家里做客。家中有一鱼池尚未命名,长冈请他命名。陈荣昌见池中鱼"长二尺许,自波心跃出者再",于是取名"跃鲤池","纪所见也"。这样命名可能还用了宋儒"鸢飞鱼跃"之意,体现"活泼泼"之精神状态。

七月二十七日,陈荣昌在富士见轩宴请长冈护美、嘉纳治五郎、高田忠周、杨枢等。长冈即席赋诗为赠:

> 论交何必附忘年,吾辈同文有夙缘。
>
> 每喜高轩来络绎,敢赐贱位费周旋。
>
> 但惭下里巴人调,叨和阳春白雪篇。
>
> 肝胆俱倾欣得友,济时今古待明贤。

长冈说因为两国"同文"的关系,他们之间早就有缘分。来日本的中国官员络绎不绝,并且中国人不嫌他地位低贱,都愿意和他交往,他很高兴。他贵为子爵、皇后之兄,称"贱位"自然是自谦之词。他说他的诗是下里巴人的俗调,而中国友人的诗作是阳春白雪的高雅之篇,这也显示他的谦逊。最难得的是双方肝胆相照,他为得到这样的好友而欣喜。他还指出,从古至今,拯救时局要仰赖贤明之士,他把陈荣昌等人视为"明贤"。

袁嘉谷也出席宴会,先作和诗二首,陈荣昌亦唱和二首:

> 归卧昆湖谩十年,蓬瀛握手亦奇缘。
>
> 岂关山水耽游玩,颇念乾坤待转旋。
>
> 海上忽逢新旧雨,樽前同赋长短篇。
>
> 春秋侨札交情重,定有今人抗古贤。

> 两国交通阅岁年,却从文字证因缘。
>
> 三山游屐知难遍,万里归帆忍遽旋?
>
> 龟鉴照人多古谊,骊珠赠我有新篇。
>
> 鲰生愧少琼琚报,再咏缁衣解好贤。

二诗的核心是表达中日两国密切的文化关系和两国人士之间深厚的友谊。"春秋侨札交情重"用公孙侨和季札之典。公孙侨即子产,春秋郑国执政,著名政治家。吴国季札出使郑国,见子产如旧相识,赠送缟带,子产则献纻衣。后世称为"侨札之好",用以形容深厚的异邦友谊。"定有今人抗古贤"是说他们的友谊超过了"侨札之好"。《缁衣》为《诗经·郑风》之首篇。《礼记》有记载:"于《缁衣》见好贤之至。"他把长冈的诗比为"骊珠",是对"但惭下里巴人调"的回应。他还说自己是见识浅陋的边地之人,写不出好诗报答长冈,和作只是表达对长冈"好贤"之意的感谢。双方互相谦让,彬彬有礼。"岂关山水耽游玩,颇念乾坤待转旋"则表达了他希望扭转国运的情怀。

长冈把自己的诗集《云海诗集》赠送给陈荣昌,陈荣昌作《题长冈子爵〈云海诗集〉》回报:

> 长冈列爵东海东,余事乃作诗中雄。开篇首题大清国,使我忠爱填心胸。尚武精神遍朝野,文阵纵横收汗马。许燕大笔何淋漓!自古名臣尽风雅。中有谢公山水诗,魏阙遥寄江湖思。我向江湖思魏阙,愿瞻北极神飞驰。人生意气贵相感,喜君为我倾肝胆。九州岛万国喜同文(自注:长冈赠诗云"吾辈同文有夙缘"),手把君诗歌不置。

陈荣昌称赞长冈在从政之余写诗,纵横于诗坛,成为诗中豪雄,是名臣中的风雅之士,他的诗气魄大,是"许燕大笔"。长冈的山水诗写得好,他虽然身居高位,却有江湖之思,心胸超然。日本"尚武精神遍朝野",长冈的诗中也有尚武精神,陈荣昌见到诗集开篇题了"大清国"的字样,油然而生爱国之情,说长冈是在魏阙思江湖,而自己是在"江湖思魏阙",遥望北面,神思飞到北京,意思就是在日本想念大清朝廷。他说人生可贵的就是意气相投,长冈对他态度诚恳,肝胆相照,让他感动。他也为日本学者依然在学习、传播中国文化感到欣慰。

长冈嘱咐陈荣昌评定其诗歌,他认真"评读一过,有甚欣赏者",于是在日记中手录了部分佳作。他特别赞赏《对梅绝句》:"梅臞疏竹倚,我老瘦藤扶。究竟梅兼我,元来两个无。"以为"颇似禅偈,得之爵位中,非具慧根者不能也",于是在其后题写七绝一首:

> 先生前世是高僧,参到禅家最上乘。
> 我与梅花皆幻象,拈来妙句几人能!

陈荣昌完成任务离开日本，又作诗《留别长冈子爵用前韵》：

> 东都车马日纷纷，云海诗名夙所闻。
> 国步进于欧米化，家风传此汉唐文。
> 识荆为我增身价，说项逢人借齿芬。
> 甫订石交便分手，离怀翻妒雁成群。

诗中说他久仰长冈的诗名，与他相识使自己身价倍增，而长冈也到处传扬陈荣昌的美名，遗憾的是刚结下"石交"不久就要离别，因而忌妒鸿雁还能成群结队地飞。"石交"是指交谊牢固的朋友，还有化敌为友的含意。典出《史记·苏秦列传》："此所谓弃仇雠而得石交者也。"《三国志·蜀志·杨洪传》："石交之道，举雠以相益，割骨肉以相明，犹不相谢也。"黄庭坚《和邢惇夫秋怀》之七："万里投谏书，石交化豺虎。"这里无疑有甲午之战的背景。战争必然伤害两国感情，但"渡尽劫波兄弟在，相逢一笑泯恩仇"，故中日文化人能够一见如故，结成"石交"。"国步进于欧米化"赞扬日本经过维新变革取得长足进步，接近欧美的水平。"家风传此汉唐文"说在日本逐步"欧米化"的情况下，长冈依然坚守、传播中国文化。

长冈向他赠送水晶印章留念，他作《长冈子爵赠水晶印章诗以谢之》：

> 阿戎三载附门墙，弟子员中姓氏香。
> 从此通家成孔李，岂唯华胄数金张。
> 更叨一品元章石，绝胜千金陆贾装。
> 归去袖中有东海，名山深处好收藏。

"弟子员中姓氏香"有自注："舍侄诒恭毕业宏文书院。"陈诒恭是陈荣昌兄陈汝昌之子，先在宏文学院学习，后进早稻田大学。这首诗用了许多典故，意在说明他和长冈的交谊很深。"通家成孔李"典出《世说新语·言语》："孔文举年十岁，随父到洛。时李元礼有盛名，为司隶校尉。诣门者，皆俊才清称及中表亲戚乃通。文举至门，谓吏曰：'我是李府君亲。'既通，前坐。元礼问曰：'君与仆有何亲？'对曰：'昔先君仲尼与君先人伯阳有师资之尊，是仆与君奕世为通好也。'元礼及客莫不奇之。"孔融回答李膺的话，《后汉书》卷七十《孔融传》作"先君孔子与君先人李老君同德比义，而相师友，则融与君累世通家"。陈荣昌用这个典故来比喻中日两国源远流长的交往和互为师友的关系,是比较贴切的。他把长冈赠送的水晶印比为宋代书画大师米芾的奇石,表示要好好珍藏。

五、嘉纳治五郎、竹添井井的帮助

嘉纳治五郎(1860—1938)是著名教育家、柔道家,一位对世界体育和中国留日教育有重大影响的杰出人物。他是日本现代柔道的创始人,被誉为"柔道之父"。1893 年,任东京高等师范学校(现日本国立筑波大学)校长,在任 26 年。他的教育思想对日本教育产生过重要影响。1896 年,甲午战争后,中国第一批留学生到日本,外务大臣兼文部大臣西园寺公望请他负责这批人的教育。他在文部省支持下创办私立弘文学院,为中国留学生补习日语及基础课程,作为进大学之前的准备。宏文学院是当时日本最大的日语学校,鲁迅、黄兴、胡汉民、陈独秀、林伯渠、陈衡恪(师曾)、陈寅恪、李四光等都在这里学习过。云南留学生到日本,大多先在这里学习语言。1902 年,嘉纳曾到中国考察,增强了对中国的认知和感情。

嘉纳治五郎负责初到日本中国留学生的协调管理、语言培训,他对陈荣昌的考察活动给予了热情支持和切实帮助。他除亲自为陈荣昌讲学外,还请一些学术造诣深、名望高的人为陈荣昌讲学,让苦于无从问津的陈荣昌感到温暖。因此,陈荣昌写下了《嘉纳校长延请诸名人为予讲学累日,以诗谢之,并呈竹添先生即以志别》:

> 山斗声名学者宗,一时英俊远相从。
> 群材树遍仙人岛,师表高于富士峰。
> 正苦迷津无宝筏,忽闻觉路有金镛。
> 百川更助波澜阔,海水泱泱荡我胸。
>
> 井井先生倚相传,君为快婿自名流。
> 不嗤狗曲分经席,更过鲭厨进酒筹。
> 讲树正依江户月,归帆欲挂海门秋。
> 他时若话东游迹,回望扶桑天尽头。

诗中称赞嘉纳是日本学术界的泰山北斗,一时的英才俊杰从很远的地方跑来向他学习,他培养的学生遍布日本,他为人师表,美德比富士山还高。"仙人岛"指日本,中国人称日本为"东瀛",即"东海瀛洲","瀛洲"是中国人传说中的仙山。陈荣昌说自己初到日本,正愁不知如何开展工作,就得到嘉纳校长的帮助,这种帮助非常及时,好比觉悟之路上的黄钟大吕,引导他、启发他。学者们给他讲学,好像很多河流注入大海,更加波澜壮阔,让他受益极大,拓展了胸怀。

"竹添先生"即竹添井井(1842—1917),是嘉纳治五郎的岳父,本名进一郎,字光鸿,号井井,是著名汉学家,也是明治时代屈指可数的汉诗大家,与重野成斋、川田翁江、三岛中洲、中村敬宇并称为明治"五文豪"。他先是从事外交,1873年作为日本驻华公使森有礼的书记官来到中国。1876年,他游历河南、陕西、四川、江苏等八省,写成《栈云峡雨日记并诗草》。八月,他从上海到苏州拜访俞曲园,曲园称他为"东瀛仙客",互相唱和,并为《栈云峡雨日记》和《左氏会笺》作序。1884年开始任东京大学教授,专门从事汉学研究,著有《左氏会笺》《毛诗会笺》《论语会笺》等,诗文最后结集为《独抱楼诗文稿》(6卷)、《井井剩稿》等。

九月初六日,陈荣昌到宏文学院与嘉纳商量聘请理化教习事,见到了竹添井井。竹添向他介绍了二十年前自己游历中国和与中国名流交往的情形。陈荣昌说竹添"盖日本之深于汉学者,遂与笔谈","喜与中国人谈汉学"。这次笔谈的内容涉及日本的汉学研究和汉诗人的情况,包括"先生之外,讲汉学者尚有何人""森大来诗何如"等问题。竹添介绍了重野安绎、三岛毅两位"老儒"的近况,说森大来"学李长吉,专以诗为业,经史非其学也,然年尚壮,犹有望"。陈荣昌最关心的是小学是否要开展经学教育,向竹添请教。竹添认为"经学不宜入小学科目中",小学只需进行普通知识教育,以切于实用,经学只宜在大学专门研究。这引起陈荣昌对改革中国小学教学内容的思考,他同意竹添的意见,认为"今世科学所谓普通者十数门,皆经五洲各国教育家审定,切于日用者",而中国中小学"驱弟子读经,迟误国民之造就","徒耗其岁月,使人生今世应需之智识技能,反延误而不能完全发达,岂危急存亡之秋所宜尔乎?"因此,他要"大声而急呼之",改变这种"顾虚名而受实祸"的做法。

竹添请陈荣昌为《左氏会笺》写序,他感到荣幸,但对自己仍取谦下的态度,说自己见闻浅陋,然而日本学者没有轻视他,热忱地专门为他讲学,还设宴款待,觥筹交错,气氛融洽。"不嗤狗曲分经席,更过鲭厨进酒筹"一联表现此点。"嗤狗曲"典出《汉书·儒林传·王式》:"江翁曰:'经何以言之?'式曰:'在《曲礼》。'江翁曰:'何狗曲也!'"唐人颜师古注:"言狗者,轻贱之甚也。""不嗤狗曲"反用其意。"鲭"是鱼和肉混在一起的食物,体现了日本饮食的特色。

陈荣昌珍视这段友谊,说"他时若话东游迹,回望扶桑天尽头",因为天尽头还有这么些好朋友令人牵挂。

六、田所美治、和田纯的中国文化情结

田所美治是文部省参事,后来担任过文部省次长、国会议员。他刻苦攻读国史,学成后在文部省做事。田所曾游遍欧美各国,了解东西方文化。经过长冈护美介绍,陈荣昌结识了他。他"志气尤激昂",对陈荣昌说:"中国开化最早,日本维新以前,全受中国之文明,维新以后乃讲欧洲之学术。有前之文明,故后之学术进步甚速也。中国维新亦宜存其本质,进以他国之形式,则进步自速。"他没有把中国文明和西方文明对立起来,而是认为日本因为有中国文明在前面打下的基础,所以后来接受西方文明、推动日本学术进步才"甚速",进一步告诫中国维新也要保存自身"本质",并学习他国"形式"。又说:"吴挚甫先生来,吾与之讲论最多。今吾游欧洲归,较前更有经历,甚愿与阁下论之。"于是在宏文学院为陈荣昌一行讲学六天,一天讲两小时,把所知无保留地告诉他们,讲的内容整理成《学制大意》,实际上已经成了一本书。

陈荣昌"心佩其言",写了《赠文部参事田所美治君》,记载了他们的友谊。田所对如何处理东西文化关系发表的看法让他心折:

> 田所先生生扶桑,降精应带奎壁光,几年坐卧图史旁,贡身乃到中书堂。我从中土西南方,陆行驾车水驾航,度东海见神山苍,知是日出之帝乡,中有文部领胶庠,恢恢巨网提其纲,欲往过之无津梁。谁先容者系长冈,长冈高义云颉颃,先生志气尤激昂,连朝讲学宣中藏。曰我道自儒术昌,越朝鲜入太平洋,遂令两国同文章。自从西极开天荒,欧风美雨齐飞扬。人物进化理则常,天欲不变难主张,图新舍旧固不妨。就中亦有宜提防,异教如追歧路羊,不如孔孟驰康庄。百科之学枝叶芳,修身两字根中央。身可为表可为坊,那复爱国无肝肠?

田所美治说日本文化是靠儒家思想发展起来的,中国文化经过朝鲜进入日本,于是让中日两国文化相通。正是因为有这层渊源,他对来自中国的文化人怀有敬意。他认为,自从西方文化进入东方,"欧风美雨齐飞扬",东方国家受到影响,都试图"图新舍旧"。人类和客观事物都在进化发展,"天不变道亦不变"的观念已经不能适应时代要求,"图新舍旧"是应该的,也就是说,学习西方文化是必然的,正当的。同时他也指出，学习西方文化，也有要提防的地方，否则，思想的路径选错了，就像岔路上追羊，达不到目的。他坚信孔孟思想是人类的康庄大道，在"欧风美雨齐飞扬"的情况下，仍有价值。儒家之道以修身为根本，是主心骨，位居中央，其他学科固然需要枝繁叶茂，但都离不开"修身"二字统领。每个人都应该修养好自身，把自身铸造成标志道德高度的纪念牌坊。在修身当中，他特别强调培养爱国主义精神，要求拿出"肺肝"来爱。

陈荣昌被美治的真诚和精辟所感动，说他遍游欧美，学得丰富的知识和高超的思想回到日本，现在又毫无保留地全部传授给他，"出而投赠倾厥囊"，给他讲的都是正大的道理，关于正确处理东西方文化关系的观点尤其让他难忘，是万金难买的良药。他格外珍惜这份情谊，不知别后何年才能相见：

> 先生遍游欧美疆，宝石照曜腾归装，出而投赠倾厥囊。万言示我皆周行，此数语者尤不忘，药石无愧万金良。我将持归意转长，邂逅且复吟偕臧。别后万里遥相望，何年涉溱来褰裳！

陈荣昌赠诗的对象还有和田纯。和田纯是士官学校的汉文教师，兼任东亚同文会干事，长冈护美派他协助陈荣昌考察，多次做他的导游。他同样有浓厚的中国文化情怀，也与大畏、长冈一样有中日合作抵抗西方的认知。他说："长冈子爵所以必介绍文部听讲者，以吾两国同文同种，自日俄谈判既决，种族之现象益明。日本与中国，唇齿相依，甚望中国兴学有效，乃能互相保存，故凡可以尽心者，无不为也。"九月十二日，他和林庄次郎引导陈氏考察陆军中央幼年学校。次日参观中央士官学校，十四日参观炮兵工厂，考察了制造枪支的过程。回到住处，"和田君索诗，予念数月以来，参观各校介绍书，半出君手，又偕观中央幼年及士官学校，而此厂尤禁纵览，长冈子爵为请陆军省认可，乃偕往观之"，于是作《和田纯君导观中央幼年及士官诸校》赠他：

> 城阙青衿有嗣音，偏观学校列如林。
> 少年麟凤无双品，武士熊罴不二心。
> 利器示人交谊厚，粗材如我感怀深。
> 闻君正讲中州学，吾道由来未陆沉。

"利器"句有自注:"并观炮兵工厂。""闻君"句有自注:"君教授汉文。"诗中赞美和田纯年轻而聪慧诚挚,是"无双品"。和田纯后来担任过神田外国语大学教授。站在本国的立场,对外来人想了解的情况,特别是涉及军事机密,不会做彻底坦白的介绍,这是人之常情,而和田纯引导他参观炮兵工厂,"利器示人",让他再次感受到其"盹挚"之情。同时,他对和田纯依然在教授汉文感到欣慰,认为中国文化还没有彻底失败。

七、与得能通昌、高田忠周、烟崖荒浪坦的交往

七月二十五日,陈荣昌在袁嘉谷、李伯贞陪同下参观印刷局,局长得能通昌向他介绍印刷业情况,他建议陈荣昌不仅要到日本考察,还应到欧美考察,互相比较,才能看出优劣,弃短取长。他说,只考察一国,"所考察者无从比较,安知其孰优孰劣而弃短取长乎?故游日本当更游欧美乃有益"。得能通昌曾访问中国,"受二爵宝星之赐",他引以为荣,佩戴勋章留影,他把这照片赠给陈荣昌留念。通昌对他说:"吾幼时亦读四书五经,稍长游欧美,乃考求实业,笔记之,归献于朝,幸见诸施行。世人知日本兵事进步甚速,不知工商之进步亦速也。"陈荣昌"睹其像,思其言,使人振兴实业之意,怦怦然不能自已,遂长言而咏叹之",作《赠得能通昌君》二首:

> 三十年前一旧儒,六经四子坐伊吾。
> 瀛寰游遍归来后,只补龙门货殖书。
>
> 东海雄风自足豪,健儿几辈着勋劳。
> 考工一记能经国,不让兵家有六韬。

诗中指出通昌从学习儒学到从事实业,对日本之经济发展有贡献;日本的实业经过几代人的辛劳,已经有足以自豪的成绩。通昌写了一本《印刷事业问答》并赠给陈荣昌,他用中国春秋时期记述手工业各工种规范和制造工艺的经典文献《考工记》来比喻它,说它对治理国家有大作用,不在兵家的《六韬》之下。《六韬》又名《太公兵法》,相传为姜太公所作,是讲谋略的。陈荣昌用这两个典故说明通昌的书写得高明,对国家发展有用。

八月初四日,得能通昌设家宴款待陈荣昌一行。夫妇二人及一子二女出门迎

接。通昌的夫人见陈荣昌不懂日语,就说:"适异国不知其国语,甚不便。"通昌讲了自己的一个故事,他过去游历法国,不懂法语,一天外出,忘记了所住旅馆名字,心想回不去了,就干脆上轮船到英国,"故游历以通语言为最要"。饭后夫妇令两个女儿弹琴以娱宾,陈荣昌感叹说:"(通昌)可谓雅人,非但实业家也。"临别通昌又说:"明年令郎君来学,当常至我家。"大概当时陈荣昌说了要派儿子到日本留学的计划。

出席宴会的还有语言学家高田忠周。他长期在印刷局做事,是得能通昌的同事,所以通昌邀请他作陪。高田忠周(1863—1949),号士信竹山,又号未央学人,是著名汉学家,主要研究中国的古文字,著作甚多,代表作是《古籀篇》,此外还有《说文段注辨疏》《汉字系谱》《永寿灵壶斋吉金文字》等。陈荣昌称他为"日人之嗜汉学者"。高田把自己著的书10余卷给陈荣昌看。他还擅长书法和绘画,陈荣昌为他的画《芝兰》题诗:

> 兰为王者香,何事在空谷?
> 佳友结灵芝,千秋播芬郁。

座中还有一位客人善画菊,也请陈荣昌题诗,他写了一首七绝:

> 不畏西风不畏寒,数枝闲淡弄秋芳。
> 陶潜去后谁知己? 只有香留昼锦堂。

该诗赞扬菊花的淡雅风姿和高洁品格。"昼锦堂"用北宋名相韩琦之典。韩琦晚年回家乡相州养老,筑昼锦堂。其《九日小阁》云:"莫嫌老圃秋容淡,且看黄花晚节香。"九月初九日,高田又在红叶楼宴请陈荣昌,并有早稻田大学"主事"青柳笃恒作陪。

烟崖荒浪坦擅长汉诗,著有《嶙峋集》。田所美治为陈荣昌讲课的时候,他担任速记员,他记录的讲稿《学制大意》经整理后作为附录刊载于陈荣昌日记。陈荣昌原以为他只是个"技手","不知其能诗"。八月十八日,在文部省听完美治讲学校制度后,陈荣昌和钱良骏、烟崖在枫亭便饭。此时秋色正浓,酒亦半酣,引出大家的诗兴,三人你来我往,迭次赓和,表达结识新知的快乐,加深了感情。烟崖首先即席赠诗一首:

湿翠当眉百尺台,座中宾主得追陪。

情怀欲赋新知乐,为和樽前郢曲来。

陈荣昌和作一首:

远从海上访瀛台,幸有东坡二客陪。

红叶亭边一尊酒,半酣引得好诗来。

陈荣昌并就眼前所见景象再题一绝:

秋柳秋花屋外环,倚栏人正对秋山。

偷闲半日浑无事,坐看奔车自往还。

烟崖和之云:

梯航万里路回环,此日来登海上山。

游遍瀛洲三岛后,满襟明月抱珠还。

他们谈论当时日本汉诗的状况,"烟崖又谓其社中诗友,以森大来槐南为冠,又诵其《寄槐南客申江》诗"。森大来(1862—1911),号槐南,是明治时期著名汉学家及诗词作家,著有诗集《槐南集》八卷及《槐南遗稿》等。他参加的诗社有"随鸥吟社""思古吟社"和"星社"。前者是明治时期最重要的汉诗社团。烟崖也应该是其中某个吟社的成员。前两个吟社都有中国人参与。

烟崖把《嶙峋集》赠送给陈荣昌,他作《枫亭答烟崖荒浪坦君》答谢:

八十三楼旧酒杯,何如亭下小徘徊。

碧山无语乱蝉响,红叶有情游骑来。

且喜关河收战局,自应天地着诗才。

手中一卷嶙峋集,好把吟声和冷灰。

自注:"时烟崖君以所著《嶙峋集》及冷灰主人《檀栾集》见赠。""且喜关河收战局"也应该有日俄战争等战争背景。战争结束了，天地之间更需要诗人，诗人们可以自由地吟唱。他珍视烟崖的深情，表示将认真吟诵《嶙峋集》和《檀栾集》。

八、结　语

吟诵陈荣昌与日本人士交往的诗作，有四方面的内容让我们印象深刻：

一是双方友谊深厚。颂扬日本友人的高情厚谊是陈荣昌"笔谈"诗的基本主题。甲午中日战争给中国造成重创，造成两国的矛盾，难免会给双方人士的交往带来心理阴影和情感障碍，陈荣昌诗中也不时出现甲午之战的身影。但也许因为事件已经过去十年，也许因为暂时的矛盾隔不断千年的"同文"凤缘，也许因为他们都是重情重义之士，所以日本人士对陈荣昌真诚相待，关心他，尊重他，帮助他，向他"倾肝胆""倾厥囊""示利器"，几乎无保留地介绍日本的经验和强国富民之道，双方关系融洽，其乐融融。陈荣昌则为日本人士的"眒挚"所感动，赞美他们的风度和友情。历来的唱酬诗，都难免有互相恭维的成分，但就陈荣昌和日本人士"笔谈"诗及他的日记记载的情况看，确实有许多实质性内容感人肺腑，因此，他们之间的友谊固然不乏外交礼貌，但也绝不是泛泛恭维。

二是双方态度理性。日本当时具有高涨的民族主义和国家主义激情，陈荣昌也是虔诚的爱国主义和民族主义者，他们无疑都有自己的本位立场，但在双方交往中，看不到意气用事、争强好胜的情况，更没有剑拔弩张的紧张。这不仅因为外交往来一般是彬彬有礼的，更重要的是双方都是饱学之士，具备高远的眼光，能够理性对待两国关系。就陈荣昌诗和游记来看，他超越了对日本的仇恨和拒斥心理，承认日本取得的出色成就，认为中国必须学习先进的理念和做法才能应对挑战，化解危机。他惊叹于日本的快速发展和国民精神的蓬勃向上，由衷表示"爱服"，深感中国需要"敲破酣梦，激发愧励之思"，跟上时代潮流，在"人类竞争"中自保和自强，于是抱着真诚谦虚的态度向日本学习。而在日本整体上"脱亚入欧"、大亚洲主义思潮甚嚣尘上的背景下，与他交往的东瀛学人依然承认中国文化对本国的影响，保持了对中国文化的敬重和维护，没有否认历史，没有因为自身的崛起而傲慢自大，并善意地对如何振兴中国提出建议。这样一种平和、客观的态度，体现了可贵的理性精神。与那些因为日本强大便轻视中国，否定日本文化和中国文化的历史联系的学者相比，他们的看法更为实事求是和富有远见。优良的文化也许真的能化解敌意与仇恨。

三是双方都深为关切西方文化冲击之下东方文化的命运。中国和日本都有特色鲜明、历史悠久的文化体系和传统,近代以来,西方文化随着殖民狂潮强势进入东方,对东方文化形成严重冲击,其价值受到挑战,命运堪忧。在"欧风美雨齐飞扬",日本"国步进于欧米化"的情况下,与陈荣昌交往的日本学者,关注东方文化的命运,提醒中国在学习西方文化的同时,也要认清并坚守中国文化的精华,不要迷失自己,走上歧路。他们这种保守主义的文化立场和价值取向对东西文化相互激荡之时增强文化定见和定力,延续东方文化血脉具有重要意义。

四是陈荣昌观察到中国文化在日本仍有深远影响,增强了他的文化自信。明治维新以后,中国文化在日本的影响渐趋式微,但并没有彻底断裂。日本人日常生活中还有中国文化的痕迹,学校里还在传授中国文化,学者们还在研究中国文化,这些证明了中国文化的价值和魅力,有助于增强中国人的文化自觉和文化自信。他在《树五将归国以诗留别,率和六章》中欣喜地说:"衣冠女士仍吴服,庠序师儒尚汉文。好向此间探古迹,岂惟到处得新闻。"在《和田纯君导观中央幼年及士官诸校》中,他又说:"闻君正读中州学(君教授汉文),吾道由来未陆沉。"中国文化在日本既然没有彻底沉沦,那么在中国更应有其生命力。因此,面对西方文化咄咄逼人之势,在纷乱的文化时代,他凭借自己的"定识"和"定力",坚信中国文化的真理性和有效性,宣称"后五百年有公论,尼山大道未应穷"。他从长时段看问题,跳出暂时的现象,指出历史发展将证明,中国文化并没有走上穷途末路,五百年后,孔子之道还将大放光彩。现在时间过去了100多年,中国文化在吸纳西方文化精华的同时,也将自身传统文化发扬光大。回头去看陈荣昌的预言,我们不能不惊叹他超卓的眼光。

英国学者马修·阿诺德说:"文化就是追求我们的整体完美,追求的手段是通过了解世人在与我们最有关的一切问题上所曾有过的最好思想和言论……引导我们把真正的人类完美看成是一种和谐的完美,发展我们人类所有的方面;而且看成是一种普遍的完美,发展我们社会的所有部分。"完美自然是一种理想状态,是人类的美好愿景,文学作为文化的重要组成部分,它也有责任引导人类追求"整体的完美""和谐的完美"及"普遍的完美",文化交流更是"通过了解世人在与我们最有关的一切问题上所曾有过的最好思想和言论"的有效手段。陈荣昌与日本人士的文学交流对于掌握各自在有关问题上的"最好思想和言论",从而增进彼此的了解、构建双方的良性关系具有积极意义。中日两国自近代以迄于今,有着太多的恩怨情仇,文化及文学交流仍然是化解它们的重要力量。

何如璋驻日使团与日本文人唱和考论

陈占锋

（中国 云南民族大学）

自从 1871 年起，中日缔约修好，日本使节频繁来华，并开始派遣外交官长驻中国。但时而不久，日本侵中国台湾、灭琉球，进而插手朝鲜，中日外交问题重重。直到 1877 年（光绪三年，明治十年）十一月三十日，中国首届驻日使团乘坐的中国军舰海安号徐徐驶入日本长崎港。这次赴日是中国有史以来第一次派出长驻日本的外交使团，可谓中日关系史上一件大事。以何如璋为首的使团驻日 4 年有余，其间与政教名流来往，通过诗歌唱和的方式，进行文化外交，留下了大量的唱和诗篇。

一、参加唱和的中方人物考

中国首届驻日公使何如璋驻日时期，中国公使馆人员与日本诗人文士的唱和诗，除《芝山一笑》外，大都散见于个人诗集和文学杂志中。但也从中看出使馆人员交游之广泛，为中日文化交流做出了巨大贡献。

何如璋（1838—1891），广东大埔人，字子峨，亦作子莪，室名秀潕楼。他家境贫寒，但读书刻苦，温廷敬评述何如璋说："祖父世业农。父淑斋公有子八人，公其三也。父以家累故，令弃学牧牛，公辄携书自读。姑父陈芙初明经嘉其志，招令从学。明经邑名宿，得其指授，学锐进。族人秋搓太史尤伟异之，谓异日名位必出己上。"于咸丰十一年（1861）中举，同治七年（1868）进士，入为翰林院编修。其后成为侍读学士，累官少詹士。何如璋早年喜欢学习桐城古文，后来感到学习古文不能满足时世变化的需要，转而潜心时务，常往返于天津、上海之间，与中外人士商谈，向各国传教士询问西方国情政务等。进入翰林院后，对外事愈发留心，知识愈加丰富，成为通晓洋务的佼佼者，并得到李鸿章的赏识。李鸿章曾对人评价道："不图翰林馆中亦有通晓洋务者也。"后在李鸿章和沈文定的推荐下晋升为翰林院侍讲，加二品顶戴,充出使日本大臣,即驻日副使,因日本发生西南战争没有马上赴任而延至下一年。1877年,清政府任命何如璋为驻日正使,接替许钤身。同年十一月二十六日正式前往日本赴任,他到日本以后,一方面对日本的情况进行了考察,同时,在李鸿章"以夷制夷"的政策之下,以为如日本"推诚相待,纵不能以作外援,亦可以稍事联络",和朝野的人士进行了广泛的交流。同时亦受到日本人士的欢迎,"日人有礼备至加于泰西驻使,其朝野名士,咸以诗文相质正唱和,或就乞书得其一屏一笔以为珍玩,公亦于交欢无间,居东凡四年,日人翕然推之。任满归,公私祖别之,盛一时未有也"。清光绪八年(1882)三月一日,何如璋回国。次年,出任福建船政大臣。马江中法战争中国战败后,何如璋受到牵连,被贬戍张家口,在戍三年。光绪十四年(1891),主讲潮州韩山书院。光绪十七年(1891)九月,病逝于韩山书院,时年五十四岁。

何如璋作为清代驻日公使为中日文化交流做出贡献的同时,维护了国家尊严。驻日期间"公虽笃邦交而尤争国权"。何如璋初到日本就解决领事裁判权问题、中日平等贸易通商的问题以及琉球问题,与日本政府据理力争。俞政、王晓秋针对何如璋的精彩表现评价如下:何如璋能够成熟把握当时日本的外交态势,且能准确而迅速地做出外交反应,及时有效地制定出切实可行的对日外交策略,较之恭亲王和李鸿章的一味妥协退让进步得多。吴裕贤与吴振清认为:"何如璋是近代有胆有识、有作为的外交家,赢得了当时黄遵宪等下属官员的尊敬,也赢得了日本朝野人士的崇敬和友谊,他亲手奠定了中日邦交基础,呼吁并谋求修改强加于中国的不平等条约,预见日本崛起后日益膨胀的扩张野心,警惕而且设法抑制之,作为外交官不辱使命。他又是文化使者,开启了中日交流宽广途径,促使国人真正了解邻邦日本。"此外,驻日四年,何如璋以文会友,积极传播中国文化。由于其所受教育及成长环境上的原因,其对日本的认识仍然没有跳出旧时代知识分子的范畴。但何如璋的日本认识开创了由以近代民间日本认识向以何如璋为代表的官方日本认识转换的新格局。何如璋将日本的政治制度、思想文化等介绍到中国后,此后诸如以黎庶昌为代表的中国第二任驻日使团,也能够在何如璋等人日本认识的基础上更进一步地将近代日本的状况详尽地介绍给中国的高官与民众。何如璋还详尽地向清政府介绍日本的明治维新,以期中国制度方面的改革。

张斯桂(1816—1888),当时驻日本的副公使,正三品。据龚缨晏先生的考证,关于张斯桂的生平,主要有四份资料:"一是收藏在中国第一历史档案馆中的履历档案;二是宁波天一阁博物馆所藏的1926年永思堂木活字刻本《慈东马径张氏宗谱》第一十七卷；三是陈培源所撰的《张鲁生太守传》；四是鄞县人童华（时任礼部右侍郎、上书房行走、国史馆副总裁）于 1885 年所写的《前出使日本副使、三品顶戴、特用知府张君节略》。后两种都收录在《慈东马径张氏宗谱》第十卷中。"

根据上述资料，我们知道，张斯桂字景颜，号鲁生，清朝外交官，浙江慈溪庄桥马径村（今江北区）人。秀才出身，曾与美国传教士丁韪良互为师生，学贯中西，被丁韪良视为"中国文人阶层中最优秀的一类典型"。1854 年，任中国第一艘进口轮船宁波"宝顺轮"指挥员，督船勇击溃南北洋海盗。1861 年入曾国藩幕府，1876 年，在沈葆桢的推荐之下，奉旨赏加三品顶戴，出使日本国首任副使。张斯桂从光绪三年（1877）到日本之后，便一直作为驻日副使在日本生活，《清代官员履历档案全编》（以下简称《履历》）中记载为光绪七年十二月为止，是因为下任驻日使臣黎庶昌到任时间为光绪七年的十二月，张斯桂应该一直生活于日本。此间，常与何如璋"和衷共济，恰恭将事"。光绪八年（1882），张斯桂结束了外交生涯归国。《履历》中对张斯桂回国以后的经历做了详细记载："经总理各国事务衙门王大臣据奏，该员学问夙优，于中外情形最为留心，请旨量予录用．奉旨，以知府即选。本年十一月，吏部签掣直隶广平府．十二月初五经钦差大臣验放，初六日复奏，堪以初授旨，依议。"张斯桂于光绪十二年（1886）到任，《太守传》说张斯桂在广平府任知府约三年。"以十四年三月卒于任，寿七十有三。"

张所撰《万国公法序》在日本颇为人知。《扶桑游记》卷上说他"锐意为西学，欲刻海宁宇壬叔（即李善兰）天算诸书。其作《万国公法序》，指陈欧洲形势，了如掌上螺纹，以春秋列国比欧洲，此论实由公创"。张斯桂在日本期间还留下了两部作品，即《使东诗录》和《使东采风集》。此外，据王宝平先生所言："宪政资料室所藏《元田永孚文书》《三条家文书》《大木乔任文书》《伊藤博文文书》《阪谷朗卢文书》《花房义质文书》《井上毅文书》等，都程度不等地收有黎庶昌、张斯桂、黄遵宪等人的信函或唱酬诗、外交照会等。"可见张斯桂在日期间所担任的角色相当重要。另外，张斯桂主张以和平友好方式开展中日两国之间的外交，以文化交流的方式促进两国之间的交往，对于明治维新之后的中国和日本的文化发展起了一定作用。

关于黄遵宪（1848—1905）的研究，已有很多专门著作出版，如香港吴天任的《黄公度先生传稿》（香港中文大学出版社，1972 年），郑海麟的《黄遵宪与近代中国》（上海三联出版社，1988 年），张堂锜的《黄遵宪及其诗研究》，日本岛田久美子（即笕久美子）的《黄遵宪》（岩波书店，《中国诗人选集》2 集本，1963 年）等，在此不赘述。

刘寿铿，字小彭，神户理事，公使随员，正八品，即选教论（官名），光绪四年五月一日至十二月二十日，为神户正理事官，因丁忧去职。

沈文荧，字梅史，姚江人，工画，己未（1859）孝廉。光绪三年至光绪五年为驻日本公使随员，正五品，陕西省候补，直隶州知州。有《学乐录》等著作。

王治本（1835—1908），原名王成仁，改名治本，字维能，号漆园，亦作漆园，又号不陋居主人、吾妻过客，别号梦蝶道人，室名栖栖行馆，浙江慈溪（今属浙江宁波江北慈城镇）人。增生，候选库大使。王治本东渡日本是他四十三岁时（1877）应日本著名汉学家广部精之邀。广部精在 1875 年创办了名叫"旧清社"的汉语学校，并编办《日清新志》《寰海新报》等汉文报刊。广部精请王治本到"旧清社"教授汉文并为汉文报刊撰文。先后任日清社、同人社汉语教师，半年后，即光绪三年（1877）十月，何如璋使团抵日，王遂离开同人社，于光绪四年（1878）八月某日至光绪五年十二月二十九日为使团的学习翻译生。光绪三十二年（1906）回国，两年后卒于故乡。

王治本知诗能文，尤擅骈文，并工书善画，具有出色的文艺素养。结识日本贵族大河内辉声，双方的笔谈结集为《桼园笔话》十七卷。其存世著作还有《舟江杂诗》一卷。另有《王治本在金泽笔谈记录》十一册和《清客笔谈》二册见存。他的诗文大多散见于上述序跋和著作中。此外，明治前期的同人社《文学杂志》（中村敬宇主编）、茉莉诗社《新文诗》（森春涛主编）、《新文诗别集》（同上）中也出现其作品。

廖锡恩，字枢仙，广东虑州（按：小方壶斋本作惠州）人。拔贡生，工诗文，曾为驻神户领事。

王藩清（1847—1898），字泰轩，号琴仙，别号琴轩，贡生，宁波慈城黄山人。由王宝平教授主编，国家清史编纂委员会编撰的《晚清东游日记汇编·中日诗文交流集》前言中，将参与诗文交流的中方人员分为文人和外交官，王琴仙被列为文人。"光绪初年，民智未开，赴日清人尚不多，可以认为他们是明治维新后，最早一批东渡的文人。""对他们筚路蓝缕之功，以及为中日民间文化交流所做出的历史贡献，应予客观、公正的评价。""他们开创了与近代日本文人进行诗文交流的先河，为清代外交官的到来奠定了基础。"

二、日方人物考

对于日方的唱和人物，《芝山一笑》中仅仅记载石川鸿斋一人，而本文又结合《袖海楼诗草》以及散见于杂志的诗歌，对主要参加的人物进行考证。

石川英,字君华,号鸿斋,又号芝山外史。日本三河风桥(今爱知县)人。石川善诗文,又公山水、篆刻。他称自己"常往来宾馆,与沈梅士、黄公度二君交最深"。石川有四十余种著作,其所编《日本文章规范》中黄遵宪作序言,其所编《芝山一笑》及现存《黄遵宪与日本友人笔谈遗稿》中,有大量与黄氏交往、唱和的记录。

源辉声,号桂阁,祖居大河内,故又称大河内辉声或源桂阁,是日本松平正纲十二世孙,日本华族。他生于1848年(日本嘉永元年),本是日本世袭高崎藩主,食禄八万二千石。明治维新后废藩置县,任高崎知事。因不赞成新政而辞官归乡,改封为五品华族,入修史馆,以后长期闲居东京墨江(隅田川)畔。源辉声精通汉诗、汉学,嗜爱翰墨,广交文士。他在《芝山一笑后续》中说:"结交清人,相识日深,情谊日厚……高卧幽栖、诗酒自娱之人,宜交清国人也。"《大河内文书》,主要是大河内辉声与清朝驻日本公使馆有关人员的笔谈记录。这其中有不少是与黄遵宪的笔谈,已由实藤惠秀教授与郑子瑜先生整理编辑成《黄遵宪与日本友人笔谈遗稿》一书。源桂阁于明治十五年(1882)病故,葬于野火比平林寺。

宫岛诚一郎(1838—1911),米泽人(一作岩代人),号粟香。年轻时就以诗闻名。有《养浩堂集》三卷等著作。其父宫岛吉利,其子宫岛大八,都以文名。幕府末年奔走诸藩,进行倒幕运动。明治三年(1870),被征出仕待诏院,后转左院,明治十年(1877)为修史馆御用系,明治十七年(1884)年为参议官补,明治二十九年(1896)为贵族院议员。其著作曾得到黄遵宪的夸奖,但黄在与他的笔谈中说:"足下七古稍逊一筹。"并建议他"多读李、杜、苏三家"。近年来的研究成果表明,宫岛诚一郎利用与清廷驻日公使馆人员的交往刺探情报,对中国造成颇多伤害。

蒲生重章,字子闇,号褧亭,又号青天白日楼主人。日本著名诗人,对中国经学颇有研究,是明治维新的支持者,曾任议政官、史学教授。蒲生与黄遵宪来往甚密,曾为黄遵宪校评《日本杂事诗稿》。有《近世伟人传》十六卷、《近世佳人传》六卷、《褧亭诗抄》二卷、《褧亭文抄》二卷等传世。其《近世伟人传》有何如璋的题跋、题词及批语。

副岛种臣(1828—1905),号沧海,佐贺人,善英语,日本明治维新的功臣,"佐贺七贤"之一,官僚、政治家、汉学家。其父为佐贺藩藩校弘道馆的日本国学学者枝吉南濠,将其过继给同藩的副岛利忠成为养子。嘉永三年(1850),和哥哥枝吉神阳为中心结成了楠公义节同盟。嘉永五年(1852),到京都游学,向矢野玄道们学习汉学和国学等。元治元年(1864),在长崎致远馆学习英语。1851年与俄国交涉库页岛问题,同年出任外务卿。庆应三年(1867),与大隈重信一起脱藩,作为勤王的志士活动,结果被幕府抓住遣返佐贺,受到禁闭处分。明治维新后的1868年起任征士、外务省御用专务。担任制度调查局法官为福冈孝悌起草《政体书》。1871年任外交卿,在玛利亚·露丝号事件中活跃。1873年任特命全权大使至中国处理台湾事件(牡丹社事件,西乡从道出兵台湾)。在北京祝贺同治帝大婚,并达成了日清和睦条约,中国赔偿五十万两白银。归国后,与西乡隆盛等提倡"征韩论",因未被采纳而去职。1876—1878年间在中国南北各地活动,号称"中国通"。当时日本正发生西南战争,归国后任侍讲、宫内卿。1884年授伯爵。明治二十年(1887)任宫中顾问官,明治二十一年(1888)任枢秘密顾问官,明治二十四年(1891)任枢秘密院副议长。明治二十五年(1892)第一次松方正义内阁时担任三个月内务大臣。是中日甲午战争和日俄战争的积极鼓吹者。

三岛中洲(1826—1915),名毅,号中洲。幕府末年,参与幕政。明治维新后,其地位岌岌可危,后在1861年时,三岛便在为藩校教授之余,于松山山麓下开设家塾,称虎口溪舍。1872年被任命为法官,历任新治裁判长、大审院中判事等,到1887年退官。以后便专心致力于教育、汉学和诗文。创设二松学舍(现为二松学舍大学),后历任东京帝国大学教授、东宫侍讲,受到当时天皇的赏赐。人称,"阳明学进入日本天皇宫庭,乃自三岛中洲始"。主要著作有《中洲诗稿》二卷、《中洲文稿》十二卷、《文章规范评注》七卷等。

中村敬宇(1832—1891),名正直,号敬宇,江户(东京)人。明治六年(1873)创办同人社私塾,翌年发行《明六杂志》,明治八年(1875)任东京师范学校摄理嘱托,明治十年(1877)入东京大学文学部教授,明治十四年(1881)为东京大学教授,明治二十三年(1890)兼任女子高等师范学校校长。同年,被选为贵族院议员。中村在思想哲学方面成就很高,"这是一位堪与中国严复相媲美的日本启蒙家"。同时,他在汉文汉诗方面,也深有造诣。主要著述有《爱敬余唱》、《敬宇诗集》三册、《敬宇文集》十六卷、《西国立志编》(译)十三册、《西稗杂纂》等,与清使馆人员交流甚多。

冈千仞(1832—1914),号鹿门,字振衣,仙台人。先就学于藩校,从大槻磐溪学。嘉永五年(1852)上江户,后入昌平校,受业于安积良斋、古贺茶溪、佐藤一斋。在幕府末期,曾上书主张"尊攘"之说,被捕下狱。明治维新后,到东京入史局。又为东京书籍馆长(图书馆长)。1877年退官以后,专意经私塾。"惟以文字为消遣。拔剑斫地,把酒问天。"主要著作:《仙台史料》十八卷、《藏名山房初集》六卷、《藏名山房杂著第一集》十九卷、《观光游记》十卷、《观光游草〈附外四种〉》六卷等。

龟田省轩(1838—1913),名行,字子省,号省轩,对马人。其祖父有经营之才,被举列为士。省轩少好学,有志于游学。但不为藩制所允。因而称病,24 岁就"致仕"。将家产付诸弟,前往大阪,从广獭旭庄学诗,在京都和关西一带和诸诗人交游。时"长州征讨"之事起,被勤皇派抓住,后幸遇赦。明治初到京都,得岩仓具视赏识,参与新政府诸制度的策划。时,又从安并息轩学儒学。1868 年为大学教官。因为不满学校中儒学和日本国学的抗争,1873 年辞职。在东京上野不忍池畔开私塾,创风光社,刊行著书,以为生计。后数年,所刊书大行,资产渐丰,于是关社,专心诗文。其藏书甚富,为文喜桐城派,后与黎庶昌亦交善。诗以律见长,有《咏史乐府》二卷(1900 年)、《省轩文稿》四卷(1902 年)、《省轩诗稿》二卷(1903 年)等。晚年又喜《易》《庄子》和佛典。又有《论文汇纂》五卷、《论语管见》一卷、《孙子略解》等。

从首届驻日使团交往的人员来看(1877—1880),副岛种臣和宫本诚一郎是当朝权贵,但是副岛出使中国时,坚持不对皇帝行传统的三叩九拜之礼而行三鞠躬。尽管他在主管外交部时,对英国公使谒见天皇,主张按国际法,要依所在国的礼节。更值得注意的是,日本全权大使副岛种臣与其他外国公使不同,他这种做法,就是为了表现对清政府的强硬态度。在台湾问题的交涉中,为日本进攻中国台湾找到借口。而后与李鸿章多有交往,并在给副岛的信中提及,两人"相见恨晚",把中日关系视为"唇齿相依"。1874 年日本入侵中国台湾,李鸿章中日"唇齿相依"的计划成为泡影。中国的史学家对副岛的评价为"凶横""跋扈""阴鸷"。可以看出副岛与何、黄的交往更多是带有政治目的,诗歌唱和只是手段。而宫本又充当间谍的角色,源桂阁是落魄的贵族,其他都是普通的知识分子即中国文化的爱好者。就他们而言应该是中国文化在其体内一种惯性,或者说仅仅是欣赏文化本身,用于陶冶情操的,这可以从源桂阁对《芝山一笑》的序中看出端倪:"京畿之商贾,天下之世人,其求名趋利辈,易交西洋人。然高卧幽楼,诗酒自娱之人,易交清国人也。"中国对他们而言只是菊花,但并不能因此就否定诗文唱和的意义,这毕竟是通过中国文化而进行的一次外交努力。"东方文化被冲击并趋于式微的焦虑、维护东方文化命脉的祈愿等社会和文化转型期的重要问题在此时期两国文人的交往和唱酬中都有所反映。"然而,甲午战争之后,这种文化交流被日本抛弃了,那些参加诗文唱和的日本文人开始歌颂战争了。

三、唱和诗的内容

诗词唱酬是传统汉语诗歌写作中常见的方式,也是文人之间情感交流的重要手段。陈友康教授把唱和诗的定义为"唱酬",又称"唱和",是诗歌创作的一种特殊方法,先由一人作诗,是为"唱",所得文本称为"原唱";另一人或多人根据特定情景或原唱的意旨或形式回应,是为"酬",所得文本称为"和作"。唱酬按照回应方式不同,分为两种类型。一种是"和意不和韵",即在特定情境之下回应原唱,诗歌的内容与原唱有关联,但不拘形式。这在汉魏时期已经产生,常见的表现形式是赠答诗。一种是和韵诗,即按照原唱的用韵为诗,其中最常见的是"次韵"。"次韵相酬"由中唐元稹、白居易首创,其后即风行诗坛,成为诗词唱酬最普遍的方式,后世所谓"唱酬"或"唱和"往往是指"次韵相酬"。本文主要讨论的就是"次韵唱酬"。这些诗文是在其外交活动的经验基础之上完成的,所以有必要对其该时间段的外交活动进行考察,这既要借助当事人及相关历史人物的记述记载,又要考察当时的外交文书。结合外交文书及有关笔谈资料以诗歌解读为基础,对驻日使团的外交思想和文化交流的得失进行分析和讨论。

何如璋在《使东杂咏》作首篇:"相如传檄开荒去,博望乘槎凿空来。何似手赍天子诏,排云直指海东来。"作者自注:"丁丑七月,奉到国书,如璋谨赍以行。航海数十日,皆无大风,行人安稳,知海若亦奉天子威灵也。"何自比司马相如,"传檄"意为古代用于征召、晓谕的政府公告或声讨、揭发罪行等的文书,谴责日本背信弃义。而"开荒去"却也暗指作为首届驻日大使其深知任务艰巨。"博望乘槎凿空来"用典张骞出使西域,司马迁在《史记》中有记载,张骞通西域,"于是西北国始通于汉矣。然张骞凿空,其后使往者皆称博望侯,以为质(诚信)与国外,外国由此信之"。最后两句带着一种自信与大气。可以说,这是何如璋接受使命奉到光绪皇帝亲笔国书之后,怀着激动的心情从北京启程赴任时吟咏的一首诗。同时,亦可以体现出何如璋是位传统的官僚,他对自己的身份及中日关系没有正确的认知。何如璋的外交思想是逐步成熟起来的,后来何是最早对日本有正确认识的人。19世纪70年代的清朝顽固派对明治维新没有正确的认识。如1874年陈其元撰写的《日本近事记》,把明治维新说成奸臣篡权,甚至异想天开地建议清廷跨海东征,帮助幕府实行复辟。1880年李筱圃访日时写的《日本游记》,指责日本明治维新后"非但不能拒绝远人,且极力效用西法,国日益贫,聚敛苛急,民复讴德川氏之深仁厚泽矣"。而何如璋对明治维新持肯定态度,正说明他有能力认清历史的方向。此外,还注意到日本模仿德国兵制,"课丁抽练,按期更替","不数十年将全境皆兵矣",可见日本军事的强盛。同时,何也忧虑国内"若必拘成见、务苟安,谓海外之争与我无事,不及此时求自强,养士储才,整饬军备,肃吏治,固人心,务为虚骄,做失事机,殆非所以安海内、制四方之术也",表达励志图强的决心。作为一个公使,尽管日本已经露出咄咄逼人的侵略气焰,何如璋还是抱着友好的愿望。他希望中、日团结,"唇齿相依",那么中国的台湾、澎湖,就可以同日本的肥前、萨摩连成一线,"首尾相应,呼吸可通。是由渤海以迄粤、闽,数千里门户之间,外再加一屏蔽也"。然而随着外交活动的展开,事实证明这只是中国单方面的善良愿望,日本政府并无此意。在此基础上分析何如璋的唱和诗可以看出,有咏物诗表达中日同盟思想:

【日本外务官饯别于芝山酒楼,席间以画梅属韵,因书五绝一首】
铁干横古梅,本是吾家树。
题赠素心人,岁寒交益固。

此诗以梅设喻,在面对西方的入侵,应该"岁寒交益固"。还有一例:

当关虎豹多忧患,撼树蚍蜉故谤伤。
千载灵均许同调,也寻香草袭蓉裳。

用虎豹比喻世事艰难,亦比作西方列强,对于列强而言中日两国好比"蚍蜉"一样,化用于于韩愈《调张籍》:"不知群儿愚,那用故谤伤?蚍蜉撼大树,可笑不自量!""千载灵均"是指兰花,也需要香草和华丽的衣服做陪衬,用此来说明中日之间文化相通。这几首诗达到了借物抒情与物我合一的境界,同时巧用典故,虽然痕迹重了些,但是和当时的社会背景是相称的,既有庄重肃穆之气氛,又写出内心之感。

何如璋刚到日本有一首和诗《日本一条梅轩招观即席和主人韵》,亦是咏梅:

淑气先回不用催,故乡十月报梅开。
江城芳讯来何晚,留与东风做好媒。

同样是咏梅,可以看出前后表达心情完全不一样,此诗疑为刚到日本,把自己比作中日之间的"媒人",希望能够有所作为。而上两首都是饯别之诗,虽然何"虽笃邦交,而尤争国权",但弱国无外交。从此也看出何如璋的心路历程,早前的努力随着归国也就不复存在了,想再从文化和私人友谊的影响下,希望中日能够同盟、友好,他对副岛的离别和诗最多,亦可看出此端倪。如追述中日文化渊源的《濒行用副岛侍讲见赠元韵再叠六首却寄》(其三):

> 远泛星槎到日边,黄龙云护此张毡。
> 一千年继裴清后,五百人寻徐福仙。
> 俗有唐风知旧好,书经秦火问遗编。
> 西欧东米盟新缔,不及同文国最先。

其四曰:

> 亲持使节赴殊方,云护龙旗绕日祥。
> 但守齐盟申五命,不烦汉法约三章。
> 田因接壤争瓯脱,树为同根戒斧伤。
> 倘得相依固唇齿,印须我欲赋褰裳。

也有描述私人友情以及何如璋归国之际抒发的离别之情的诗,如《濒行用副岛侍讲见赠元韵再叠六首却寄》(其六):

> 别后相望天一方,海东云起卜禨祥。
> 汪汪度忆波千顷,款款诚通诗数章。
> 迹喻云龙许相逐,心悬日月又何伤。
> 神交万里犹同室,莫为临岐泪洒裳。

以及《步元老院副院长佐野赠别元韵》:

> 久钦高节著觥觥,况抱匡时济物情。
> 为我开樽招旧好,与君解带写真诚。
> 三年零雨劳王事,万里长风动客旌。

亭外梅花也伤别,晚扶明月上南荣。

　　除此之外,就是些写景诗和几首题花诗,此处就不一一介绍了。除了这些唱和诗之外,《袖海楼诗草》中有两首《秋日偶感》:

江城气肃秋风凉,草木凋枯天雨霜。

玉虎肆虐苍鹰翔,骇鹿奔避趋羊肠。

游踪孤子知何乡,西行悠悠天一方。

独夜思君愁洞房,寒日苦饥惨难忘。

上无完衣下无裳,况闻悲笳音戛商。

层冰路滑阻且长,胡不早归横玉床。

琴瑟左右樽中央,依门日日遥相望。

何时回轸通津梁。①

　　这两首面对秋天的萧瑟之景,而悲凉又是晚秋独有的意境。那么,在这种悲凉落寞的意境里用"玉虎肆虐苍鹰翔,骇鹿奔避趋羊肠"感叹前路之艰难,"孤子""寒日苦饥"便顺理成章地达到了抒发内心苦闷,形成全诗悲凉氛围的效果。作者对景抒情,景中带情,情中衬景,可以觉察出何如璋当时的苦闷。但是,对于晚清的知识分子而言,面对内忧外患的危机时,他们以积极而理性的入世心态和满腹经纶的学问挑起了重塑传统文化的世界性地位的重担。他们的言行,究其根源,仍然是传统文化长期熏陶的结果。晚清的变局是一千古未有之变局,那是动了我们的文化之根的。而他们应对这个变局的精神动力必然也来自传统文化的根基。因此,也可以说何如璋的经历是旧的文化所做的奋力一搏。我们固守传统文化的信念,坚持以道德主义为基础的外交价值观,宣扬以诚待人和中日一衣带水的文化渊源,殊不知,日本文化其实早已独立于汉文化圈之外了。早在一百多年前,日本著名的启蒙思想家福泽谕吉就坦言:日本"到了中古武人执政时代,逐渐打破了社会的结构,形成了至尊未必至强,至强未必至尊的情况,在人的心目中开始认识到至尊和至强的区别,恰如胸中容纳两种东西而任其自由活动一般。既然允许这两种东西自由活

_____

　　①　原稿如此,疑有脱句。

动,其中就不能不夹杂着另外一些道理。这样,尊崇神政的思想、武力压制思想和两者夹杂着另外一些道理,三种思想虽有强弱之分,但是任何一种思想都不能垄断,既然不能垄断,这事自然要产生一种自由的风气。这与中国人拥戴绝对的专制君主,深信君主为至尊至强的传统观念相比,是迥然不同。在这一点上,中国人的思想是贫困的,日本人的思想是丰富的,中国人是单纯的,日本人是复杂的","所以,中国是一个把专制神权政府传之于万世的国家,日本则是在神权政府的基础上配合以武力的国家。中国是一个因素,日本则包括两个因素。如果从这个问题来讨论文明的先后,那么,中国如果不经过一番变革就不可能达到日本这样的程度。在汲取西洋文明方面,可以说,日本是比中国容易的"。其实,日本人自己认为和中国不一样,而我们固执地坚持中日之间的道德和文化联系,没有从国家之间正常的权利—义务关系去思考。在甲午战争前,日本思想界虽然也有各种形态的"亚洲主义",但主张真诚、朴实的亚洲团结、民族平等互助的思想从未成为影响时政的思想主流。福泽渝吉在《脱亚论》中说得很明白,即所谓"我国不可有期待邻国之开明以共同振兴亚洲之犹豫"。

另外,从现实历史的角度出发,关于甲午战争的准备,日本学者中塚明研究表明:"日本从政府到军队,预先就设想了和中国的交战时机并做力量尽可能准备,在这种情况下才断然出兵,而且中日间的交战,至少从 1877 年开始,具体的作战计划就已经被构想出来了。"实际上,早在 1874 年日本征台之际,各种对清作战计划乃至"支那征讨万敕命"就已经出现了。而 1877 年正是何如璋赴日的时间。

再来看一下黄遵宪驻日期间的唱和活动。在《赴日前而黄氏亦有诗》曰:

> 如此头颅如此腹,此行万里亦奇哉。
> 诸公未见靴尖趱,待我扶桑濯足来。

这是 1877 年赴日前夕,黄遵宪按捺不住激动的心情,挥笔题在自己的半身照片上赠给朋友们的。诗中表达了他希望在出使日本的外交工作中施展才能,实现抱负的愿望。但又以"濯足"比喻清除世尘,保持高洁。他是一个优秀的文人,却不可能成为杰出的外交家。因为在国际关系领域,如果无视权力斗争的本质,就会陷入自我束缚的陷阱。倡导空泛的道德理想就会失去运用实际的政治规则处理国家间关系的正常基础,更有可能导致我们的被动。另外在赴日本的航行途中,他兴奋赋诗:

洁浩天风快送迎，随搓万里赋东征。

使星远耀临三岛，帝泽旁流遍禅瀛。

大鸟扶摇搏水上，神龙首尾挟再行。

冯夷歌舞山灵喜，一路传呼万岁声。

与何如璋一样，黄遵宪缺乏对自我的正确认识。在后期的驻日活动中，他是让人敬仰的文人，而在外交上却没有远见。1879 年 12 月 23 日，黄遵宪在致王韬的信中曰："日本似不足为患。然兄弟之国，急难至此，将何以同御外侮？"在驻日期间对日没有正确的认识，策略只是"兄弟之邦"宣扬友好而已。其歌颂中日友好的诗歌不在少数，如：

同在亚细亚，自昔邻封辑。

譬若辅车依，譬若倚角立。

所恃各富强，乃能相辅弼。

同类争奋兴，外侮日潜匿。

黄遵宪在与宫岛诚一郎和诗中说道：

舌难传语笔能通，笔舌澜翻意未穷。

不作佉卢蟹行字，一堂酬唱喜同风。

"佉卢蟹行字"指西方拼音文字，表现了对西方文化的拒斥。"一堂酬唱喜同风"表达文化上的同根同宗，诗中满蕴温情。

【奉命为美国三富兰西士果总领事留别日本诸君子（其一）】
远泛银河附使舟，眼看沧海正横流。

欲行六国连衡策，来作三山汗漫游，

唐宋以前原旧好，弟兄之政况同仇。

如何既脱区区地，竟有违言为小球。

此诗用"六国连衡策"来说明中日应该联合,后边就追溯中日友好历史悠久,用典《论语》:"鲁卫之政,兄弟也。"而后又谴责了日本,竟然为小小的琉球而违背前言。中心思想是中日应该友好,共抵外敌。

【奉命为美国三富兰西士果总领事留别日本诸君子(其五)】
沧溟此去浩无垠,回首江城意更亲。
昔日同舟多敌国,而今四海总比邻。
更行二万三千里,等是东西南北人。
独有兴亚一腔血,为君户户染红轮。

钱仲联先生的《人境庐诗草笺注》认为,"一腔血"是化用孔尚任《桃花扇》:"哭的俺一腔血作泪零。"我觉得有商榷之处,其原句为:

史可法(二犯江儿水)
皇天列圣高高呼不省
阑珊残局剩俺支撑奈人心俱瓦崩
协力少良朋同心无弟兄
这江山倒像设着筵席请哭声祖宗哭声百姓
哭的俺一腔血作泪零

这是写史可法面对南明小朝廷时的悲愤之情,皇帝昏庸,人心涣散,难于独撑。黄遵宪在此处是离别诗,面对的是日本文人,此情此景,不至于悲愤如此。另外,前有"兴亚"两字,这是与黄遵宪的外交思想联系在一起的,黄氏的《朝鲜策略》中建议朝鲜:"亲中国、结日本、连美国。"这是从亚洲全局来看朝日关系或中日朝关系。黄氏认为,无论中日朝哪一国,都同样遭到西方列强的武力叩关或被迫签订不平等条约。为改变这种被压迫的状况,中日朝三国必须结成联盟,协力同心,共同抗击西方列强特别是俄罗斯的侵略,以保自身的安全和亚洲的和平与稳定。为此,黄遵宪反复劝喻朝鲜君臣,应与日本结盟,化敌为友,共御强俄。此外,1880年3月,他发起组织了有中日朝三国人士参加的兴亚会,其宗旨是"冀扶黄种保东亚"。最后,从以上的唱和诗歌中亦可体会出黄氏的思想。所以,笔者认为"一腔血"仅仅是指兴亚的一腔热血。

宫岛诚一郎在《养浩堂诗·黄参赞公度君将辞京有留别作七律五篇余与公度交最厚临别不能无黯然销魂强和其韵叙平生以充赠言》中云：

渤海初浮星使舟，知君参赞果名流。

五年帷幕纤筹策，万里江山纵胜游。

文酒唯须修旧好，戈矛何敢咏同仇。

明朝又向东洋去，一举鹏传大地毬。

这首诗前四句就是恭维之词，到"文酒唯须修旧好，戈矛何敢咏同仇"就变味了，黄氏一直在主张中日同盟，而宫岛把友好限定在"文酒"之中，对于战争就不要说同仇敌忾了。其他和诗就是一些赞美之词，如"夙以文章呼俊豪，连城有价格尤高"，"恰爱过江名士好，翩翩裙屐若神仙"，等等。

黄遵宪还有一首和诗，写得莫名其妙：

宫本鸭北索题晃山图，即用卷中小野湖山诗韵：地球浑浑周八极，大块郁积多名山。汪洋巨海不知几万里，乃有此岛虱其间。关东八州特秀出，落落晃山天半悬。乱峰插云俯水立，怒涛泼地轰雷闻。坐令三百诸侯竭土木，腹民膏血供云烟。下有黑狮白虎跤跤踔踔伏阙下，上有琼楼玉宇高处天风寒。中间一人冕旒拟王者，今古护卫僧官千。呜呼将军主政七百载，唯汝勋业差可观。即今霸图寥落披此卷，尚足令我开笑颜。古称海上蓬莱方壶圆峤可望不可即，我曰其然岂其然。

明显的是，此诗为题画之作。诗以雄健的诗笔描绘了画幅中雄奇的日光山景色，并叙写了日本德川氏在日光山称霸的史迹，对当时"即今霸图寥落"的世道沧桑抒发了感慨之情。令人不解的是，当时，日本已经侵我国台湾，灭琉球，中国内忧外患，黄氏反而感叹日本"霸图寥落"。从此可看出，黄氏在感情上是把日本看作同种的。"近代以前，日本是热心地学习汉学，是因为不是把它当作中国固有的学问，而是认为它是普遍的人的学问。"于是中国人就觉得日本文化是来源于中国文化，甚至以为学习同文者就会具有相同的世界观和价值观。这只是一种错觉。

其他的唱和诗以及张斯桂的和诗多为一些应景酬唱之作，就不在此讨论了。然后，再说一下《芝山一笑》，编者石川鸿斋在使团抵日后不久，即慕名前往拜访，成为以文墨与清使相亲的嚆矢。据沈文荧序,中国使团到东京刚在芝山住下,知恩院僧人彻定、天德寺僧人义应与汉学者石川鸿斋三人便结伴来到中国公使馆拜访。他们拿出自己做的汉诗请予斧正。何如璋、张斯桂等阅评后还回赠了和韵诗,可是在诗中却把随两位僧人一起来的石川鸿斋也误称为"鸿斋大和尚",闹了一场笑话。此事在日本的汉诗人、汉学者中传为趣谈,甚至给石川起了一个绰号叫"假佛印"。何、张两人作诗"解嘲"。石川鸿斋还特地请黄遵宪也补写一首"解嘲诗"。后来,石川鸿斋把这些赠答诗篇汇集成册,题名为《芝山一笑》。这便是诗集名字的来源,但秦苏山曰:"此集诗,清使首拈花吟谈,故随和随同,皆舒眉开口,唯有笑而无戚,有喜而无怒,彻头彻尾无一俗气,是其所以为《芝山一笑》也。"从内容来看,亦带有唱和的融洽和热情。清泽秀"志"说:"清使之与国人以文墨相亲也,以二僧及先生为嚆矢。"

首先,解嘲诗都写得诙谐幽默,其诗如下:

【余初未见石川先生,以其偕彻定来也,和其诗误为僧,做此以解嘲】
何如璋
访我偕僧侣,疑君净俗缘。
新诗推岛佛,妙诀戏坡仙。
呼马何妨马,逃禅总近禅。
谁知东海客,愿学仰尼宣。

石川先生偕彻定等三僧同时来访,以诗见赠,并持笺索书,置之高阁,久未裁答。偶一挥毫,忘其僧俗,后接来函,使知其误。因题句答之,聊博一笑。

张斯桂
扶桑国里睹嘉宾,僧俗同来一洗尘。
踪迹混于欢喜佛,头衔忘却宰官身。
青莲金粟成真果,白傅香山悟夙因。
从此东林添话柄,错将衣钵付诗人。
(可咲曰:从正奇入手,颇极变幻之妙,何等才思)

【石川鸿斋和曰恭和张阁下玉韵】
丰芦原上接鸿宾,稍喜边陲息战尘。

风俗于今怜种发，海东自古少纹身。

谈经榷史偕幽事，啸月嘲花定旧因。

应继王仁崇圣道，诗书千岁化斯人。

此外，还有《步张星使瑶韵，附二律呈梅史沈君》：

紫芝山下始逢宾，谈诘佣毫扫砚尘。

龙旆高飏留节地，牛衣叨对曳裾身。

元晖嗜画由娱意，坡老交僧果有因。

愿以明公方便力，度来草昧未开人。

晴斋曰："寸绩分阴，对的妙。"苏山曰："用航芦、立雪等语，而言其志，乃熏陶佛心者，亦复一笑。"

沈文荧有奉答见赠

求仙曾有君房至，持节新从博望来。

欲觅航头蝌蚪字，敷陈谟诰愧无才。

（前公使和诗，误为僧）

（苏山曰：非贾岛佛，即李谪仙，居士可复无憾。）

其次，表达石川鸿斋对中国文化热爱的以及对中华人物的倾慕之情。这些诗歌直抒胸臆，自然流畅。

【其谨呈钦差大臣何阁下】

使星光彩照仙坛，化洽升平颂治安。

千里鸾旗披瑞雾，一双鹢首截洪澜。

西河不坠何生学，东海犹羞马氏叹。

赖仰馀光将乞教，清谈勿惜劳毫端。

锦帆万里破长风，奎运初环及日东。

富岳云晴莺始啭，金城春暖雪先融。

李唐制度今犹变，伊洛高踪渐欲通。

恨杀徐生空蹈海，却将遗事辩欧公。

　　此外，张斯桂的诗中有"扶桑本是同文国，感读康熙御制诗""海东始接汉家客，疑是微躯在北京"。《呈公度黄君》："弊政维新张纪纲，唯忧学术属洪荒。黄公今日过蓬岛，捧履吾将效子房。"《呈小彭刘君》有"奎星渐运照蓬台，始喜天门锁钥开""知君腹有边韶笥，愧我谈无太叔才"。还有"遥慕中华文物盛，尚欢弱水画船通""赖见使星赍凤诏，何忧术士听鹃声""殊邦却是同文字，考订何须劳驿馆"等，都表达了对中华文化的人物的仰慕。

　　还有使团成员和诗对中日文化的展望以及对石川的汉文学修养的赞誉。如何如璋和诗：

今日黑灰经浩劫，诸公砥柱挽狂澜。

物情迁转随丝染，象法兴衰拊枕叹。

山隰榛苓西望处，相期携手碧云端。

……

教分儒释源虽异，字溯周秦道本同。

衡宇相望还不远，芝房相约访生公。

　　张斯桂的"手持龙节荷恩荣，来到东瀛作客卿。异地尽多香世界，同文赖有楮先生"；刘寿铿的《呈石川先生》：

一支史笔挟风霜，披卷如薰班马香。

（君著《日本外史纂论》，论断精严。余初不识君，读其书，心向往之）。

何幸乘楂来胜地，得教接席挹清光。

芝兰臭味饶诗句，裙屐酣嬉洽酒觞。

愧我书佣今已老，敢将瓦缶奋琳琅。

　　王治本还有"相逢何事在天涯，一见曾将肝胆披""文字源联金石录，到头结契莫嫌迟"句。

四、首届使团唱和的意义及影响

以何如璋为代表的首届驻日清朝使团被派往日本，是中日国交的开始，从而使两国人民可以自由交流，从文化交流层面来说，具有跨时代的意义。这些唱和活动是在此基础上产生的，但从以上的论证来看，唱和不仅仅是诗文的切磋，还具有政治外交的目的。所以，首先要从政治外交的意义来讨论。

（一）政治外交的意义

首先，这是身处困难的政治环境中，为了维护国家利益而做的一种努力，通过诗歌唱和，表达出中国人希望中日友好的愿望，也开辟了民间外交的新方式。这是一次新的尝试。虽然中国传统知识分子由于对中日之间的差异没有了解，在真正的外交上没能达到目的，但其努力是应该给予肯定的。

其次，通过诗歌唱和文笔交流，加深了对日本的历史、政治的了解，以及对明治维新的认识。如黄遵宪编著《日本国志》得到不少爱好和平的日本友人的帮助，如源桂阁、石川鸿斋等。这些经验的获得，为中国向日本学习，在思想上准备了条件。

（二）文化交流方面的意义

驻日使团在中日文化交流中的功绩很大。首先，与始终处于劣势的外交活动相比，在文化交流方面，使团成员作为传播中国传统文化之师而备受礼遇。"明治时代，西洋文学、思想排山而至，是未足奇；新体诗勃兴，亦未足奇；吾所奇者，原以为势必衰亡的汉诗却意外地兴旺繁荣。汉籍传入两千年，从不及明治时代赋诗技巧之发达。"因此，高文汉认为"与日本诗坛名流聚在一起，以文会友，宴饮赋诗，这种面对面的文人交流，极大地刺激了日本汉文学的复兴，对促进明治汉文学的繁荣发挥了不可替代的重要作用"。

其次，笔者认为，由于外交的失败，使团人员非常重视结交文人雅士，以期在交友中开创良好的工作环境，打下睦邻友好的基础。诗歌唱和由此变成一种文化的互动，是"给"与"取"的关系。不再以"天朝"使臣自居，更多的是讲求同文同种及友谊。其为平等的中日交流奠定了基础，为中日文化交流做出了贡献。

最后，中日两国官员、文人、民间人士之间也不断聚会或相互宴请，或偕同赏樱、登高对答唱和诗词，留下了大量的诗篇，既是珍贵的文学遗产，又提供了研究近代中日文化交流的重要资料。

清末中日官绅交往与《芝山一笑》

关　静

（中国　北京大学）

日本作为中国一衣带水的邻国，自古以来便与中国有密切的联系。其中，人员往来、文化交流是两国交往中的重要内容。近代以来，面对西方殖民者的入侵，日本于 1868 年进行明治维新，实行了一系列改革，其"脱亚入欧"的举措引起了清政府的关注。1871 年，中日两国签订《中日修好条约》，条约规定双方可互派使者。1877 年清政府派出了由何如璋、张斯桂、黄遵宪等人组成的首届驻日公使。清政府派出公使的目的除管束中国商民外，还希望"籍探彼族动静，冀可联络牵制，消弭后患"，想要笼络日本为我所用①。公使馆于 1878 年 1 月 23 日定馆于东京芝山月界僧院。清朝使者的到来受到众多日本文士的欢迎，他们纷纷前往拜谒，赠答酬唱，日本汉学家石川鸿斋便是其中的一位②。

石川鸿斋(1833—1918)，名英，字君华，号鸿斋、芝山外史，爱知县人。明治间诗文家、汉学家，后潜心研究经史，擅长南画，尤精人物、山水画，有《精注唐宋八大家文》《日本八大家文读本》《画法详论》《日本文章规范》《鸿斋文钞》等 40 余部著作。石川鸿斋住在离公使馆不远的芝区芝厅门前二丁目十一番地。1878 年，石川鸿斋与知恩院大教正彻定、天德寺少教正义应二僧一同袖诗前往公使馆拜访公使团。何如璋、张斯桂等人将石川鸿斋误认为沙门中人，在写给他的和诗中夹杂很多佛语，张斯桂更在诗尾写道："七律二章，即请鸿斋大和尚郢正。"石川鸿斋于是作诗自辩，众人相继唱和，引为笑谈。同年 8 月，石川鸿斋将唱和的诗文结集出版，即《芝山一笑》。③《芝山一笑》前有沈文荧、王治本、源辉声、清泽秀所作的序言，附有

---

① 王宝平：《晚清东游日记汇编·丛书序》，上海古籍出版社 2004 年版。
② 刘雨珍：《清代首届驻日公使馆员笔谈资料汇编·芝山一笑》，天津人民出版社 2010 年版。
③ 王宝平：《晚清东游日记汇编 1 中日诗文交流集·芝山一笑》，上海古籍出版社 2004 年版。

清人唱和者名单,内收汉诗 79 首,篇末有彻定、义应、冈千仞的跋语,增田贡、龟谷行所作小引以及藤原重负等人的题诗。

一、《芝山一笑》的研究情况

《芝山一笑》是近代以来第一部公使馆员与日本人之间唱和的诗文专集。作为笔谈类资料,它以内容风趣、诗文集中等特点受到世人关注。学术界对于《芝山一笑》多有提及。夏晓虹老师在《芝山一笑》①和《黄遵宪与日本明治文化》②等文中对《芝山一笑》的部分诗作进行了研究,并与《黄遵宪集》进行比较,指出《芝山一笑》中某些作品为《黄遵宪集》的佚作或者黄氏对其内容进行了改动,肯定了《芝山一笑》的价值。总的来说,目前对《芝山一笑》的研究主要集中在介绍《芝山一笑》的编纂情况和何、张二人错把石川鸿斋当作僧人的事件上,以及将《芝山一笑》当作辅助材料研究其他问题,而对《芝山一笑》的具体内容以及社会背景未见有深入探讨。因此,笔者试图对《芝山一笑》所收诗作进行梳理,揭示书中某些现象的深层次原因,从而证明其价值。由于掌握的数据以及笔者自身学识、能力的限制,本文难免挂一漏万,若能得到各位的批评、指正亦是一大快事。

二、《芝山一笑》的编纂问题

沈文荧在序言中说:"石川子袞前后倡和诙谐语为《芝山一笑》。"王治本云:"因是戏言,传为笑语,此《芝山一笑集》之所由着也。"源辉声在后序中也讲到清朝大使与石川鸿斋"来往无虚日,谈笑戏谑","笔谈终日不知倦,纸迭作丘,奇论成篇。君华乃抄其笔谈中之佳什数十首为小册,题曰《芝山一笑》"。可见,石川氏在谈笑戏谑的笔谈数据基础上,辑成了《芝山一笑》一书。

关于《芝山一笑》名字的来由,王治本在序言中说:"夫曰芝山,详其地也;曰一笑,白其诬也。"彻定在跋语中道:"于是诸公各相倡和,以充一场佳话,拟虎溪三笑。"此外,在《戊寅笔谈》第十五卷第一〇一话中,记载了石川鸿斋和枢仙(王治本)

---

① 夏晓虹:《芝山一笑》,原刊《万象》2000 年第 7 期,后收入《旧年人物》(文汇出版社 2008 年版,第 175—184 页)和《晚清的魅力》(百花文艺出版社 2001 年版,第 93—103 页)。

② 夏晓虹:《晚清的魅力》,百花文艺出版社 2001 年版。

的笔谈,今录如下:

> 鸿斋:仆素非辨僧与俗,赠答之诗,遂为一假佳事;若无僧俗误认之
> 事,不为一笑也。此一笑亦与虎溪三笑相类,盖以为千古谈柄也。
>
> 枢仙:顷所云云,亦是笑话。……虎溪三笑,此又增加一笑也。

诚如诸公所言,"芝山一笑"之名,既点明了地点,又表明其趣味性。而佛家"虎溪三笑"典故的运用,暗合将石川误认为佛教中人的故事,增强了作品的文学性,也深化了此书的内涵,表现了中日文人"交谈"的默契。所以冈千仞在跋语中说"亦将有取默契于心神之内,而发于言笑之表者也欤"。

至于《芝山一笑》的成书时间,据《戊寅笔话》[①]第十五卷第一〇一话(光绪四年五月十六日,1878 年 6 月 16 日):

> 鸿斋拿出《芝山一笑》的稿子来。
>
> 鸿斋:两公使及沈、廖诸公诗辑为一卷,名曰《芝山一笑集》。黄阁下
> 急急赐一诗。
>
> 公度:此本幸留览,五日间必有以应命。
>
> 鸿斋:阁下留此卷,其幸赐序言。
>
> 公度:弟亦当勉为一诗。
>
> ……
>
> 公度:当作一小引。
>
> 鸿斋:黄君为《芝山一笑》小引,仆大喜莫过焉。

由此可知,1878 年 6 月 16 日,石川鸿斋已经集结成《芝山一笑》了。书中沈文荧作序时间为大清光绪四年戊寅夏至日,王治本序作序时间为大清光绪四年岁次戊寅七月,源辉声作序时间是明治十一年八月,也就是石川氏请求大家作序之后。明治十一年八月廿八日(1878 年 8 月 28 日),《芝山一笑》由东京文升堂刊刻出版。

但是,《芝山一笑》中石川鸿斋《同何张两星使及诸公泛舟墨水到木母寺》以及

---

① 刘雨珍:《清代首届驻日公使馆员笔谈资料汇编·戊寅笔谈》,天津人民出版社 2010 年版。

何如璋、张斯桂、廖锡恩的和诗应作于光绪四年七月六日①(1878 年 8 月 4 日),与 6 月 16 日"鸿斋拿出《芝山一笑》的稿子来"时间不符。此外,《芝山一笑》中石川鸿斋《戏赠沈梅史侍童王瑞氏》以及沈文荧的和诗,在《戊寅笔话》第二十一卷第一四四话(光绪四年八月十日,1878 年 9 月 6 日)中,大河内辉声注云"石川鸿斋也来了,他从怀里拿出这首诗稿来",并将鸿斋、梅史的和诗都全文录入。此时,《芝山一笑》已经出版。笔者推测,该诗也应写完不久,所以石川氏在去拜访友人的时候还要带上。由此可见,6 月 16 日已经有了《芝山一笑》的初稿,但是在付梓之前,石川鸿斋又加入了一些新的诗作。《芝山一笑》确实可以和《戊寅笔话》等其他笔谈记录互证互补。

三、"错将衣钵付诗人"

综观《芝山一笑》全书,涉及何、张二人把石川误认为僧,石川作诗自辩,大家解颐的诗作等内容,主要有如下几种:

表 1 《芝山一笑》中有关"错将衣钵付诗人"的诗作

序号	诗题	作者	序号	诗题	作者
			三	和韵	何
			四	和见赠原韵	张
五	谨呈鲁生张阁下(书信+诗)	石川	六	因题句答之,聊博一笑	张
			八	和其诗误为僧,作此以解嘲	何
四十一	戏赠鸿斋先生	王			

按②:石川——石川鸿斋,何——何如璋,张——张斯桂,王——王治本。

其中,"东林从此添话柄,错将衣钵付诗人"见于张斯桂所作诗作。"东林"二字表明所属为文人韵事,"从此添话柄"指出其影响,后来称石川氏为"假佛印"即为明证,"错将衣钵付诗人"更是道出将文人误认为僧之事,言简意赅。

按照常理,僧人和文士不管如何亲近,从外貌、衣着到生活习惯等方面还是应

---

① 见《戊寅笔话》第十九卷第一二九话,刘玉珍编校本已指出。
② 《芝山一笑》中诗前原无序号,为直观方便,笔者据刘玉珍编校本对序号和诗题进行引用,并将诗题进行缩略。表中同一行的几首诗作为相互唱和的诗作,以下同。

该有很大差别的。正如石川氏所说"然两僧皆圆头阔袖,仆乌发士服",怎么会将他当作僧侣呢?仅仅是因为何、张等人没有留意吗?答案是否定的。

《芝山一笑》中就给出了缘由。石川鸿斋《呈鲁生张阁下》的书札中写道:"顾近时苾刍,为俗态者多,顾目仆为僧亦宜矣。夫身缠锦裟,手捻念珠,而其行非释侣者,世间皆是。"黄遵宪在诗中也写道:"昨闻大邦布令甲,宗门无用守戒法。周妻何肉两无忌,朝过屠门夕拥妾。"

此外,《戊寅笔话》①中枢仙(廖锡恩)在笔谈中写道:"中土僧人,守戒律者不敢食肉饮酒,又不得娶妻生子;贵国之僧则食肉食酒,娶妻生子,与常人同,且不奉官役,不纳粗粮,又胜于常人。弟曾有言:恨不得为东洋和尚。"

这些笔谈虽然是大家的戏作,难免有戏谑的成分,但是它却道出了明治十年左右日本政府的宗教政策以及当时的社会现象。明治政府为了将神佛各宗统治在以天皇为顶点的国家神道的宗教体系之中,在宗教方面实行了一系列改革。② 如颁布"神佛不得混淆令",宣布"神佛分离",把佛教置于神道之后,从而确立神道教的统治地位。受此影响,不少地方发生了废寺毁像焚经的"废佛毁释"事件,焚烧佛像佛画,破坏寺庙堂塔,将寺院改作医院、学校,等等。在僧人的社会身份和普遍性的生活规则方面,1873 年明治政府以太政官布告,废除僧位、僧官;规定僧侣只是一种职业,命他们称姓氏;禁止僧尼托钵化缘;解除过去官府对食肉、娶妻和蓄发的禁令。③ 于是某些寺院的僧侣便公开娶妻食肉,因此才会出现将僧人和一般士人相混淆的现象。"错将衣钵付诗人"正体现了这一特殊的社会背景,有着独特的价值。

四、《芝山一笑》内容探析

《芝山一笑》共收诗作 79 首,笔者通过梳理,认为其诗作可以分为拜谒赠答、和诗酬唱、关于新事物、关于女性以及其他等五类。

(一)拜谒赠答类诗作

拜谒赠答类诗作是在当时双方关系还比较生疏,不甚了解的基础上,一方去拜谒另一方,另一方予以赠答的诗作。大多数在时间上具有不共时性,和一般的笔谈

① 刘雨珍:《清代首届驻日本公使馆员笔谈资料汇编·戊寅笔话》第十五卷第一○一话,天津人民出版社 2010 年版。

② 胡明远、于杰:《日本明治政府初期佛教政策的演变》,《辽东学院学报》2010 年第 6 期。

③ 杨曾文:《日本佛教史》,人民教育出版社 2008 年版,第 550—570 页。

即问即答的形式略有不同。《芝山一笑》中的这类诗作见表 2。

表 2 《芝山一笑》中的拜谒赠答类诗作

序号	诗题	作者	序号	诗题	作者	序号	诗题	作者
一	谨呈钦差大臣何阁下	石川	三	和韵	何			
二	谨呈钦差副大臣张阁下	石川	四	和见赠原韵	张			
五	谨呈鲁生张阁下（书信＋诗）	石川	六	聊博一笑	张	七	恭和张阁下玉韵	石川
			八	作此以解嘲	何			
九	何星使过余庐，三迭前韵呈	石川						
十	赋二律呈梅史沈君	石川	十一	奉答见赠	沈	十二	奉和梅史沈君见赠玉韵	石川
十三	访梅史沈君席上赋呈	石川	十四	次韵答之	沈			
十五	呈公度黄君	石川	十六	过答拜石川先生	黄	十七	因韵赋一律呈	石川
十九	呈小彭刘君	石川	二十	呈石川先生	刘			
二十一	席上赠以七绝二篇	石川						
二十二	酒间戏赠廖君	石川						
二十三	呈漆园王先生	石川	二十四	敬步原韵答呈鸿斋先生骚座	王			

按：石川——石川鸿斋，何——何如璋，张——张斯桂，沈——沈文荧，黄——黄遵宪，刘——刘小彭，王——王治本。

如表 2 所示，这类诗作的发起人多为石川鸿斋，他拜谒了清使馆里的何如璋、张斯桂、沈梅史、黄公度、刘小彭、廖锡恩、王治本等人，使馆人员多依原韵和诗，石川氏甚至再和诗。这固然是因为石川鸿斋编辑了这个汉诗集，内容以他个人的诗作为主,然而其对于清人态度之积极,也可见一斑。

从诗作的内容来看,有的追溯历史,说明两国同文,如"扶桑本是同文国"(石川鸿斋)、"字溯周秦道本同"(何如璋)、"殊邦却是同文字"(石川鸿斋)等,说明两国文字相同,自古已然,从而拉近交谈双方的距离;有的反映笔谈情况,如"同文赖有楮先生"(张斯桂)、"考订何须劳译官"(石川鸿斋)、"默对礼终嗤哑然,寒暄无语共俱怜"(石川鸿斋)等,大家完全依赖纸笔,不用翻译,默默写字进行"交谈";有的表达了日本文人对于中华文化的仰慕和对驻日公使的欢迎,如"海东始接汉家客,疑是微躯在北京"(石川鸿斋)、"遥慕中华文物盛,尚欢弱水画船通"(石川鸿斋)、"愿以明公方便力,度来草昧未开人"(石川鸿斋)等,抒发了他们对于清使到来这前所未有"盛事"的欣喜;还有的直接写明了当时的时代背景,如"李唐制度今犹变"(石川鸿斋)、"稍喜边陲息战尘"(石川鸿斋)、"孔道全衰异端滋,谁举双手转狂澜"(石川鸿斋)、"弊政维新张纪纲,惟忧学术属洪荒"(石川鸿斋)等,反映了一代文士面对战事刚息、孔道渐衰、"异端"滋生的环境,想要力挽狂澜的抱负和对学术未来前景的担忧。

(二)游览唱和类诗作

游览唱和类诗作是在双方熟悉之后,一起进行的游山玩水、品茶赏花、诗酒风流等文人韵事,见表3。这类诗作在时间上大多具有共时性,和拜谒赠答类诗作相比,唱和双方的关系呈现出一种从陌生到熟悉的过程。

表3 《芝山一笑》中的游览唱和类诗作

序号	诗题	作者	序号	诗题	作者	序号	诗题	作者	序号	诗题	作者
二十五	梅史沈君赐匾额,余戏步其韵赠一绝	石川									
二十六	天德寺小集,沈梅史画虞美人草,分韵	石川	二十七		王	二十八		沈			
三十	同梅仙、源公访沈黄诸君	石川	三十一	沈文荧和诗	沈						
三十四	赋此以博一笑	石川									
三十五	于向岛七松园,酒间赋一绝呈	石川	三十六	沈文荧和诗	沈	三十七	和诗	廖	三十八	和诗	王

续　表

序号	诗题	作者	序号	诗题	作者	序号	诗题	作者	序号	诗题	作者
三十九	湖上寻秋	王藩清	四十	和琴仙王先生瑶韵	石川						
四十二	怡情养神楼小集，戏赠张星使	石川	四十三	步鸿斋先生原韵	张	四十四	步鸿斋先生原韵	沈			
四十五	泛舟墨水到木母寺	石川	四十六	何如璋和诗	何	四十七	和诗	张	四十八	和诗	廖
五十一	青山别业，酒间赋一律	石川									
五十三	游汀田氏别业	沈	五十四	和梅翁原韵	刘	五十五	席上步沈君韵	石川			
五十九	于千秋楼避暑，上赋二律呈	石川									

按：石川——石川鸿斋，何——何如璋，张——张斯桂，沈——沈文荧，黄——黄遵宪，刘——刘小彭，王——王治本，廖——廖锡恩。

　　如表 3 所示，大家赐匾作画，游天德寺、乐水阁、今户、墨水、木母寺，聚于七松园、怡神养情楼、青山别业、汀田氏别业、千秋楼等。写亭台楼阁，访湖山胜景，确是人生快事，展现了当时驻日公使馆员以及日本文人的生活情景。

（三）关于女性的诗作

　　《芝山一笑》中，文人不仅相互题赠，题赠的对象还涉及女性，主要是沈文荧的侍童王瑞氏和大河内正质的妻子桂香河女史（见表 4）。

表 4　《芝山一笑》中关于女性的诗作

序号	诗题	作者	序号	诗题	作者
五十六	戏赠沈梅史侍童王瑞氏	石川	五十七	次鸿翁韵	沈
五十八	桂香河女史以和歌题莺入新年语，赋一诗赠之	石川、沈			

按：石川——石川鸿斋，沈——沈文荧。

　　当然，题赠王瑞氏的诗作有明显的戏谑意味，而关于桂香河女史的诗作相对就要严肃许多。

　　综合以上三种诗作，从题材内容看，描写亭台楼阁、女性细物，多酬唱之作，和中国古代馆阁之臣的作品有极大的相似性。正如龟谷行在《芝山一笑》的引言中所说"大率一时仓猝之作,未暇求其工致",以至于《芝山一笑》中的许多诗人在编纂他们的诗作之时,并未收入。

(四)关于新事物的诗作

《芝山一笑》作于世界资本主义迅速扩张的时期,工业革命极大提高了生产力,国际社会发生着日新月异的变化。日本明治维新后,引进新事物,学习西方,清使馆的人员不可能不注意到这些新事物的出现。《芝山一笑》中就有关于新事物的诗作,见表5。

表5 《芝山一笑》中关于新事物的诗作

序号	诗题	作者	序号	诗题	作者
四十九	观轻气球诗	张斯桂	五十	戏次其韵	石川鸿斋

带着新奇和刺激,张斯桂在《观轻气球》诗中详细描述了氢气球的外观并想象着乘气球飞上天之后的情景,篇末表现了自己"抱得嫦娥下九重"的愿望。仍然有较大的戏作成分,但是它毕竟透露着新事物的讯息。

(五)其他诗作

以上四种诗作都有赠答往来,石川鸿斋或是发起者,或是参与赠答。但是,表6所示的二首诗作,石川氏并没有参与其中,在《芝山一笑》的79首诗作中显得很特别。诗的作者又都是沈梅史,笔者推测,石川氏对沈氏较为佩服,所以单独录入其诗作。加上之前的《戏赠沈梅史侍童王瑞氏》,还可推知二人私交较深,他们相互开玩笑,石川氏甚至谈到梅史的侍童,梅史也不甚在意,还和诗为戏。

表6 《芝山一笑》中的其他诗作

序号	诗题	作者
三十二	莲塘	沈文荧
五十二	劝学箴	沈文荧

五、《芝山一笑》的价值

《芝山一笑》作为近代以来第一部中国公使馆员与日人唱和的诗文专集,有重要的价值。首先,它作为集中统一的汉诗集,反映了当时清朝公使馆员与日人之间的交流情况。《芝山一笑》本身就是双方交流的成果,诗作内容主要是中日人士共同游山玩水,酬唱往来,记载了双方交流的过程。其次,对于某些人物的研究,如黄遵宪、沈文荧,《芝山一笑》有借鉴和参考的价值。正如夏晓红在《芝山一笑》中指出的,黄遵宪的《过答拜石川先生》并未收入《黄遵宪集》,为黄氏的佚作。而《石川先生以张星使之误为僧也,来告予曰:近者友人皆呼我为假佛印,愿做一诗以解嘲。因戏成此篇。想阅之者,更当拍掌大笑也》一诗在《人境庐诗草》中改题为《石川鸿斋(英)偕僧来谒,张副使误为僧,鸿斋作诗自辩,余赋此以解嘲》,并且内容多有改动,对照二者,可以发现黄遵宪思想方面发生的巨大变动。再次,《芝山一笑》反映了交流双方的态度和观点,如日本文人对于中华文化的仰慕,对于西洋人和清朝人的评价;清朝使者对于日本的态度等,对于研究特定时期人物心态有重要作用。最后,它反映了当时广阔的社会背景,中日两国交往的情况,明治维新时期的一系列政策,如佛教政策引起的社会效应,氢气球等新事物的出现,都能为研究者研究当时的社会状况提供线索。

《漂客纪事》中的漂流民笔谈研究

李晨楠

（中国　浙江工商大学）

17—19 世纪,我国时值清朝,与日本的江户时代(1603—1869)大致吻合。虽然目前学界越来越多地把目光投向这一时段,比如大庭修等基于日本所保存的相关史料所做的江户时代中日书籍交流及海上交通研究,及以秘话的形式再现该时期的中日交往史。① 但该时期"闭关"的中国和"锁国"的日本,却在除了民间的通商贸易和文化交流之外,还存在着一种特殊的交往,这种往来方式贯穿整个清代,这就是由漂流事件串联而成的中日往来。在日本,特殊的地理条件决定了其国内学术研究的偏好,即注重对海洋文化的研究,形成了专门的"漂流学",而中国学者对中日漂流事件的研究在广度和深度上都还有提高的空间。②

"漂流"是日本德川幕府时代"锁国"环境下的特定历史概念,意指代该时期的日本渔民、商人等在近海地区遭遇风难,无意识跨越国境,破坏禁海令,漂流到非设定目的地的被动行为,这一行为的执行主体在日本史料中被称为"漂流民"。其后,"漂流民"的概念逐渐拓宽,不仅仅局限于漂到异国的日本人,还包括在近世时期因漂风海难而漂流到日本的他国人员。本文中的"漂流民"特指漂着至日本的中国漂流民。

笔谈是指汉字文化圈地域内语言不通的交谈双方,通过书写文字来达到相互交流目的的行为模式。这种交流形式自古以来就是中、日、朝,甚至越南地区人民往来的重要载体,是东亚各国跨文化往来中的历史"活化石"。而漂流记作为系统记录漂流事件的集合,是日本"锁国"状态下与外国保持联系,认识外部世界的重要

---

① 大庭修著,徐世虹译:《江户时代中日秘话》,中华书局1997年版;同氏著,戚印平、王勇译:《江户时代中国典籍流播日本之研究》,浙江大学出版社1998年版;松浦章:『清代海外贸易史の研究』,[日]朋友书店2002年版。

② 朱海燕:《漂流民与德川时代日本的"世界"认知》,《史学》2012年第6期,第80页。

途径。研究这些记录，不失为我们认识当时国际关系、社会情况和民众认知的有效方式。本文以《漂客纪事》为中心，力图对安永九年(1780)在漂着安房的清船漂流事件进行个案分析，以儿玉南柯(1745—1830)在这一回忆录中提及的笔谈信息为主要参考资料，对该事件进行探索性研究。

一、元顺号漂着事件

安永九年(1780)五月，房总半岛南端千仓海岸漂着一艘清朝贸易商船元顺号。元顺号系南京船，安永八年十一月从浙江省乍浦出发驶向长崎贸易，途中遭遇海难，漂流而至。

值得一提的是漂船漂至初期，漂着地村民对漂客进行了自发性救援，给予了物资的补给，并不畏艰险，成功救出全部乘组人员，表现出了极大的国际人类友爱之情，至今在千仓海岸仍然伫立着记录这一救援事件的"元顺遭难救助碑"，是中日两国和平友好的标志。

五月九日，岩槻藩郡奉行儿玉南柯和监察使安藤重兵卫到达漂着地，对漂流事件进行初期应对，召见船主沈敬瞻等人，对漂流船元顺号的情况进行了初步调查，从漂着经过、搭乘人员、船载物品、船只情况、信牌问题等多个方面进行了询问，后对漂流民进行了安置。

漂着船漂到岸后，大量民众循声而至，为避免引起骚乱，儿玉南柯对整个安置区域实行了严密封锁。因活动范围过于狭窄，加之时值阴历五月，阳历七月初旬，天气炎热，出现了多次水手逾越封锁线的事件，双方发生冲突。

后漂流民搭乘大阪商人苫屋久卫兵的商船，由官员护送前往长崎，再转乘中国商船，遣返归国。

二、《漂客纪事》概观

《漂客纪事》为儿玉南柯著，日本国立国会图书馆藏，木刻版，高23.6cm，宽16.4cm。宽政乙卯(七年)孟春，关修龄作汉文序三面；宽政六年甲寅冬十月，儿玉南柯作汉文后序三面；享和三年七月廿三日，藤原持丰汉文题跋三面；文化甲子(元年)秋七月，儿玉南柯再汉文题跋一面。书中另附有小池氏藏书印一枚。

儿玉南柯，名琮，字玉卿，通称宗吾，号南柯(后文中均称"玉卿")。曾用名同成,书中也偶以"同成"自称。玉卿作为当时武州岩槻藩郡奉行,负责漂着船元顺号处理,奔赴漂着地方接应,对漂流事件做了初期应对,并对漂民进行了妥善安置。玉卿在安永九年(1780)漂着唐船十年后的宽政二年,对该次漂流事件作回忆录《漂客纪事》。回忆录内容丰富,条理清晰,较为全面地叙述了对漂着事件的处理经过,对乘组人员及其职位、船体信息、船载物品、信牌制度等多个方面进行了记述,并且记录了其与船主沈敬瞻、财副顾宁远、副船主方西园等的交互来往,双方产生了极其深厚的情谊。《漂客纪事》为当时的人们了解"唐船"和中日贸易知识提供了重要的信息,是一份宝贵的漂流记录。

　　由于江户时期的日本实行严密的"锁国"政策,限制对外交往,并把对中国人的漂流事件的处理纳入"锁国"体制框架下予以严格执行。而就当时的日本来说,能用中文进行会话交流的仅有长崎的汉文译者(唐通事),因此漂流地往往动员官员和汉文学学者以笔谈的形式与中国船员进行交流和记录,对漂流事件进行初期应对。在元顺号漂到后,玉卿提出使用笔谈的可行性:

　　　　玉卿进曰:"若夫梵文蛮子,我难乎可通。乃今来自同文之国,我能驱使毛颖代之舌人。俾得其所欲,无蛮介于胸中,则不忝柔远之道矣。"[1]

　　在语言不通的情况下,交往双方能达到互通其意的效果,是因为中日两国拥有相似的文字基础,共处于汉字文化圈结构体系之中。而玉卿也因此被委以重任,前往漂着地进行初期调查处理。从初期诏见到遣送返还,玉卿均以笔谈的形式与中国漂流民进行交流,其往来交互涉及漂着经过、搭乘人员的基本信息、宗教信仰、信牌制度、船载物品等多个方面,表现出日本在处理漂流事件时的一般程序和关心取向。

三、笔谈中的关注点

(一)信牌

五月九日,在玉卿首次与船主沈敬瞻、财副顾宁远见面时,便提及信牌问题:

---

① 　儿玉南柯:《漂客纪事》,选自『漂流記叢書』,日本国立国会图书馆藏本。

"海商必有长崎发给的信牌，其结伴全不，无有止于他岛者不。"①其后，浦贺尹在与玉卿的谈话过程中也强调了信牌的重要性："外国贸易并给牌以为信，宜验问也。"指出在处理异国漂着商船的问题上，要重视信牌的查验，从而抑制所谓的"拔荷"（即走私贸易）的发生。

1715 年，日本政府根据新井白石（1657—1725）的建议，颁布《正德新例》，进一步限制中国商船在长崎的贸易。该条例的核心规定是中国商船必须具有日方颁发的信牌才能进行贸易，如若没有信牌，则会被判定为走私商船，进而被武力驱逐，"止于他岛"。

船主沈敬瞻也是在这样的贸易限制下，循规出示信牌，以便日方查验。官吏"别写一通为副还正，验其名籍"，由此可见，信牌是当时判断两国贸易正规性的凭证。进行校验时须誊抄副本留底，归还正本。

后房总知尹稻垣君面见漂流民时再次要求出示信牌。对于信牌的具体样式有如下记载：

> 其体式，上大书"信牌"二字，其下繫"长崎通商照票"六言，皆横行。而其文曰："长崎译司某某，特奉镇台宪命，为择商给牌，贸易肃清法纪事。照得尔等唐船通商本国者，历有年所，络绎不绝，但其来人混杂无，以致奸商。故违禁例，今特限定各港船额。已亥年来贩船只内，该南京港门壹艘，所带货物限定估价约为九千五百两，以通生理。所谕条款取具。船主王玉顺亲供，甘结在案。今合行给照即与信牌一张，以为凭据。进港之日验明牌票，缴讫即收船只，其无凭者，即刻遣回。尔等唐商，务必愈加谨饬，倘有违犯条款书，再不给牌票，按例究治，决不轻贷，各宜慎之。须至牌者，右票给南京船主王玉顺。"其纸尾提书曰："安永陆年九月十八日给。"

通过信牌内容可知，元顺号系属南京，所带货物限定估价为九千五百两，船主王玉顺，商船至长崎港贸易时必以信牌为据。《正德新令》第四条规定："凡按约受领往来之商舶，须一律遵照规定，取道五岛以南之海路航行，不得行驶规定以外航路。如因风浪漂至以外地点时，当按以前成法办理。如进港时不按规定航路驶来，

---

① 大庭修：《安永九年安房千仓漂着南京船元顺号资料》，收入《江户时代漂着唐船资料集》，[日]关西大学东西学术研究所 1991 年版，第 3 页。

该年不准交易,不再发给信牌,船上人员永远不准往来。返航时无顺风,碍难取道规定航路行驶时,可折回长崎港内,申诉理由,等待顺风再开。如无故停泊港内,稽延时日,或取道规定以外航路行驶时,将来再来日本,不准交易,不给信牌,该船人员永远不准再来。"①可见对于商船往来贸易,日本形成了严格的规定,并十分重视进港时的信牌查验。信牌俨然成为当时判定贸易船只合法性的凭证。

对信牌上记录的船主名为王玉顺而非沈敬瞻的情况,知尹予以询问。敬瞻又拿出一张记载贩银配铜之数的文书,其纸尾有记:

> 后将王玉顺名下牌照,发船来贩之际,为船主者无论何人,替代前来,
> 亦照此例所装货物,不敢过多,又不敢少缩,为此具遵是实。

王玉顺是数年前总商,被授予以信牌,换照不换名。两国贸易往来,无论船主姓名,以船和信牌为证。沈敬瞻即是替代王玉顺驾驶元顺号远渡而来,是合法贸易往来船只。

日本官员在审问漂流民时注重细节,对船只贸易的合法性予以高度关注,重视信牌的查验,这和当时幕府严格取缔走私贸易的社会背景有着重要的联系。

(二)船只情况

元顺号货品起货时,玉卿问及海舶等级及造价。财副顾宁远曰:

> 本州岛船,分商樵二等,商之大,约装七千余担,此今所用也。舶长九
> 丈二尺,中仓阔二丈九尺。材之与工,凡费万六千余两,造工万余人。次
> 之,其装四千若五千。又次,不过二三千,此唯充山东内府艚运,其余皆为
> 樵舟,非泛海用也。

中国的船舶分为商船和樵船,其中商船约能载货七千余担。元顺号属于商船,船舶长九丈二尺,中仓有二丈九尺,船体耗资六千余两,造成此船耗工万余人。再小一些的商船可装载货四五千担。再次之可载不过两三千,这些商船往往只用于山东内府艚运。其余均为樵船,无法渡海。

后来在对元顺号的处理问题上,沈敬瞻主动向日本官员进言,请求仿照旧制:

---

① 《正德新令》,转引自木宫泰彦著,胡锡年译:《中日文化交流史》,商务印书馆 1980 年版,第 655 页。

　　见今船底穿漏,万难修理,若论拆毁,钉密板厚,恐未易辨也。且贵地在农事殷忙之候,因商等事故,而稽留其重务,心实不安。今特不揣冒昧,敢陈愚计。敬瞻闻三十年前,敝地有船,遇难至扵八丈岛,亦贵国之地也。幸行人安稳,货物无恙,唯船亦破坏。知其难再用,因而焚化之,独收铁钉扵烬余,取纯束扵菅茅,以还舆我。商又思之,不堪大愿。今诚能率由旧例,亦可即日告竣。唯执事图之。

　　沈敬瞻建议遵照宝历三年(1753)漂至八丈岛船的处理办法,即焚船还钉。宝历三年一艘清朝漂流船漂至丈八岛,为《漂客纪事》作汉文序的关修龄是当时处理该漂流事件的日方官员,相关笔谈记录被整理与收录在《巡海录》之中。三日后,沈敬瞻又上书请求取陆路至长崎,并取船薪贩于长崎。这一系列动作表现出漂流民在对漂流船的处理和遣送方面的主动参与之心,希望尽快处理难船事故,以便早日到达长崎的迫切期望。在处理船只过程中,玉卿问及元顺号的材料与产地。

　　曰:"大桅赤活,头桅雅地,舵则梗之舆牙,皆加兰二,共是西洋所出。鹿耳香樟,本地产之,桵其一为加真,崎阳辨之;其一惟红细,台湾出之。其它散木不必问也。"

　　可知元顺号的桅杆、船舵皆来自西洋,鹿耳、香樟产于中国,船桨一产自日本崎阳,一产于中国台湾。一艘商船的建造其主要材料常常来自多个国家和地区,可见各国间贸易不仅仅局限于传统货物,木材的贸易也有涉及。

(三)船载人员

　　漂到初期,玉卿通过笔谈,了解到船载人员的基本情况。这批漂流民在1779年十一月出港,十二日后遭遇飓风,漂流于海上,船载79人,以船主沈敬瞻、副船主方西园、会计顾宁远为首,实有78名搭乘人员漂至千仓海岸(参见表1)。

表1　船载人员一览表

姓名	职位	年龄(岁)	籍贯	信仰	备注
沈敬瞻	船主	四十二	苏州	祀妈祖	
顾宁远	财副	二十九	松江	祀妈祖	

姓名	职位	年龄（岁）	籍贯	信仰	备注
方西园	副船主	四十五	新安	祀妈祖	善画
苏孟堪	伙长	四十	厦门	祀妈祖	
林天从	总管	三十九	福州	祀妈祖	
简得意	舵工	四十三	厦门	祀妈祖	
尤廷玉	舵工	四十四	浙江	祀妈祖	后至长崎途中病死，葬于纪州
童两使	舵工	三十九	厦门	祀妈祖	
李达使	目侣	三十八	厦门	祀妈祖	
王廷显	目侣	四十二	厦门	祀妈祖	
林得海	目侣	三十七	厦门	祀妈祖	
王太山	目侣	四十三	厦门	祀妈祖	
陈丕光	目侣	三十七	厦门	祀妈祖	
周柔使	目侣	三十二	厦门	祀妈祖	
陈伯俊	目侣	三十	厦门	祀妈祖	
陈友富	目侣	二十八	厦门	祀妈祖	
郑朝兴	目侣	三十三	厦门	祀妈祖	
周文使	目侣	四十五	厦门	祀妈祖	
林谅使	目侣	二十八	厦门	祀妈祖	
李同宝	目侣	四十	福州	祀关帝	
张以修	目侣	三十八	福州	祀关帝	
刘则帅	目侣	四十岁	福州	祀关帝	
朱守渎	目侣	三十八	福州	祀关帝	
林得星	目侣	三十	福州	祀关帝	
陈相习	目侣	三十三	福州	祀关帝	
陈尚丹	目侣	三十一	福州	祀关帝	
陈来福	目侣	二十三	福州	祀关帝	
姜得传	目侣	三十八	福州	祀关帝	
张清第	目侣	三十三	福州	祀关帝	
刘兰弟	目侣	三十	福州	祀关帝	

姓名	职位	年龄（岁）	籍贯	信仰	备注
姜来进	目侣	三十	福州	祀关帝	
王振元	目侣	二十八	福州	祀关帝	
林金顺	目侣	三十	福州	祀关帝	
郑久使	目侣	三十八	福州	祀关帝	
黄希使	目侣	二十六	福州	祀关帝	
刘淑远	目侣	三十四	福州	祀关帝	
黄魏使	目侣	三十七	福州	祀关帝	
高棉使	目侣	二十八	福州	祀关帝	
刘良清	目侣	二十八	福州	祀关帝	
钱安庆	目侣	二十八	浙江	祀三官	
陈邀使	目侣	二十二	厦门	祀三官	"二十二"别本作"三十二"
林天神	目侣	三十四	厦门	祀三官	"神"别本作"伸"
林得兴	目侣	二十四	厦门	祀三官	"兴"别本作"舆"
陈得祖	目侣	二十八	厦门	祀三官	
高润第	目侣	三十二	厦门	祀三官	
陈孝立	目侣	四十四	厦门	祀三官	
蔡元魁	目侣	二十八	厦门	祀三官	
林其栋	目侣	三十	厦门	祀三官	"其"别本作"共"
陈朝华	目侣	三十七	厦门	祀三官	
刘良兴	目侣	二十九	厦门	祀三官	
林良光	目侣	二十三	厦门	祀三官	"二十三"别本作"三十三"
魏惠候	目侣	三十八	厦门	祀三官	
张谟弟	目侣	二十八	厦门	祀三官	
李礼弟	目侣	三十	厦门	祀三官	
刘益弟	目侣	三十	厦门	祀三官	
陈孝国	目侣	三十六	厦门	祀三官	
绍河松	目侣	三十四	厦门	祀三官	
周夫明	目侣	三十八	厦门	祀三官	

姓名	职位	年龄（岁）	籍贯	信仰	备注
尤德通	目侣	四十	厦门	祀三官	
刘敦祈	目侣	三十二	同安	祀妈祖	
陈云卿	目侣	四十	同安	祀妈祖	
冯贤用	目侣	四十二	同安	祀妈祖	
吴象使	目侣	三十七	同安	祀妈祖	
陈友如	目侣	三十二	同安	祀妈祖	
高尊光	目侣	三十四	同安	祀妈祖	
刘尔嵩	目侣	四十	同安	祀妈祖	
扬立候	目侣	四十一	同安	祀妈祖	别本"扬"作"杨"，"一"作"七"
郭送弟	目侣	二十三	同安	祀妈祖	
郑凤弟	目侣	二十八	同安	祀妈祖	
郑子位	目侣	四十二	同安	祀妈祖	
朱丰	目侣	三十	同安	祀妈祖	
高龙文	目侣				庚子年四月初三在舢病故异本高龙文下有"年四十二岁，仝，仝"
曹永安	随厮	四十	湖州	祀妈祖	
陈荣	随厮	三十	苏州	祀妈祖	
姚才	随厮	三十	苏州	祀妈祖	别本年姚才年三十五
纪高	随厮	三十四	苏州	祀妈祖	
王三隆	随厮	二十八	苏州	祀妈祖	
李永兴	随厮	二十二	苏州	祀妈祖	
王进财	随厮	二十六	苏州	祀妈祖	

职位：船主、伙长、头碇（船匠）、财副（会计）、总管（管理舢中水手）、舵工、杉板工、香工（祭舢神）、亚班（掌桅杆）、工社（又称目侣，水手）

由上可知，元顺号上有船主、财副、副船主、伙长、总管各1人，随厮7人，其余均为水手。苏、浙地区11人，安徽1人，福建地区67人，共计79人。其中一人在海上病死，玉卿对其处理方法提出了疑问，漂流民回答说：

　　　　正敛之后,木桶以代棺,挂船傍以待,竟不得葬地,就水中而葬焉,万
不得已也。

　　得知贸易船因长期离岸,不得着陆,如若遭遇海难船员死去,一般以水葬的方
式进行处理。其后对搭乘人员及其司掌的职位进行了询问,答曰:

　　　　水手谓之目侣,又称工社,其实一也。亚班、大缭、二缭、头椗、二椗、
　　一仟、二仟、押工、香供、副哺、值库、杉板,皆水手中细目,各以共其职……
　　其余都称平份,无有常主,唯其所役使。

　　船员名册往往遵照长崎例,不细录,除前提及的船主、财副等职位外,多为目
侣,目侣又称为工社,皆为对水手的称呼。水手又根据其职责的不同分为亚班、大
缭、二缭、头椗、二椗、一仟、二仟、押工、香供、副哺、值库、杉板。
　　元顺号人员的组织架构虽然有着严密的等级差异,但存在着内部矛盾,形成了
两大派系。据发生水手骚动事件后沈敬瞻等人递交的密札可知,船内水手多来自
福建,顽固不化,目无法纪,不知礼仪。敬瞻和随厮等仅十人来自苏州,虽在船中身
份居高,守法知礼,但终是寡不敌众,无法施以惩戒,并深受水手们的荼毒。水手总
官林天从虽出生福建,亦是沈敬瞻派系下的一员。可见元顺号内部存在两股势力,
沈敬瞻等虽位居要职但身居劣势,水手野蛮无比,不知礼仪,屡触法律。

(四)宗教信仰
　　通过笔谈,日方官员在调查漂流始末过程中,除对船载人员的姓名、年龄、籍
贯、职位进行询问之外,还特别提及宗教信仰问题,重视盘问漂流民有无基督教
信仰。
　　16世纪末至17世纪初,随着欧洲商船的到来,使得基督教日益兴盛,基督教
义的上帝之下人人平等的思想冲击了日本等级森严的封建体制,对刚刚建立的幕
府政权产生了巨大的威胁。伴随着宗教的渗透,殖民主义的侵略势力日益就近幕
府的内部,乃至中上阶层。因此17世纪开始,德川幕府以禁教作为其巩固政权的
政治口号。1612年,德川家康下令禁止基督教。1619年,德川秀忠又在全国各地
的高札场发布禁教令。1629年,江户幕府发明了"绘踏",命令所有的基督徒每年
都要践踏基督教的圣像以示背叛,拒绝者则被当作基督徒逮捕处罚。其后,德川日
本从1633年至1639年连续发布了五道锁国令,除与中国、琉球、荷兰、朝鲜保持有

限的贸易往来以外,断绝了与外部世界的一切往来,逐渐走向"海禁"的消极面。对宗教信仰的询问也成为中国漂流民漂至日本初期查问的重要方面。

安永九年千仓海岸漂着的南京船元顺号的船载人员其宗教信仰有着典型的沿海特色。其中祭妈祖39人,祀三官、关帝各20人,以信仰、供奉妈祖者居多。

清代是继宋元之后海神妈祖信仰的另一个鼎盛时期,而福建作为妈祖信仰的发源地,当地的民众在外出牧渔和贸易时,为祈求海上安全和事业顺利,大多奉妈祖为守护神。

> 值库,掌货物装载,且使棒于圣母前。

元顺号中值库一职,其职责是在圣母前供奉圣母棒。这里的"圣母"应是指天上圣母,即妈祖。元顺号中无基督教信仰教众,因此"圣母"一词意指西方圣母玛利亚的可能性不大。再者,这与清代当时仍保留的祭俗相吻合。在船中例设妈祖棒(棍),如连击船舷,大鱼水怪就会畏惧神力而遁去,便可保护船只的平安。对于漂流民滞留期间,不吃荤食的行为,玉卿执笔而问。

> 沈曰:"难商在洋,祈神佛保佑,虔许奉斋。"
> 曰:"凡十人三年为满,独不佞天协终身为限,恳求大人吩咐使人日给豆腐若干块,更妙。"

沈敬瞻信奉妈祖,言及当时普通人以三年为限,食素以示诚意。而自己愿以终身为限,效法妈祖一生茹素,不沾荤腥。

妈祖信仰始于宋代,发源于福建地区,其后逐渐在东南沿海发展和壮大,其范围影响扩大到广东、浙江、江苏、山东、台湾等地,并迅速影响东亚地区。江户时代之前,妈祖信仰已经传入日本,茨城、长崎、青森、横滨等地均有妈祖庙,一些历史较悠久的妈祖庙与日本传统神道结合,成为"天妃神社"。韩国正史《朝鲜王朝实录》中也有妈祖的记录,可见朝鲜时代对妈祖文化有了一定的了解;从高丽末期到丙子胡乱之前,韩国使臣们多以沙门岛瞻仰妈祖庙后抒发诗文,并祈航海平安。而传到台湾的妈祖信仰逐渐发展出自己的特色,派生出自成体系的台湾本土神祇。伴随着国家间的贸易往来,妈祖信仰随着人员的流动,在东亚和东南亚传播及渗透开来,逐渐形成妈祖信仰圈。

（五）贸易品

五月九日，玉卿到达海岸当日，沈敬瞻等便上请要求紧急处理船内货物，其中尤以贸易品白糖的救援最为迫切。

> 船穿水浸，百货受伤，他姑置焉，唯是白糖一事，拙速为妙，旷日弥久，毫无陶程，焉用夫巧。

其认为船底触礁，船体进水，应以将抢救白糖作为当务之急，从速处理船内货物减少海难损失。玉卿执笔书曰："吾亦非不虑客所欲也，而事系县官之制，敝吏不得自擅，请且待之。"

对于异国漂流民的处理方法，日本制定了相应的政策，对于异国漂流者有未经幕府允许，不可送往长崎，不可私相授受物品的处理原则。因此在没有收到指示的情况下，地方不能擅自进行处理。后奉命起货，将所见部分船载货品予以记录（参见表2）。

表2 船载货物一览（部分）

货物名称	数量	备注
宏泰四袍纱	四卷，卷四十匹	
洪兼三套纱	两卷，卷五十匹	
天吉大花袖	两卷，卷二百	
定织本色洗绒	两卷，共一百三十八匹	
恒与红毡	二十捆，捆三十条	
犀角	二箱，共二百二十七斤	
玳瑁	九箱，共五百九十五斤	
速香	三十一箱，共一千四百二十九斤	遇风时抛其三分之一
象牙	两束，共九枝，二百三十二斤	
阿片	三百一十五斤	
甘草	七万五千七百余斤	遇风时抛其三分之一
山归来	一千三百五十余包	遇风时抛其二百包
甘石	二千六百余斤	无一存

续　表

货物名称	数量	备注
白糖	二千五百包，重二十六万二千五百斤	最为多。因船底进水，遇水而化。
冰糖	一万二千五百斤	存十分之一
藤黄	七百五十斤	存五分之一
书籍、法帖、花笺		多因遇水而败坏
瓷器	不过五六百个	
其他	虎皮，孔雀尾，鹤蛋礼壶，雄精偶人，人参，笔洗，沉香（沉香），云南白铜炉，寿山白石，画卷，书轴，彩笺，花磁，玩好，等等	

日方翻阅船载货品的货册后，对其归国时采办的货物种类进行了询问，中方回答说："厥箱条铜三千，昆布之捆三千，海参并鲍鱼其包五百。"

元顺号的主要采买货品为黄铜与海产品，清朝中日海上贸易中国主要的进口物品便是黄铜。乾隆即位之后，更将赴日办铜贸易置于朝廷的直接控制之下，可见铜贸易在清朝贸易中的地位。元顺号的船载贩银额配铜数有明确的记录：

> "通船所载货物，颁定银额两万柒千两，条铜限配拾万觔，内计玖千伍百两。载在牌上之额，壹千伍百两，准厦门补额，叁千两换杂色额，三共壹万肆千两。"
>
> "贰千肆百柒拾叁两余，送寺人事神纳寺庙礼物库租等项。此宗各船定例之额。"
>
> "壹千零三拾陆两余，八朔缴礼铜，用夫费。此宗照厦门定额。"
>
> "共壹万柒千五百零九两余，尚存九千四百九十两余。余买。"

元顺号限定贸易额为白银两万七千两，条铜配给额十万斤。除去礼品、祭祀、手续费等，剩余白银采买货品。面对国内金、银等贵金属大量外流，产量日益减少的窘境，日本在对清贸易上设立了种种限制。《正德新令》规定，赴日本贸易的中国商船数目每年限为 30 艘，贸易额为白银 6000 贯，其中铜 300 万斤。[①] 对黄铜的出口量进行了严格的规定。其次，日本独特的地理环境，使其海产品丰富，为大量出

---

① 石井良助校订：《海舶互市定例》，见《德川禁令考》卷六十二，[日]创文社 1959—1961 年版。

口提供了可能,因此各式海产品也深受清朝商人的青睐。值得注意是,船载货物中有阿片一单项,其数量占总额的份额不大,可判断主要输出作药品用。而列项中的犀角、象牙多产于东南亚地区,可见当时中国的贸易网扩及东南亚地区,犀角等货品通过中国大量转口至日本地区。

与此相对,根据船载货物一览表可知,中国的出口贸易品以绸缎、配饰、药品、白糖、书画、器玩等为主。各商船根据船只载来货物数购置进口货物数量,其采买货品以铜、海产品为主。

四、汉诗文酬唱

中国漂流民漂至日本虽"受到严格限制",但日本儒者对中国文化特别是中国诗词文化有着仰慕之情,以致该时段汉籍东传的规模,远远超过了以前的任何时代。[①] 作为锁国政策的一种补充形式,日本西海岸广泛的走私活动中,汉籍是其中重要的买卖货品之一。

漂流事件发生后,漂流民和日本官员(大多数是儒者)之间常常以笔谈的形式进行汉诗文酬唱,抒发情意。这些漂流诗在清代的中国人日本漂流事件中形成了一部特殊的文化交往录。在与漂流民的交往过程中,沈敬瞻对当时盛行的新刊诗稿作了如下回答:

> 《清诗别裁》为最,沈归愚撰焉。此人进士出身,历仕工部尚书,予告在籍食俸,已故七八年,九十八称为博学。

沈德潜,号归愚,乾隆年间影响较大的诗人。主张写古诗要以汉魏为准,写近体诗要以唐诗为准。他倡导"格调说",即诗的内容要"温柔敦厚",作诗要讲求格律、声调。曾编选有《清诗别裁》,此本选有少数揭露统治阶级内部矛盾,批评明末弊政,哀悯民间疾苦的作品,在一定程度上反映了清初到乾隆时期的诗歌面貌。

中国漂流民在千仓安置期间,夜夜笙歌,一日本小吏习得中国漂流民所唱童谣,唱予玉卿听,后书其词:"湘莲碧水动风凉,水动风凉夏日长,凉风动水碧莲香。"

玉卿起初对诗歌的联数提出了疑问,后经小吏解释:"是倒行逆诵其承句",以

① 严绍璗:《日本中国学史稿》,学苑出版社 2009 年版,第 512 页。

成转句"长日夏凉风动水",可见江户时代日本的官吏阶层均具有一定的汉文学水平,小吏也能书写简单的汉文。该篇词出自清代女诗人吴绛雪《四时山水诗》①,属连环回文体,是描写四时山水中的夏季诗。使用了词序回环往复的修辞方法,在创作手法上继承了诗反复咏叹的艺术特色,产生回环叠咏的艺术效果。原诗中起句的"湘"作"香",是集视觉、嗅觉、听觉、触觉为一体的一首佳作,营造出夏日荷塘中的一份清凉之感。

其后,在漂民临行之际,顾宁远赠玉卿以诗。其序言云:

> 宏镇本南朝下士不幸早弃儒业,勉继箕裘,复游崎岛。己亥再往,遂有此难。当上岸时,询知此地无译官,与伙友道之,相与郁郁。及见邑尊同成公,笔墨往复,深得其便,又蒙多方怜惜,真千古奇遇也。但大国有制,临别时,苦无他赠,感恩实难报,故作片言,聊申鄙衷。

顾宁远本是名门之后,先人曾官拜国缙按察使、名儒太守、名世同知,是乡间望族。幼年志于读书,得入大学。父曾为办铜总商,后因家道中落,迫于生计弃文从商。今次漂到千仓海岸,初期听闻当地无译官,内心忧郁不已。后见玉卿,通过笔谈往复互通信息,感情日益深厚。临别之际,赠诗一首,以示感激之情。

> 乘槎遇难到总州,一识如封万户侯,
> 品重璠玙无与并,才兼斗石孰能俦。
> 片帆烟雨怜孤雁,两载风霜染敝裘,
> 进日赠言崎屿去,深恩未报泪空流。

七律近体诗,全诗押 ou、iu 韵,通俗易懂,朗朗上口。诗文的首联交代了与玉卿相识的经过,"如封万户侯"表现对与玉卿相识的惊喜之情,感觉就如同被封予了大官一样。领联对玉卿的品貌进行了夸赞,用"璠玙"与"斗石"来凸显其品质,认为其"品""才"兼备。颈联中的"片帆""孤雁"使得诗歌转为孤寂、忧伤的情感基调,"怜"和"染"二词形象地刻画了漂着过程的艰辛、不易,运用了比喻的修辞手法,把

---

① 《四时山水诗》:"莺啼岸柳弄春晴夜月明,香莲碧水动风凉夏日长,秋江楚雁宿沙洲浅水流,红炉透炭炙寒风御隆冬。"

自身比作"孤雁",背井离乡,表现出浓厚的思乡之情。尾联将作者在接到遣送长崎的消息后,内心对即将归家的幸喜、期盼之情和对玉卿一直以来照顾的感激之情表现得淋漓尽致,最后只得默默流眼泪。"空"一字营造出一种内心的矛盾之极后的无力之感,最终只能以短诗一篇以诉情衷。

漂流诗作为漂流民笔谈记录的重要组成部分,是我们了解漂流事件和漂流民情感的宝贵史料。

五、结 语

清代商船的漂流记录可以很好地保存下来的原因,和其保存形式——笔谈资料有着巨大的关系。当时日本能够使用汉文进行会话沟通的只有长崎的汉文译官,换言之,会说汉文的人才仅在长崎才有。但是通过笔谈能够理解对方意思的学者分布在日本各藩,因此,日本地方往往动员官员和汉文学学者以笔谈的形式记录中国漂流船档案,这也是初期的应对方法,通过这些笔谈记录可以在不翻阅中国方面的相关记录和航海日志的情况下,知道中国沿海地区包括社会状况等方面的有用史料。

《漂客纪事》作为安永九年安房千仓漂着元顺号的处理官员儿玉南柯的回忆录,较为全面地记录了漂流船元顺号的船员名及其职务,船只大小,船载货物,长崎贸易的信牌问题,以及日本官员与漂流民间的交际往来,是还原该漂流事件的重要资料,也说明了"笔谈"是日本"锁国"状态下与外国保持联系,认识外部世界的重要途径。

由此可见,漂流事件的笔谈记录不失为我们认识当时国际关系、社会情况和民众认知的有效方式,是中国域外保存的重要汉字史料。

第三部分

中朝笔谈

朝鲜燕行使笔谈文献概述

王 勇

（中国 浙江工商大学）

东亚各国在中国文化影响之下，相继从野蛮状态迈入文明阶段，而借用中国文字是这一转换的标志。因此，在近代以前的千余年间，东亚各国虽语言互不相同，但汉字是相互沟通的主要媒介。明清时代来自朝鲜、越南的外交使节，大多具有较高的中国文化素养，他们通过笔谈与中国朝野人士交流，或诗歌酬唱，或笔意通情，或沟通信息，或询问风俗，因而留下了弥足珍贵、数量可观的笔谈文献。这些文献是即时对话的实录，相对于经过修饰的正史，具有原始态和临场感；相对于转瞬即逝的会话，更富有知识性和历史价值。

一、绪 言

笔谈文献产生的最基本原因，表象是中日韩（1948 年前称朝鲜）三国（当然可以加上越南、琉球等国）的"同文异语"，深层则是东亚（还得加上南亚部分地区）有一个足以支撑"无声对话"的文化共享平台。既然有共同的话题需要交流，在语言无法沟通的情况下，"以笔代舌"的对话方式就应运而生，而且延续了一千年以上。

在漫长的岁月中，东亚的笔谈发生在各个地区、各种场合、各色人士之间，很难按年代、按类别、按地区进行科学归类。但从目前保存的文献来看，以下几个文献群相对比较集中：1）来华外国使节的笔谈文献；2）漂流民的笔谈文献；3）官绅、文士、商贾、僧侣的游记中保留的笔谈文献；4）清朝驻日使馆成员的笔谈文献。

零零碎碎的相关研究不可谓无，追踪梳理研究史固然必要，但廓清基本文献的来龙去脉更是不可或缺。本文拟对明清时代朝鲜、越南使节留下的笔谈文献群做一概述。

国内外有关燕行使的研究，大多聚焦于朝鲜燕行使，而对大致同一时期的越南燕行使关注度不高。产生这种现象的主要原因之一是,朝鲜《燕行录》的基础文献整理先行,尤其是林基中(2001)《燕行录全集》的问世,使学者有一个比较可靠的文本依托;相比之下,越南《燕行录》的基础文献整理则相对滞后。

然而,复旦大学文史研究院和越南汉喃研究院合作出版的《越南汉文燕行文献集成(越南所藏编)》(2010)问世,汇编越南"如清使"53 人共 79 种著作抄本,为越南"燕行使"研究打下了文献基础。

本文限于篇幅,拟对朝鲜燕行使的相关笔谈文献做一简介。

二、《燕行录》之名

现在我们通常把明清时代来华的朝鲜使节称为"燕行使",将他们留下的记录名为《燕行录》。这虽然已是约定俗成的称呼,但严格说也不太确切。

明清定都燕京,所谓"燕行"即赴燕京之义。这看似没有问题,但朝鲜奉行事大主义,来华是朝贡宗主国的国家大事,最重要的是名分与礼节,"燕行"却没有这层含义。

查看林基中教授编的《燕行录全集》篇目,明代时的记录多冠名"朝天",如《朝天录》《朝天纪》《朝天日记》《朝天日乘》《朝天诗》等,此外还有《西行记》《北征记》《北行记》《北行日记》等。

随着清朝崛起,清军入关以前定都沈阳,于是出现了《沈阳日记》《沈阳日录》《沈阳日乘》《沈馆录》等;清朝定都燕京之后,名称变为《燕行记》《燕行诗》《燕行日录》《燕行杂志》《燕行记事》《燕行别录》等。

名称的变化说明了什么呢?朝鲜服膺明朝,奉之为"华",尊之为"天朝",故以"朝天"自谓;朝鲜鄙视清朝,视之为"夷",屈服其武力,但不尊崇之,故以"燕行"称之。明清交替,周边国家如朝鲜、日本视作"华夷变态",甚至认为中华已沦为"夷",本国则尊奉正统而以"华"自诩,这不仅体现在记录的名称上,更多的是体现在笔谈的内容上。

因此,我们如果忽视经历明清鼎革、"华夷"转换的东亚文明格局,朝鲜使节的记录无论形式还是内容均发生了巨大变化,而以"燕行"统称之,显然不太妥当。个人认为把《朝天录》与《燕行录》分开比较合理。

三、《燕行录》之实

通常所说的朝鲜《燕行录》，其实包含两类内容。

一类是由书状官写给朝鲜官方的述职报告，这是一种具有固定格式的公文，内容多为朝廷亟须了解的政治、经济、军事、外交等信息，大多行文简略、要点突出，一般不会掺杂私人的记录，当然也不收录包含个人之见的笔谈。

另一类是私人撰写的游历见闻，体裁相当于日记，内容丰富多彩，信息翔实可靠，资料原汁原味，一般没有公文常见的套话和修饰。这些文献记录了丰富的笔谈信息，甚至收录完整的笔谈文本。

后一类的私撰《燕行录》，多收录于私人文集，以刊本、写本的形式流传。近年来，无论韩国学术界，还是中国、日本学者，对《燕行录》的史料价值都予以充分肯定，从各个角度进行了深入研究，对明清对外关系史研究领域的某些传统观点形成冲击。

裴英姬(2009)总结出中韩日对《燕行录》研究的特点，认为主要集中在以下几个议题：

1)朝贡关系；

2)朝贡贸易；

3)"华夷"观念(尊周思明)；

4)文化交流及传播。

很显然，国内外学术界对《燕行录》中的笔谈资料尚未予以充分利用，将笔谈资料作为一个单独分野进行研究的学者目前也不多见。

四、《燕行录》文本

2011年7月，复旦大学文史研究院与韩国成均馆大学东亚学术院联手编撰的《韩国汉文燕行文献选集》由复旦大学出版社隆重推出，一时成为学术界乃至媒体圈的热门话题。该书收录明清时代的《燕行录》33种，厘为30册。其实，这只占现存《燕行录》的很小部分。

此前(2010年6月)，广西师范大学出版社推出了弘华文主编的《燕行录全集(第一辑)》，采书147种，分为12册。该套书收录范围从宋代至清代，但感觉有点芜杂，声望不如复旦那套。

现存的《燕行录》究竟有多少呢？目前最权威的是韩国东国大学林基中教授编撰的《燕行录全集》，共有 100 册，收录 380 篇左右；2008 年，林基中又出版了《燕行录续集》50 册，新辑入 107 篇，合计 487 种。

韩国成均馆大学校的大东文化研究院最早从事这项工作，1960 年出版《燕行录选集》2 册，2008 年又出版《燕行录选集补遗》3 册。此外，2001 年日本京都大学的夫马进教授与林基中合作，出版了《燕行录全集日本所藏编》。据裴英姬统计，目前学界已整理出来的《燕行录》，总计有 568 种。[①]

五、"口谈"与"笔谈"

如前所述，《燕行录》是朝鲜使臣留下的出使中国的实录，除了固定格式的述职报告，私人记录中还包含大量笔谈及酬唱的信息和资料。

燕行使虽然有译官相随，但这也限于高层参加正式的仪式及会谈，即遂行朝贡等国事之际。在大多数私下活动期间，人数众多、各司其职的燕行使成员，绝大多数不谙汉语，他们与中国人乃至其他外国使节的交流，主要依赖笔谈。

于是，燕行使与中国朝野的交流，就有了"口谈"与"笔谈"两种主要形式，此外还有口笔并用的第三种混合形式。1881 年朝鲜高宗任命金允植为领选使，率领约百人的使团赴天津学习器械制造。金允植在中国滞留将近一年，将亲身经历及所见所闻详尽地记录在《阴晴史》和《天津谈草》中。

《天津谈草》（参见附录①《天津谈草》解题）共收录 43 篇会谈记录，即与李鸿章 10 篇，周馥 14 篇，许其光、游智开、马建忠各 3 篇，许建寅 2 篇，张树声、王德均、袁世凯、唐廷枢、刘含芳、潘骏德、罗丰禄、穆麟德各 1 篇。我们来看一下前 4 次与李鸿章的会谈篇目及开首部分：

(1)《辛巳(1881)十一月二十八日保定省署谈草》

> 中堂问国王安宁及行中安否、各人出身年纪，令从事官弁先出，留余
> 及别遣，乃开笔谈。

---

① 据北京大学中文系漆永祥教授提供的信息，包括他本人在内，国内外学者还在陆续发现新本文，故《燕行录》的总数或接近 1000 种（含残卷、断篇）。

(2)《是月三十日督署谈草》

中堂先使通词传言:"国王礼物,使臣所送,不必番番有之。彼此贻弊,不如省事。此后置之为好。"仍始笔谈。

(3)《十二月初一日督署邀饮时使通词传语口谈》

中堂使通词问:"贵国有何土产否?"答:"土陋民贫,别无所产,惟衣食所需,仅支自给而已。"

(4)《十二月十九日再至督署谈草》

李中堂以笔谈问曰:"游道示贵国主书意并闵公书稿,均阅悉。何以公等出境时未先商定,不久又有此信?"

前2篇俱为先"口谈"寒暄,实质性的会谈是以"笔谈"进行的;第3篇全部为"口谈",最后一篇则完全是"笔谈"。

从《天津谈草》所收43篇会谈记录来看,中朝之间的会谈以"笔谈"为主,以"口谈"为辅。政府间的会谈尚且如此,民间交流及官员的私下交际,"笔谈"的重要性推而可知。

六、朝鲜燕行使笔谈

《燕行录》中保留的笔谈资料,主要有以下几类:

(1)完整的笔谈记录,如闵鼎重的《王秀才问答》(参见附录②《王秀才问答》解题)、《颜知县问答》,洪大容《湛轩燕记》(参见附录③《湛轩燕记》解题)所收的《吴彭问答》《蒋周问答》《刘鲍问答》《干净笔谈》,朴趾源《热河日记》收录的《粟斋笔谈》《商楼笔谈》《黄教问答》《班禅始末》《忘羊录》《鹄汀笔谈》等。

(2)朝鲜使节与中土人士的诗歌酬唱,这类资料在《燕行录》中俯拾皆是,但多零星不全,比较完整的如南九万的《丙寅燕行杂录》(参见附录④《丙寅燕行杂录》解题)。诗歌酬唱有时未必是当面吟咏,如朴齐家的《缟纻集》(6卷2册)是记载与之交游的清朝文人并载入唱酬诗文和尺牍的笔写本,直接会面的是 102 名;仰慕却没有见到的是 4 名(陆筱饮、沈云椒、吴西林、袁简斋);通过书信唱和却没有见到的是 1 名(郭东山);仰慕名声而思慕的是 2 名(王椒畦、刘澄斋);交换诗文却没能交游的人士是 1 名(严有堂)。由此可知,隔空唱和也是东亚笔谈交流的特殊形式。

(3)夹杂在行文中的笔谈记录,这类资料分散但众多,大多为只言片语或短章,笔谈部分比较完整且篇幅较长的是崔溥的《飘海录》。

虽然时下《燕行录》研究俨然成为热门,但关于其中的笔谈资料,进行专题研究的学者不多见①,因而还是一块尚待开发的处女地。

七、结　语

一般而言,语言是跨文化交际的重要媒介;而在东亚,笔谈乃心灵沟通的独特方式。从隋唐至民国时期,东亚各国的官吏、文人、商贾乃至艺人、船员相聚之时,由于大多不谙对方语言,往往借助笔谈,或议论政事,或酬唱诗文,或交流心得,或询问风俗,由此留下大量弥足珍贵的资料。我们甚至可以说,在前近代的东亚世界,笔谈一直是各国使节、僧侣、文士、商贾的主要跨文化交际方式。

这些凝固的情景对话,具有很高的语言、文学、历史、文献以及政治、外交、经济、风俗等价值,然而,迄今国内外学者整理的笔谈资料,只是沧海一粟,而且大多仅为清代以后资料,这不能反映其全貌、昭示其意蕴。

从时间上看,笔谈风气之开不晚于隋唐时代,唐代圆仁的《入唐求法巡礼行记》、宋代成寻的《参天台五台山记》、明代策彦周良的《初渡集》与《再渡集》以及中日史籍中,均包含数量可观的笔谈资料。尤其是江户时代朝鲜使节与日本人士的笔谈集,传世的多达数百种;中国商船漂流至朝鲜和日本,当地官府的询问笔录、船员与当地文人的诗歌酬唱也不在少数;甚至到了民国时期,出国考察的官绅、游历海外的文人等,依然延续笔谈传统,借此与当地人士交流。

笔谈资料涉及的交际各方,不限于中国、日本、朝鲜,琉球、安南,甚至暹罗、西人也参与其中。如果说隋唐两宋时期的笔谈交际圈大致等同于册封圈或文化交流圈,那么明清时代其影响已波及经济交易圈全域。

---

① 如朴香兰的《燕行录所载笔谈的文学形式研究——以洪大容与朴趾源为中心》(载《世界文学评论》2011 年第 2 期),是为数不多的专题论文之一。

如上所述,把笔谈文献作为东亚各国心灵沟通、信息传递、学术交流、文化传播的独特载体和模式,加以系统的整理与理论的构架,既具有学术价值,也符合时代潮流。

【附录】

①《天津谈草》解题

1881年,朝鲜王朝派遣领选使金允植出使大清,赴中国天津学习器械制造及外语,由此开启朝鲜近代化建设的进程;次年朝鲜发生"壬午军乱",金允植私自向大清请兵平乱,清朝驻军朝鲜便始于此;此外,金允植还肩负着一项秘密使命——与美国议订《朝美条约》。此次使节团的三项使命——派员学造事、私自请兵事、与美议约事,均在中朝关系史上及朝鲜近代化进程中具有里程碑意义。

金允植(1835—1922),字洵卿,号云养,祖籍清风。他是朝鲜领相金堉(1580—1658)的第九代孙,其曾祖父金基建是敦宁参奉、赠吏曹参议,祖父金用善赠吏曹参判,其父金益泰(赠吏曹判书)、叔父金益鼎(通训大夫、封清恩君)都是朝鲜王朝的高级官吏。金允植秉承家学,有《云养集》《阴晴史》《续阴晴史》《天津谈草》等著作传世。

金允植在华滞留近一年时间,与以李鸿章为首的清朝洋务派官员进行了数十次会谈,其燕行录《阴晴史》详细记载了在中国的行程及见闻,包括"天津会谈"的笔谈、口谈记录。

1892年夏,金允植将"天津会谈"的笔录从《阴晴史》中誊抄别出,汇为一册,取名《天津谈草》。《天津谈草》共计45篇。其中包括开篇《天津奉使缘起》1篇,《附录钞上谈草封书》1篇,与李鸿章会谈10篇,与周馥会谈14篇,与许其光、游智开、马建忠谈话各3篇,与许建寅谈话2篇,与张树声、王德均、袁世凯、唐廷枢、刘含芳、潘骏德、罗丰禄、穆麟德谈话各1篇。

《天津谈草》的版本有3种:一是印东植手抄本,系1892年印东植受金允植委托,从金允植的手抄本《阴晴史》中誊录有关"天津会谈"的笔录内容;二是金允植曾孙金周龙手抄本《天津谈草》,卷首《天津奉使缘起》署"不肖曾孙周龙谨书";三是林基中编《燕行录全集》第93卷收录的《天津谈草》,该本影印金周龙手抄本,我们依据的就是这个版本。

②《王秀才问答》解题

1669 年,闵鼎重作为朝鲜燕行使的正使来华,著有《燕行日记》。12 月 18 日途径玉田县,投宿王公濯家,当天日记有如下记载:

"丁丑朝发,秣马沙流河边,夕投玉田县,傩宿王秀才(名公濯,字丰垣)家。王以逸士自处,文字问答。设茶酒殽果,夜深而罢。凡傩屋,屋主必设盛馔,仍索答礼。意不满则怒骂,乃是沿路陋习。而王则淡素合于诚礼。是日行七十里。"此即《去时问答》。

完成使命后,次年(1670)踏上归途,2 月 1 日又经玉田县,还是投宿王公濯家。当天日记有如下记载:

"二月己未朝发,秣马螺山店村家,夕投玉田王秀才家。文字问答,设酒慰行,夜深始罢。"此即《回时问答》。

往返投宿王公濯家,均与主人"文字问答",这就是笔谈。幸运的是,当时的笔谈记录,先是附于《老峰燕行记》,后又收入闵鼎重的文集《老峰先生文集》,得以传存至今。

闵鼎重(1628—1692),字大受,1649 年文科及第,充当燕行使时任户曹判书。《老峰先生文集》是根据闵鼎重家藏草稿编次而成,凡 12 卷,1734 年木刻初刊,林基中《燕行录全集》、韩国民族文化推进会标《韩国文集丛刊》等收录。

文本据林基中编《燕行录全集》第 22 卷翻录,分《去时问答》与《回时问答》两部分,前者分 16 问答,后者共 32 来回。

③《湛轩燕记》解题

洪大容(1731—1783),字德保,号湛轩、洪之,朝鲜汉城(今首尔)人,是朝鲜王朝实学派北学论的代表人物之一。他出身两班(即士族地主)阶层,任过世孙翊卫司侍直、泰仁县监、荣川郡守等职。

1765 年,其叔父洪杞入选朝鲜王朝赴清贡使之书状官,洪大容以军官通德郎名义,随行赴清两月有余。此次清国之行,洪大容留意清朝的政治、经济、军事、文化乃至社会风俗的方方面面,回国后将在清国之所见、所闻、所思撰成《湛轩燕记》,在朝鲜王朝的对清认识中产生了重大影响。此外,还有用汉文撰写的《乙丙燕行录》(《燕行录全集》第 43 册)。

《湛轩燕记》收录于林基中编的《燕行录全集》第 42、43、49 册,共有 6 卷,成书时间为 1766 年。《湛轩燕记》卷 5、卷 6(《燕行录全集》第 43 册)为《干净笔谈》,朴香兰评述:"洪大容的燕行录中,仅以笔谈构成文章的代表性作品是《干净笔谈》。

《干净笔谈》是洪大容把他与在燕京遇上的严诚、陆飞、潘庭筠等三个文人的笔谈、遭逢始末、往来书札等编在一起的会友录,是朝鲜使行文学当中最早仅以笔谈和书信构成文本的笔谈酬唱集。"(朴香兰:《燕行录所载笔谈的文学形式研究——洪大容与朴趾源为中心》,载《世界文学评论》2011 年第 2 期。)

《湛轩燕记》卷 1(《燕行录全集》第 42 册)也主要由笔谈问答构成,其篇目如下:(1)吴彭问答;(2)蒋周问答;(3)刘鲍问答;(4)衙门诸官;(5)两浑;(6)王举人;(7)沙河郭生;(8)十三山;(9)宋举人;(10)铺商;(11)太学诸生;(12)张石存;(13)葛官人;(14)琴铺刘生。

④《丙寅燕行杂录》

南九万(1629—1711)先后两次充当燕行使,第一次是甲子年(1684),此行见闻撰写成了《甲子燕行杂录》;第二次是丙寅年(1686),此行实录经历而留下了《丙寅燕行杂录》。前者记读书感想兼论世风,追慕明朝而影射清朝,反应当时朝鲜知识分子的复杂心态;后者记录与丰润县(今丰润区)谷文张诗文交往及谈论诗歌韵律,显示出较高的文学造诣。

诗歌酬唱是《燕行录》的重要内容,是朝鲜使节与中国官绅人际交往、心灵沟通的主要形式,所以也可以看作一种笔谈文献。

在《燕行录》中,这类文献不仅篇目众多,而且一般所占篇幅也比较大,且散见于燕行记录中,缺乏首尾。通行本见林基中所编《燕行录全集》第 23 册。

《答朝鲜医问》与《医学疑问》渊源考

朱子昊

（中国　香港中文大学）

　　中国与朝鲜在历史上曾有过相当频繁的医学交流，不仅仅是医学书籍的互通有无，两国医官之间也存在许多交流，以印证所学。然而医学著作的往来往往有迹可循，而两国医官之间的交流记录却往往难觅其踪。明代御医付懋光在万历四十五年（1617）著有《医学疑问》一书，该书正是中朝两国医官就医事进行交流的一份记录。而七年后，天启甲子年（1624），明代学者王应遴所著的《答朝鲜医问》也被认为是一次两国医学交流的记录。中朝两国语言迥异，但文字共通，因此医官之间交流应是采用笔谈的方式完成的。关于问答形式这一点虽然在《医学疑问》一书中并未提及，但在《答朝鲜医问》一书中则有"矢口走笔立答之"之言可为佐证。

　　《医学疑问》与《答朝鲜医问》两书之间的联系并不仅仅是成书时间上靠近。在《答朝鲜医问》一书中还曾出现了一些《医学疑问》中所提及的问题，那么两书之间究竟存在怎样的联系？《答朝鲜医问》一书是否也仅仅是一部记录某次医学交流的书籍呢？本文将从这两个问题入手，就《医学疑问》与《答朝鲜医问》两书的渊源进行整理分析。

一、王应遴与《答朝鲜医问》

　　王应遴（？—1644），字董父，号云莱，别署云来居士。浙江山阴（今绍兴）人。万历四十年（壬子，1612）应顺天乡试，中副榜贡生。四十六年（1618）以阁臣叶向高荐，授中书舍人，参修《玉牒》、两朝《实录》。天启三年（1617）晋大理寺左寺左评事。天启初，辑真德秀《大学衍义》，首列"祖宗防近习"一款以献，触怒魏忠贤，廷杖一百，叶向高、韩爌力救之，削籍归。崇祯改元，以阁臣徐光启荐，起原职，与修《一统志》《历书》等。迁礼部员外郎。甲申(1644)于京邸自杀殉节。①

王应遴其人博学多才,工诗文,长于戏曲创作,对天文历法与医学也颇有涉猎。王应遴著有《衍庄新调》《清凉扇》《离魂记》等杂剧;同时也是《干相图》《中星图》《经天该》②等天文著作的作者,并参与编写《崇祯历书》;而《答朝鲜医问》一书则收录于《王应遴杂集》③中。

《答朝鲜医问》成书于天启甲子年(1624)。书中共录有 24 条问答,涉及医学专科各个领域,其中包括中医学理论 4 条,经络 6 条,临床各科证治 14 条。④ 王应遴所答尤为重视医理的阐释,但鲜有用药的意见,也不曾附有药方。可见王应遴其人虽不从事医事,但其对医学理论的研究也极为深刻。在该书的最后,王应遴罗列了10 条他无法回答的问题,"以俟当世高明,各出所见以答之"。中国学者梁永宣教授曾在《〈医学疑问〉与〈答朝鲜医问〉比较研究》一文中指出,该 10 条未作答的问题均来自于明朝万历四十五年(1617)太医傅懋光所作的《医学疑问》一书。

根据王应遴在该书序言中所述:"岁壬戌等年,献琛之使偕内医院正尹等官,以医事来请……顾其所问,虽皆记载我内地板行书中者,乃誊写不无亥豕,方音不无迷谬……因取其所问……其原答已明者不再答,其原不能答者不敢答。"笔者认为《答朝鲜医问》一书应是王应遴搜集整理天启甲子年(1624)年之前的数次中朝医学问答,并对"原答不明"的问题做出补充的作品。王应遴其人系大理寺左寺左评事,除了《医学疑问》一书之外,其也未有已知的医学著作传世。以此来看,王应遴与朝鲜医官以及中朝医学问答活动之间并无直接的联系。

二、傅懋光与《医学疑问》

傅懋光,会稽(今浙江绍兴)人,主要活动于明万历至崇祯年间(1573—1644)。傅懋光于万历丁未年(1607)经考核以吏目一职入太医院,万历四十五年(1617)年

① 关于王应遴生平事迹,参照下列诸文献。曹洪欣:《海外回归中医善本古籍丛书》第十二卷,人民卫生出版社 2010 年版,第 523 页;王宣标:《明王应遴原刻本〈衍庄新调〉杂剧考》,载《文化遗产》2012 年第 4 期,第 33 页;[清]徐元梅修,朱文翰辑:《嘉庆山阴县志》,成文出版社 1936 年版,第 467 页。

② 石云里、宋兵:《王应遴与〈经天该〉关系的新线索》,《中国科技史杂志》2006 年第 3 期,第 194 页。

③ [明]王应遴《王应遴杂集》,明刻本五册,[日]国立公文书馆内阁文库(藏书号:369—60)。

④ 梁永宣:《〈医学疑问〉与〈答朝鲜医问〉比较研究》,《中国中医基础医学杂志》2001 年第 2 期,第 67 页。

升任御医（正八品）①。同年，朝鲜内医院教习御医崔顺立等随朝鲜使团赴明，就朝鲜医事上的一些疑问"就质于"明朝太医院。傅懋光便是太医院所指派回答这些问题的"正教"。《医学疑问》一书正是傅懋光针对此次问答所做的记录，并于同年刊行出版。该书共附有问答 37 条，涉及运气 2 条，医学理论 2 条，医学术语 2 条，药物鉴别 12 条，药物制法 3 条，药物理论 2 条，临床各科证治 17 条。② 与《答朝鲜医问》一书不同的是，《医学疑问》中关于临床各科证治的讨论无论是朝鲜医官所问，还是明太医院御医们所答都极为重视临床诊疗方案，而少有医学理论的辨析。如"秃头生发，内服之药、外涂之方，切愿详教""小儿痘疮神方妙药，切愿详教"等问题，所问不涉病理，仅问治疗方法；所答亦仅列方剂，言简意赅。从这一点上来看，两国的医官似乎更为重视临床的治疗手段，而民间学者对医学的研究则更专注于对医理的探究。

三、《答朝鲜医问》与《医学疑问》之比较

《答朝鲜医问》与《医学疑问》两书不仅在成书时间上接近，在内容上也有一定的联系。《答朝鲜医问》一书最后，王应遴遗留了 10 条他无法回答的问题。这些问题与《医学疑问》一书中的问答存在明显的联系，可以说这 10 个问题都来自《医学疑问》一书。这一点中国学者梁永宣教授在其论著中已作讨论。③ 今将两书相关的这 10 条问答录于表 1 中。

表 1　《答朝鲜医问》和《医学疑问》10 条问答

《答朝鲜医问》	《医学疑问》
《本草序例》榆皮为母、厚朴为子之说	《本草序例》有榆皮为母、厚朴为子之说，又有汤酒之中无等分言，俱愿详之
《医学正传》寻常来兑之说	《医学正传》或问：有"寻常来兑"之说，又有"闪朒"之言，朒字，书曰："月生三日"为朒，未知以此字为病名也
《医学正传》"闪朒"二字何解	

① 曹洪欣：《海外回归中医善本古籍丛书》第十二卷，人民卫生出版社 2010 年版，第 573 页
② 梁永宣：《〈医学疑问〉与〈答朝鲜医问〉比较研究》，《中国中医基础医学杂志》2001 年第 2 期，第 67 页。
③ 梁永宣：《〈医学疑问〉与〈答朝鲜医问〉比较研究》，《中国中医基础医学杂志》2001 年第 2 期，第 68 页。

《答朝鲜医问》	《医学疑问》
《直指方》耳中三昧之说	《直指方》耳病门"耳中三昧"之说,病名有茄子疾,炼药有黑盏,愿俱详之
《直指方》茄子疾如何?	
《直指方》炼药黑盏何物?	
《得效方》养生书云"勿以足置云玄处"之说	《得效方》养生书云:勿以足置云玄处。"云玄"二字之意
《格致论》有左右必堕本来面目头举自满空减之说	《东垣十书·格致论》有"左右必堕","本来面目、头举、自满、空减"之说
龙骨是真龙之骨否?	龙骨,《本草》云:得于死龙处。云:龙非常死物,而诸家所说,亦寻莫是非。设是他鱼骨,从来用之已久,亦龙骨之功耶
《本草》杨芍药、木猪苓,上一字何解?巴戟天、缩砂蜜、天竺黄,下一字何解?	以下各种药性,小邦未能详知。各种名产出之处、用药之方、且解俗名,俱颇详教……巴戟天……缩砂蜜……杨芍药木猪苓……

　　由表 1 可见,尽管两篇所问的文字略有出入,但无论是从所引的医学著作还是问题的关键词来看都如出一辙。应当可以断定王应遴的《答朝鲜医问》中所留的 10 条问题确是出自《医学疑问》一书。那么《答朝鲜医问》是否可能引用了另外的来自《医学疑问》的问题呢? 这很有可能,毕竟,所有王应遴引自《医学疑问》中的问题恰好都是他无法回答的,这种可能性并不高。

　　比对两书可以发现,还有一些问题具有较高的关联性。譬如,《医学疑问》中有一问:"求嗣方,男服女服汤药、丸药之神方妙法,切愿一一详教。"而在《答朝鲜医问》中则有:"凡人无子,调治妇人而不能取效,云何。"既然在万历四十五年(1617),朝鲜医官已询问男子服用的求嗣方,应当是清楚不孕不育并不能完全归咎于妇人,又怎会在此之后提出"凡人无子,调治妇人而不能取效,云何"这样的问题来? 那么这一问是否可能是王应遴引自《医学疑问》之前的两国医官往来笔谈呢? 可能性也不高,因为据《医学疑问》所附的"礼部移文"一篇所言:"自前使价来,例遣医官就质于太医院衙门,而中旷有年,疑义滋多。"可见明朝与朝鲜之间暂停医学交流日久。王应遴引用更早的医学问答的可能性不高。现将两书可能有关联的问答列于表 2,以供研究。

表2 《答朝鲜医问》和《医学疑问》中有关联的问答

《答朝鲜医问》	《医学疑问》
凡人无子,调治妇人而不能取效,云何?	求嗣方,男服女服汤药、丸药之神方妙法,切愿一一详教
《格致论》贾氏妇但孕三月左右必堕,何故?	《东垣十书·格致论》有"左右必堕","本来面目,头举、自满、空减"之说
目疾肿热,欲盲用苦寒之药不效,云何?	上热眼疾
咽喉肿痛,服尽寒凉之药不愈,云何?	上热咽喉痛
血气并虚,当调治何脏为先?	气虚,治疗汤药、丸药,切愿详教 血虚,治疗汤药、丸药,切愿详教
痔漏当何法治之?	痔疾,今人人所患寻常之病,然一得其证,快差着鲜少,必有行用奇方妙药,切愿详教
齿痛、上下牙肿,经络何属?	齿痛①,服药及取虫之法,切愿见教

表2中所列问题虽具有一定的关联性,但也存在明显的差异。针对这种差异,笔者分析可能存在以下三种可能性。

(1)表2中所列《答朝鲜医问》中的7条问题确实来自明万历四十五年(1617)傅懋光与崔顺立的问答,但王应遴所参考的并非《医学疑问》一书。首先,崔顺立代表朝鲜内医院与明朝太医院交流,其所问应当不是崔顺立个人随想随问,而应是搜集了朝鲜内医院众位御医的问题而成。因此朝鲜医官当在问难质论之前既备有《问目》一篇。其次,朝鲜医官与明朝御医针对某一问题的质论当不仅仅是"一问""一答"即告结束,而是多次问答讨论。朝鲜医官所问的问题也可能在讨论中与原问有所差异。记录这些问答的《笔谈记录》内容应当远远超过《医学疑问》一书所列。王应遴或是参阅了《问目》与《笔谈记录》②中的内容,因此其所问才会与《医学疑问》一书有所差异。在《答朝鲜医问》一书中,王应遴所辑录的问题从遣词上来看,更偏于口语化,问题中多用"云何""何故"等词。而相比较来说《医学疑问》中所列的问题更为书面化,相对于"云何"等词,傅懋光多用"切愿详教"一词来表述。这或许是《医学疑问》一书在后期编纂时所做的修正。

(2)表2中所列《答朝鲜医问》中的部分问题是来自万历四十五年(1617)之后的问答。如"目疾肿痛,欲盲用苦寒之药不效"与"咽喉肿痛,服尽寒凉之药不愈"两

---

① 此处原文为齿痕,然查无齿痕之病名,或为齿痛的误誊。

② 此处的《问目》与《笔谈记录》虽未见相关史料记载,但应有此二书存在。

问,或许正是朝鲜医官在万历四十五年的问答结束之后依然无法解决,因此再次问难于明朝太医院时所列的问题。

(3)王应遴修改了朝鲜医官的问题。王应遴其人并不擅长诊疗与用药的手法,但在医理的研究上却功力深厚。观《答朝鲜医问》一书,无论是问题还是回答均是从理论方面着手,这与朝鲜医官在《医学疑问》中所表现的更重视临床诊疗手段的提问方式大相径庭。王应遴修改问题可能是为了能够更全面地阐述自己的医学见解。例如表2中的"目疾肿痛,欲盲用苦寒之药不效""咽喉肿痛,服尽寒凉之药不愈",以及"血气并虚,当调治何脏为先"三问,可能是王应遴考虑到了傅懋光未分析到的病理原因,是对问题的深化。

四、《答朝鲜医问》的构成

《答朝鲜医问》一书是王应遴搜集整理部分中朝医学笔谈文献所得,那么该书究竟收集了多少笔谈文献的内容呢?笔者认为王应遴至少收集了三份文献。

首先,《答朝鲜医问》一书应当收集有万历四十五年(1617)明太医院教习傅懋光与朝鲜内医院教习医官崔顺立的医学笔谈内容,这在上文已详述。

其次,《答朝鲜医问》的问方之一崔顺立,"于光海君九年①例外连三次赴京"②,而在王应遴《答朝鲜医问》一书的卷首署有"朝鲜国贡使内医院正崔顺立,安邦正尹知微问,文渊阁管理诰敕大理寺左寺左评事王应遴答",在万历四十五年时,"就质于"太医院的崔顺立尚还是朝鲜内医院教习医官,而非是内医院正。因此笔者认为《答朝鲜医问》一书应当至少收录有另一次崔顺立与明朝御医之间的笔谈记录。

最后,《答朝鲜医问》一书问方的另一人尹知微是否是与崔顺立一同前来的呢?目前并未发现有任何证据证明两人是一同前来的。笔者曾见过一篇关于《答朝鲜医问》的礼部质问呈文,然遗憾的是未能亲见全文,现附呈文于下,或可做参考。

> "谨呈,为质问医方事。小邦,海外荒僻、闻见寡陋。医术药方,虽购
> 得于中朝,而书未广传,术无所稽。岐黄秘奥之旨,药石温良之理,尚未洞
> 解。自前使价之来,例遣医官,就质于太医院衙门。故顷年国王选委内医

---

① 即万历四十五年,公元 1617 年。
② 国史编撰委员会编:《朝鲜王朝实录光海君日记(鼎足山本)》,1971 年版,第 677 页。

院正崔顺立,安国臣等,呈请质问。伏蒙大部移文该院,许令出入证正,指迷指昏,开益颇多。小邦之人,钦戴同人之化,不胜感激。第所证质,未免疏漏,详略不齐,疑义兹多。兹又选差内医院正尹知微随职前来,欲将舛误件款,更为禀问。烦乞大部查照旧例,转行太医院衙门,并发门票,以便往来讲质。俾小邦得蒙博施之泽,不胜幸甚。"①

此篇呈文中明确地显示,尹知微是在崔顺立之后才来的,而尹知微的前来则与《答朝鲜医问》的成书有着密切的关系。

因此笔者认为,《答朝鲜医问》一书并非王应遴针对某次两国医官医事探讨的作品,而是对至少三次的中朝医学笔谈的总结与补充。

五、结 语

明朝万历末年至天启初年的中朝医学交流的确是当时两国医学界的盛事,两国朝廷也对此非常重视,派遣对答的医官均是一时之选,无论是傅懋光还是崔顺立、尹知微都在日后成为两国医学界执牛耳者。傅懋光不仅在日后成了明朝太医院的最高长官——院使,更是被破格升任为太常寺卿(正三品),创当时医官所未有。而朝鲜医官崔顺立、尹知微也先后就任朝鲜内医院最高长官——内医院正。他们之间的笔谈足称得上是中朝医学界的巅峰论谈。而《医学疑问》作为此次对话的直接记录,无论从医学角度还是史学角度来看都极具价值。

王应遴所作的《答朝鲜医问》与《医学疑问》一书则存在互为印证的价值。当然《答朝鲜医问》一书也记录有《医学疑问》中所不涉及的问题,那可能是来自当时另外一些医官笔谈记录。作为对未发现的当时医学笔谈资料的转录,《答朝鲜医问》具有珍贵的史料价值。而透过对比《答朝鲜医问》与《医学疑问》相同问题之间的不同作答,当时朝廷医官与民间学者之间对医学的不同侧重也跃然纸上,其学术价值也是无可估量的。

---

① http://www. kobay. co. kr/servlet/wsoff/item/offItemView? item. itemseq = 1111QZ9PSXY # defaultInfo。

《干净笔谈》中的异样关注

苏扬剑

（中国　北京大学）

洪大容是 18 世纪后期朝鲜北学派先驱、实学派代表人物。这一学派不仅是朝鲜儒学思想发展的顶峰，也代表了当时朝鲜社会的发展趋向，含有"近代指向"的启蒙意识，是最接近朝鲜近代社会的一种思想形态。洪大容一生中仅有一次的燕行经历成为其北学思想成熟的契机，也是中朝两国文人友谊的开端。他不仅与包括"古杭三才"在内的清代文人进行了思想文化交流，还为包括朴趾源、"汉诗四家"在内的北学后人踏上中国开辟了道路。本文研读洪大容此次燕行记录之《干净笔谈》，旨在探视"华夷之变"已久的乾隆中期，处于不同社会文化背景下的中朝两国人士的不同心态及对彼此的微妙反应。

一、洪大容其人及作品

洪大容（1731—1783，英祖七年至正祖七年），字德保，号湛轩，朝鲜李朝时期哲学家，出身世代为官的名门，"历世贵显，高士独慕元寂隐居田间，于书无所不通"。早年从学于朝鲜儒学大师金三渊的孙子金元行，熟读儒家经典。1774 年，年逾不惑的洪大容遵母训为官，因仕途不顺，弃官归里，钻研治学。他不满当时朱子学者空泛的义理之争，毕生致力于天文、律例、算数、钱谷、甲兵等具体学问，不仕科举。

《奎章阁图书韩国本综合目录》收录其著述有：

别集类《湛轩书内集》石印本 2 卷 1 册，洪大容著，洪荣善编，洪命熹校，京城新朝鲜社，1929 年；

随笔类《湛轩说丛》写本 6 册，第 1—2 册为《干净笔谈》，第 3—6 册为《燕行杂记》。

朝文游记《乙丙燕行录》，编辑《杭传尺牍》。后人编为《湛轩书》14 卷。

二、"干净"解题

(一)何为"干净"?

《干净笔谈》记载:二月一日,裨将李基成往琉璃厂买眼镜,路遇二文人,仪状极端丽,李问何处买眼镜,其中一文人将自戴眼镜赠予基成,不受钱拂衣而去,自云是浙江举人,住在城南干净胡同。初三日饭后,李基成、洪大容、金在行三人同车出正阳门,行二里许至干净胡同,天升店客栈即为二人所居处。

可知"干净"为正阳门外二里许的一条胡同名。笔谈中记录,一次会面后,洪大容自干净胡同步行回馆,两处相距不远。

明代张爵撰《京师五城坊巷胡同集》记载很多"井儿胡同",位于正阳门外西河沿至宣武门东响闸桥东有一条"干井儿胡同"。

清代学者钱大昕有诗云:"款门剥啄不辞忙,坐久谭深主客忘。甘井汲泉宜勿幕,官园种菜只如乡。"小注:"习庵寓甘井胡同,予寓官菜园上街。"习庵乃曹仁虎之号,曹氏为乾隆二十六年(1761)进士,与王鸣盛、王昶、钱大昕等并称"吴中七子",此诗写作时间约与洪大容来华同时,曹居住于甘井胡同,钱大昕居官菜园,相距不远,似有大隐于市之意。

清人朱一新于光绪年间所编《京师坊巷志稿》,该书最大的特点是每写一条胡同,对胡同中的水井都有记载,有一口井就记"井一",有两口井记"井二",无井则不记。书中记载"西河沿有甘井胡同",但并未标记此胡同有井。

清代光绪年间刊刻的李虹若撰《都市丛载》卷三记"在前门外甘井胡同"有赣宁会馆。

据以上记载约可推知,自明代至清乾隆、嘉庆时期此胡同可能有"甘井"并可"汲泉",至光绪年间,水位下降成为枯井。除了赣宁会馆和著名文士居所外,甘井胡同有许多客店,其中即有浙江举人严诚、潘庭筠所居的"天升店"。因距离正阳门近,多被外地来京举子选作寓所,可谓文人荟萃。洪大容与另两位翰林吴湘、彭冠约会面地点时言:"(衙门)或见拒,当择门外干净取出,从容鼎话,岂不便好?"洪大容将胡同名记为"干净"二字,或许因同音异形误记,或许是有意为之以"使自己会友的地点更富有纯洁、真挚的情趣"。

(二)不同版本

《干净笔谈》目前所知有两个版本:

写刻本：《湛轩燕记》6 卷，其中《干净笔谈》分上、下卷。收录于林基中编《燕行录全集》第 43 册，首尔（旧汉城）东国大学出版部 2001 年版。为奎章阁藏本。

活字本：洪大容五代孙洪荣善根据 15 册稿本编印《湛轩书》，其中有《干净衕笔谈》[①]2 卷，1939 年首次出版。收录于《韩国文集丛刊》第 248 辑，首尔（旧汉城）民族文化推进会 2000 年版。

两本内容有别，以篇首第一段为例：

写刻本作：

乙酉冬，余随季父赴燕。以十一月二十七日渡鸭水，十二月二十七日至北京，留馆凡六十余日而归。渡江以西庶几遇逸士奇人，访问甚勤。而燕云数千里，南濒海，北界鞑子，风俗椎鲁，少文高者，习方马下者竞刀锥。至直隶殆甚焉，其读六经为时文，以秀才称类多自南来者。若抱道自蕴不求人知者，盖有之，而无自以见焉。

活字本作：

乙酉冬，余随季父赴燕。自渡江后，所见未尝无创睹，而乃其所大愿，则欲得一佳秀才会心人，与之剧谈。沿路访问甚勤，居途傍者，皆事刀锥之力。且北京以东文风不振，或有邂逅，皆碌碌不足称。东华门路逢翰林二人，与之语。其后寻往其家，颇有酬酢，而文学甚拙。以中外之别，妄生疑畏。且其言论卑俗，不足与之来往，遂一再见而止。

两段除首句外，其他文字几乎迥异，且从文意上看，活字本似更符合燕行途中的随记，而写刻本似为燕行回国后重编。抽检后文，相异处颇多，活字本比写刻本多了会面细节及洪大容对谈话内容或对象应答的评述，如初次见面，午后食饼果，写刻本仅记录饼果自杭州带来，活字本有"果则橘饼龙眼干葡萄之属，饼亦香美胜于京造"。又如初四日会谈，洪大容调弦弹琴，活字本较写刻本多"兰公听之，又饮泣呜咽。余虑增其伤感，余亦怀思不平"。活字本卷末有"干净衕后语"。二者又有一些文字相异处。若将两文本进行对校，或可还原笔谈现场，探讨洪大容先后编辑

---

① 　为了便于读者理解，表示书名《干净衕笔谈》时，"衕"不做修改，其他情况皆改为"同"。

文本过程中体现的心态及潜在意图。

1766年五月初二,洪大容回到故乡,很快于六月十五日整理完成与古杭三才邂逅的情况以及笔谈记录,并且附上往来书信共编为3卷,取名《干净衕会友录》,因干净同位于北京城南,亦称《城南笔话》,朝鲜名士朴趾源题序。陆飞给洪大容的一封信中曾对书名提出看法:"干净衕不雅,拟易之曰《京华笔谈》,何如?"不过洪大容似乎没有采纳此意见。1772年夏,另一朝鲜通信使元重举识:"此《干净笔谈》两册者,湛轩洪公德保氏记之燕京者也。"此时已更名为《干净笔谈》。后来洪大容在与潘庭筠、陆飞等的书信来往中,得到书札诗文,编辑《湛轩书》时对笔谈文字做了补充和修改,似更名为《干净衕笔谈》。

上海古籍出版社2010年出版的邝健行点校本《干净衕笔谈》即以活字本为底本,邝氏前言称:"只有洪大容五代孙荣善所编印刷本作底本,没有别本可对校",所出校记皆据文意推测。前言作于2008年。而林基中所编《燕行录全集》2001年已出版。而点校本未采用,对专书进行点校,似未尽力搜集版本,导致遗漏。

北京大学图书馆藏严诚著,朱文藻编《日下题襟合集》3册,罗以智据汪氏振绮堂抄本影摹过录。记录使团正使李烜、副使金善行、书状官洪檍、洪大容、金在行及古杭三士的往来书札和唱和诗文,一些交往细节与洪大容笔谈的记录略有差异,可作校勘之资,并有五位朝鲜人士和裨将李基成的小像,生动逼真。

三、笔谈内容述评

(一)缘起

1765年11月,三节年贡兼谢恩使团,正使为顺义君李烜,副使金善行,为金在行兄;书状官洪檍,为洪大容叔父。洪、金二秀才乔装身份,以"子弟军官"名义随使团来到中国。因此严诚初识对他们的印象是"金在行本秀才而作戎装者",金在行改服"每自谑曰武夫",洪大容"亦戎装诡托武臣","翌日见之乃易儒服,恂恂如也"。

1765年12月27日至北京,直至1766年2月底回国,使团在北京留馆六十余日。居住于玉河馆,使团人员的出行受限,尤其是正副使等高级官员,除了例行朝拜等官方仪式外,几乎没有自由活动的时间,而如洪大容、金在行等不承担公职的随行人员则较为轻闲和自由。尤其是洪大容跋山涉水来中国的目的就是寻访"逸士奇人",其间与翰林吴湘、彭冠,西洋传教士兼科学家刘松龄、鲍友管,宗亲愉郡王之少子、康熙皇帝曾孙两浑,举人王渭,沙河旅店店主郭生,满洲少年徐公子,山东籍宋举人,太学助教张元观,钦天监博士张经,琴铺刘生等众多人士有笔谈或简单对话交流的经历。多为洪大容主动拜访,而身为朝鲜小国使团中的一介武官,也常吃闭门门羹,譬如刘、鲍二位传教士初以公务为由拒绝相见,洪大容深知"盖亦厌见而故迟其期也","东人之失欢于两人已有年矣,苟不先之以诚礼,不可以动其心",遂再奉上丰盛的见面礼和诚挚的书信,最终得以约见。可见洪大容等朝鲜高士为多了解中华、结交朋友颇费心机。可是这些交情亦浅,相谈虽欢却不长久,如洪大容评价吴湘、彭冠:"两人文学不甚优,拘于中外,疑畏太甚,言论趣味俱无足观也。"因此久未逢得"天涯知己",令洪大容对此次中国行甚感遗憾。直到归国前一个月,由李基成在琉璃厂的一次偶然邂逅,成就了中朝两国文士维系数代的"死交"之谊。

洪大容《干净笔谈》载赠眼镜者"自云是浙江举人,住在城南干净胡同",然严诚《日下题襟合集》载正月二十六日,在琉璃厂眼镜事件后,"二月初一日畚,遣使到寓,云已觅余数日不得,心甚泱泱,今始得之,幸毋他往,午后当来"。李基成感动于严诚的慷慨,积极寻找,初一午后来拜访后便回馆告知使团其他人员,初三日与洪大容、金在行同行前往干净胡同。

严诚(1732—1767),字力闇,号铁桥,浙江仁和人。"居杭州城内东城太平门里菜市桥,严光之后。"乾隆乙酉举孝廉,工诗善隶,"髫年就学,手不释卷,六书谐声洞悉源流,篆楷则宗汉晋,藻绘则法倪黄,咏歌所出一本性情"。"诗学韦柳,古隶仿蔡邕韩择木",有写本《铁桥全集》未刊刻,存世3套。洪大容形容曰:"瘦削多骨格,英特峻洁,傲视一世。"

潘庭筠(1742—?),字兰公,号秋,浙江钱塘人。"居杭城大街三元坊北首水巷口,潘岳之后。乾隆年间以举人授内阁中书,乾隆戊辰(四十三年)进士,入翰林。四十五年为庚子科庶吉士。晚年喜佛道,笔谈中亦多有表现。擅长水墨花卉,有《稼书堂集》。与其他朝鲜使臣如李德懋、朴齐家亦有密切交往。洪大容称其潇洒美姿容,性颖发,好谐谑。直翩翩佳子弟尔,气味昭朗,对人开心见诚,不修边幅,为可爱也。"

(二)笔谈体现的人物性情

《干净笔谈》主要记载发生于洪大容、金在行和中国举人严诚、潘庭筠及解元陆飞之间的交流,整2个月,他们在干净胡同约见7次,在玉河馆相见1次。主要人物洪、金、严、潘、陆5人,其中陆飞自二十三日的会面始出场。另还有"所谓三大人"者,即正使顺义君李烜、副使金善行、书状官洪檍。

洪大容约略能听懂一些汉语,但是交流多或严潘偶尔用方言对话时,洪则不甚解,因此主要通过文字书写的方式进行谈话。未见面的日子,或因使团人员外出受阻,或因阴雨,则通过仆人传递书信,无日不交流。其时,严诚年三十三,潘庭筠年二十三,洪大容年三十六,金在行年四十九。

笔谈作为还原谈话现场的最直接资料,可以体现人物个性及心绪的微妙变化。本文试举数例对此进行分析。

二月初四,潘、严一早到客馆回访。在洪大容居室谈话,讨论两国衣着礼制,洪大容弹玄琴平调一曲,颇有高山流水遇知音之韵。《燕行录》所载多为朝鲜人对中国人、事的看法,而中国人对朝鲜人的印象则不易得见,严诚《日下题襟集》中对此次与朝鲜使臣的会面有详细记载:"顺义君,国君之弟。""本别居一院,以见余二人,故来就副使之室,意极谦和可亲。三公者坐榻上,余二人亦坐榻上,中陈一几以便作画,而二秀才者虽弟侄之亲,竟侍立终日焉,即令公等入语,亦无有敢坐者,彼国之礼如是也。"倡和作诗,严诚欲携纸片归,而"顺义君已令人匿去矣,亦一奇人也。"宰相金善行"仪观甚伟,亦工书。衣冠状貌乃类世所画李太白像,胸襟磊落,议论高旷","闻西湖之胜,叹羡不置,自恨不得生其地"。临别黯然,赠严、潘厚礼,礼单如下:"雪花纸二卷,倭菱花纸二卷,简纸二十幅,各色扇三柄,笔二枝,墨二笏,牛黄清心丸二丸,九味清心丸二丸,螺钿烟袋二个。"严诚对洪大容叔父书状官洪檍的第一印象是"简默淡泊,大异乎金公之为人者"。次日洪檍遣仆送信"淋漓数百言,极致郑重之意,具道所以倾倒于余二人者甚",赠各色纸卷外又鰒鱼二挂、柬帖封套各二十副、彩笺四十副、折叠扇三柄、清心丸、安神丸及朝鲜国亦宝贵之极无从求购的紫金锭,仆从亦各赠扇一柄。严诚记曰:洪大容归时将笔谈纸片"藏弄而去,问之,则云比与三大人看也。故凡我辈所谈,所谓三大人者无不知之"。不仅是洪大容、金在行积极寻访知己,"三大人"虽碍于身份,不便外出,亦期待与中国士人交流,了解中华盛世。

"人臣无私交",清律规定中国官员不可私与外国使团人员交往。朝鲜使团仆从冒风险穿梭于使馆与旅店之间,将信件、礼物藏于怀中,如二月初九,洪大容差人送信,严、潘事务繁忙未及接见,仆人只能在天升店外等候严、潘外出的间隙方能"偶遇"传递消息。

洪大容秉承实学,对清朝统治弊病直言不讳。二月十二日,金在行等使行奉命前往西山,而洪大容则驱车奔赴干净胡同与严、潘会面。洪大容言"行将别矣,请彼此极言无讳",这次笔谈多抨击时弊。洪大容批判中国帝王奢侈而民生艰难,朝鲜保留了明代服制和古礼,妇女守节制度在清代已渐松弛,且明代时,妇女守节有的为使家族得旌表以光宗耀祖,而此时的朝鲜妇女仍然为了克尽妇道而严守贞节。二月二十六日的笔谈论及浙江人物、国朝衣制,清太宗皇太极以为满人日常骑射,若习汉人宽衣大袖多有不便，诸事怠惰，忘骑射、少淳朴、失礼度。此圣谕早已深入满汉人心，以致乾隆中期，汉族官员已不识朝鲜使臣所着前明衣冠，百姓甚至视之为戏服。洪大容将所见现实的清朝与前明比较，抒发思明之心，面对清朝统治者，朝鲜以小中华自居的优越感毕露。

二月十七日，潘庭筠问朝鲜官妓中能作诗者，洪大容答："无记得，设或有之，此不过淫染戏慢之语，何足以污君子之目。且兄于妓诗若是眷眷何也？"得此回答，潘庭筠颇觉尴尬，自嘲道："好色耳。"明清两代，中国，尤其是江南一带出现很多女诗人，其中不乏名妓，著名者如明清之际的河东君柳如是、扬州女侠草衣道人王微，诗作婉约、豪放并存，闻名海内。然而洪大容认为妓女之诗是"污君子之目"，不屑一顾。这与中国文人对名妓的态度截然不同。洪大容多次慨叹中国衣冠改制，而东方略存旧制。又别以小纸问近日宫中发生的一件举朝波荡的大事：

潘庭筠失色曰："何以知之？"

洪："岂无所闻？"

潘："我朝家法无废立事，且皇太后有圣德，故赖以无事。满人阿永阿极谏几死，汉人无一人敢言者。"随书随裂，举措慌忙。

洪："妄恃眷爱，轻发此言。兄之惊动如是，请勿敢言。"

潘："国朝法令甚严，此言一出必死。弟怕死，故自不觉如此。"

洪："不然。同是中国之人，则此等酬酢亦何妨乎？但弟于兄辈虽曰密交，其中外之别自在也。兄之惊动亦无足怪也。"

此时力闇与兰公欲若相竞而不可解听。

潘："不然不然。非为中外之别也，弟平生怕死之人，是以不愿为官而归老田间也。"

严诚奋然曰："天知地知子知我知，老兄何畏？抑故意装出此等情状耶？我实看不得。湛轩先生笃实君子，汝以渠为何等人耶？"又向兰公大言之。

兰公变色着急曰："闇兄殊竞气。"

洪："此闇兄过矣。危行言逊岂非圣训乎？虽然兰公'非中外'云云，欲以亲我而反以疏我也。且兄果怕死，在今为举人，则犹可也。在他日为谏官，则吾不知其何所止泊也。诚如是也，不如早早归田之为无过也。余尝以为出身事君者，不能办得一死，则其势必无所不至矣。"

严奋笔大书曰："砍头便砍头，此严将军语也。凡事总有个恰好处，此公只是不恰好耳。"

　　潘："中庸不可能也,恐老兄之中庸乃胡公也。"

　　严又奋然曰："'既明且哲,以保其身。'二句误尽天下好人。此虽宋大儒,我亦不能尽然之也。如程朱之不论新法。"

　　洪："此虽有为而发,不免苛论。"

　　潘："此等皆悖谬之论。"

　　洪笑曰："不用相激,由弟妄发致此。"纷纷彼此皆笑而为他语。

　　此番几近争执的笔谈指乾隆三十年,清高宗废皇后乌喇那拉氏并将其打入冷宫,为当时震动朝野的大事件。废后于次年七月十四日薨,终年四十九岁。葬于裕陵妃园寝纯惠皇贵妃墓穴内,无享祭,主要原因可能是因故失宠。乾隆帝中年以后日渐淫靡,该年第四次南巡,印证了洪大容对其奢侈腐败生活的言论。却不知此问引起严、潘之间不小的波澜。虽为同年举人,但潘庭筠年纪最少,谨慎小心,自云"怕死之人",令洪大容觉得潘庭筠对其以中外之别而有亲疏之论,严诚立刻与潘庭筠"吵"起来,洪大容亦按捺不住直率秉性,讽刺潘庭筠为官怕死,不如早日归田。洪与严所见略同,英雄相惜,无怪乎成为天涯知己。颇值得玩味的是,洪大容虽出身名门,此时为白身之人,直到四十三岁方遵母训为官,又因仕途不顺弃官归里。严诚因短寿未曾做官。潘庭筠三年后以进士入翰林,担任陕西道监察御史。此番问答将三人各自的品性、为人表露无余,无论潘庭筠的胆小谨慎、严诚的豪迈真诚或是洪大容的坦率直言,皆为真性情的表现,又可见在当时的集权统治下,文士谨言慎行、各自为安的生存状态。笔谈的现场性和真实感使数百年后的读者身临其境。

　　每次谈话后,严、潘等人必详细审视记录的纸片,如该日谈话结束时的场景可见一斑。

　　洪大容曰："今日问答之纸亦并为持去如何?""归后以此录出问答之语,以为生前睹思之资,且以示之侪流,传之后孙耳。"潘庭筠曰："足征古谊。然必择其语稍可伦次者记之,不然见讥后人矣。"两人遍考问答,其稍涉忌讳者,或裂而取之,或全取之,势不可挽止之。此则前后皆如是焉。遂相别而归。

　　此段细节载于活字本,而写刻本无。时值乾隆朝中期,文字狱频发,文人自危,若谈及宫闱秘事之类的话题，更是小心再三。不使见讯后人恐为借口，严诚性豪爽，不在意此类小节。潘庭筠又生性谨慎，大多纸片为其所藏，洪大容保留的不过十之二三，多凭记忆录存。唯有二十六日，潘因外出会客未归，洪收得大部分谈草。

自明朝始，贡使入燕即有门禁，不得擅出游观，需呈文请示。清初门禁益严，至康熙末年，天下安定，以"朝鲜不足忧，禁防稍解，然游观犹托汲水行，无敢公然出入也。数十年以来升平已久，法令渐疏，出入者几无间也。但贡使之子弟从者，每耽于游观，多不择禁地。衙门诸官虑其生事，持其法而操纵之，则为子弟者倚父兄之势，呵斥诸译以开出入之路，诸译内逼子弟之怒，外惧衙门之威，不得已以公用银货行赂于衙门，以此贡使之率子弟行者，诸译心忌畏之如敌雠。凡系游观，务为秘讳如山僧厌客而匿其名胜也，往往信其诳诱，仰其指示，终不免其管束也"。洪大容此行专为游观，因此准备银子二百余两，为雇车及游观杂费，以四十余两买纸扇诸种于东商以为行贿之资。如二月十九日，门禁至严，不能见面，三人便互送信札。关于门禁，此间有插曲，二月十二日的西山之行由通官徐宗孟商定。洪大容因嫌使团人多，不便游观，便于前一日自行往西山，因徐宗孟归家未还，便向大使申请获得允许。徐宗孟事后闻知勃然大怒："公子不待吾言，是嫚我也。"大使略有分说，徐诟骂大使，大使惭不敢复言。十二日一早，使团准备出发至西山，洪大容欲往干净胡同，出门前遇徐宗孟，徐变色，训斥洪曰："提督言于余曰，吾闻公子诚好人，但逐日出游，不顾法禁，岂儒者谨慎之义乎？提督之言既如是，幸公子从此无出。"因此洪大容连续数日不得外出。直至十七日，欲赴干净胡同，大使睡未起，诸通官皆未来，申请无门，会友心切，于是洪大容潜出。"至玉河桥，大使觉之，使甲军追还"，大使碍于徐宗孟之意将洪大容"捉回"。诸通官皆会意，言提督帮子守衙门，洪仆遂买酒、赠清心丸以贿帮子。洪大容再出来时，衙门皆闭门隐匿装不知。于是成功赴十七日的干净胡同之约。使团大使顺义君李烜为朝鲜国君之弟，贵为亲王，在中国却因下人犯事而遭六品通官的侮辱。通官者，皆朝鲜国"被掳人子孙也"。可谓同根相煎。使团在中国的遭遇和地位亦略见一斑。

二月二十三日，洪大容、金在行往干净胡同，与陆飞订交，相见恨晚，陆时年四十八。陆飞（1719—？），字起潜，号筱饮，浙江仁和人。"居杭州湖西大关内珠儿潭，陆贽之后。"乾隆乙酉举省试第一，为解元。山水杂卉超逸不群，工行楷，能诗，有《筱饮斋稿》刊本。《随园诗话》载其"性高旷，善画工诗，慕张志和之为人，自造一舟，妻孥茶灶悉载其中，邀游西湖，以水为家"，随性至此。洪大容言其："为人短小，状貌丰伟，喜言笑，杂以谐谑。天生不拘小节。豪而有制，不至于纵；旷而有节，不至于荡。"陆飞首次参与笔谈即掀起饮酒论诗之高潮,曰:"作离骚者本自独醒。"洪大容素来滴酒不沾,遂以茶代酒。金在行本嗜酒,苦于邦禁忌酒而"生不如死",值此良辰知己,便开怀畅饮,直接后果是归馆后酒性发作,被其兄副使金善行训斥,下一次会面亦不敢再饮。外国使臣非常重视使团人员在中国的言行,一旦触戒则严惩不贷。

每当谈话间列位诗兴大发,洪大容皆以不擅作诗为推辞,严诚却以为:"此公独不作诗,而深于诗。非不能也,其家法殆如此耳,其叔父丞相亦然。"谈话期月,仅十四日洪大容赠潘庭筠书帖后附诗一首:"乐莫乐兮新相知,悲莫悲兮生别离。岸有柳兮山有花,千秋万岁兮长相思。归来兮逍遥,西江波浪何时平。荷衣兮蕙带,愿携手兮同行。"这是一首集句诗,首二句及末二句出自楚辞《九歌·少司命》,原作"悲莫悲兮生别离,乐莫乐兮新相知。荷衣兮蕙带,儵而来兮忽而逝。"第五、六句出自黄庭坚为悼念亡妹所撰《毁璧》,原作:"归来兮逍遥,西江浪波何时平。"第三、四句所用岸柳、山花、千秋万岁、长相思皆为中国传统的抒情意象,表达知音难觅、夫复何求的情感。可见,洪大容之辈的朝鲜文人已将中华文化融会贯通。

洪大容的中国之行,认识了各阶层诸多中国人,与严诚、潘庭筠交往最多,对于严、潘二人自有评价,"兰公(潘庭筠)终多客气,未必如力闇(严诚)之出于中心。故但于严诚称兄"。严诚也说过:"我们南方最多结盟为弟兄者,然不特面输背笑而已。有数年之间而道遇不相识者矣。此可笑也。若吾辈今日之称弟兄,可以终身不再见面,而海枯石烂永远不渝。不意同胞之外获此良友,中心之乐,笔亦难尽。乐极乐极。"二月二十九日为朝鲜使团启程回国前一日,洪大容写信抒勿相忘之永别离情。"海枯石烂勿忘今日。"潘庭筠回信:"交诚深也,别诚苦也,肝肠今日不断明日断也。"严诚复函:"别绪千万,惟知己默鉴而已。"送信的仆人形容陆飞"强音笑若常",严、潘二人则"坐椅上相对伤感",仆人见之亦不觉泪下。干净同三公仆人出示一帖,帖中画洪大容等人像皆酷肖,乍见可知其为谁某。为严、潘所作,"为归后睹思之资"。

此一生离竟成死别。严诚在洪大容回国后第二年便英年早逝,其与洪大容的交情最深。弥留之际,招友人朱文藻坐床第,"被中出洪书,令读之,视眼角泪涔涔下,又取墨嗅之,爱其古香,笑而藏之,时已舌僵口斜手颤气逆不能支矣"。而洪大容于一年后由潘庭筠得知严诚客亡闽中后,悲痛不已,作哀辞寄到杭州时恰逢严诚两周年祭日,"会祭者环西湖数郡,莫不惊叹,谓冥感所致"。

夫马进先生在《1765 年洪大容的燕行与 1764 年朝鲜通信使——以两者在中国和日本对"情"的体验为中心》一文中谈及"朝鲜和中国之间在'情''情爱''人情'的理解、回应上有明显的不同","18 世纪后期的中国与日本一样,知识阶层生活在十分相似的'情的世界',但朝鲜则并非如此。"经以上分析可知,令生活在朱子学世界中的洪大容感到诧异的那些中国士人激烈的情感,不仅是因为思想观念的变化,也与个性相关,严诚豪爽真诚,潘庭筠谨小慎微,甚至妩媚优柔,都可能使他们易触景伤情,以致感染洪大容。

四、结语:异样关注

洪大容、金在行与严诚、潘庭筠、陆飞笔谈凡八次,还有多次书信往来。异国后的有生之年亦努力保持通信。笔谈内容细杂,随想随书,话题广泛而随意,学术讨论包括如性命修养、道术思想、个人进退、学问考据、诗文创作等方面;社会问题诸如妇人作诗、衣冠服饰、习俗礼法、天文地理、西洋宗教,甚至对前明贰臣、清朝统治等违禁话题亦多次涉及,皆为朝鲜人士主动提起,中国士人则稍显顾虑,顾左右而言他。生活在太平盛世的中国文士,面对外国使臣的此类"故意"设问,恐怕也只能"愀然无语",回护当朝,使臣则以为"言外之意自不可掩"。

笔谈本非文学创作,尤其记录者洪大容是一名仰慕中华,初来中国的外国文人,眼光独到、文笔流畅,其不仅记录笔谈内容,凡环境陈设、人物性格、神情动作,事无巨细皆以为记。以详尽、纪实的笔法所作的文本,更生动地保留了当时社会、生活现状。如今而言,是难得的第一手材料。

附图:严诚《日下题襟合集》中的朝鲜使臣画像

图 1　金在行

图 2　洪大容

朴世堂《西溪燕录》初探

朱俞默

（中国　北京大学）

朴世堂（1629—1703），字季肯，号西溪樵叟，朝鲜仁祖七年（明崇祯二年）生，朝鲜肃宗二十九年（清康熙四十二年）卒。世堂少孤独贫，十余岁始受业，三十二岁擢增广甲科第一名，在朝为官，四十岁以书状官赴华，次年还朝，晚年除官不就。是汉学派代表之一，1703年因著《思辨录》，批判当时占据统治地位的朱子学而获罪，革职流放途中死于玉果。

中外学界对《燕行录》这一庞杂的资料类别已经展开一定的研究，比较早的是20世纪90年代王政尧的《〈燕行录〉初探》，将《燕行录》作为清史研究和中朝关系研究的文献，主要侧重于其所见的版本和目录，并讨论了相关的政治、人物等问题。[①] 稍后有孙卫国、夫马进等人，他们的研究给了笔者非常大的启示。一般而言，《燕行录》研究分散于政治史、经济史、思想史、文化史几个方面，一般最早从政治史的角度，探讨朝贡关系下的中朝关系，其次以社会经济、文化，尤其是中朝两国文人交流的相关探讨，更有相当的人物或者集团需要深入。[②] 目前能看到的只有关注某部《燕行录》作品的研究，如刘广铭《〈老稼斋言行日记〉中的满族人形象——兼与其中的汉族人形象比较》等。由于学力所限，本文拟结合相关的军事背景和外交情况，对朴世堂《西溪燕录》中的外交情报做一点并不成熟的分析。

本文使用的《西溪燕录》笔谈引自韩国林基中先生所编《燕行录全集》卷二十三，该本在正文中或插入小注。受时间和学力所限，目前笔者还未找到其他的版本。此本出现两页重复，并且有补字。朴世堂文集《西溪集》二十二卷，总八百七十板，半叶十行二十字，底本藏于延吉大学中央图书馆。北京大学古籍库中有《韩国

---

① 王政尧：《〈燕行录〉初探》，《清史研究》1997年第3期，第1—8页。

② 裴英姬：《〈燕行录〉的研究史回顾（1933—2008）》，《台大历史学报》2009年第43期。

文集中的清代史料》影印了《西溪集》全文,可以作为参照资料使用。

由于中外学界对《燕行录》性质看法并不一致,故而我们在此采用一般通行的说法,即《燕行录》是中朝两国长期以来交流频繁,明清时代朝鲜人依据其在北京(燕京)、沈阳、热河等地的闻见,撰写成的各式各样的记录。[①] 具体说来,《燕行录》的内容分为两种,即朝鲜使节出使中国时,由"书状官"写给朝鲜官方,作为公文书使用的"誊录",以及其他参与燕行私人专著的"使行记录"。前者有固定的公文格式,写得比较简单,而"使行记录"则以"刊本""写本"等形式,存在于转述或者文人私人文集中,而本文所讨论的《西溪燕录》即是前者。

一、朴世堂使行中国背景

1667 年十一月,朴世堂被派往中国,同行有正使吏曹判书李庆亿,副工曹参议郑纶,而朴世堂的身份是书状官,他将见闻记录在《西溪燕录》呈给当时的朝鲜国王显宗。他们在二十一日出义州城,在那里清点人口、马匹及公私载物,昼夜兼行,前往北京。于十二月乙酉日过八里堡,到达朝阳门外。在北京至 1668 年元月启程返朝,最终于二月丁巳到达义州。此行的任务,表面上看,只是负责将岁币、方物等带到北京,但事实上,跟此前此后的燕行使者一样,他们都无一例外地担负着窥探当时清朝军事、政治等情报的任务,本文就试图在这个问题上做一些初步的分析。

他们出发前,济州牧使洪宇亮启"唐船一只,漂泊州境",船上汉人来自泉州,自言"永历帝治下",且"皆不剃发"。就如何处置这批漂民,朝鲜方面展开了热烈的讨论。不久前朝鲜和清朝官方因为边地贸易硫黄、生硝一事摩擦不断[②],双方处于较为紧张的状态,清朝"虽微细之事,辄有啧言",使得朝鲜处理漂民有了相当的难度。事实上,根源在于朝鲜认为这批未剃头的漂民仍是"大明"子民。面对中原倾覆,朝鲜君臣在心理上是鄙夷的,但大清国力远高于朝鲜,所以实际选择时,朝鲜往往会衡量轻重。虽然大臣普遍认为将漂民送还清朝统治下的中国是"投豺虎窟必死之地"。但八月,成至善等八人上疏:"万一永历君王遣使宣召,真有交通之举,则国家又将何以处之?"说明朝鲜难以在清朝眈眈注视之下保护永历帝子民,最好的做法是:"拘囚行人,媚事仇敌。"颇有委曲求全的意味,充分体现了其策略。在这个问题

---

①　裴英姬:《〈燕行录〉的研究史回顾(1933—2008)》,《台大历史学报》2009 年第 43 期。

②　吴晗:《朝鲜李朝实录中的中国史料》之《显宗改修实录》,中华书局 1980 年版。

上,世堂曰:

> 彼亦人,以理言之,则岂不动得其心。若曰"昔我臣事大明,见其人,
> 不忍执送"云尔,则彼虽查阅,岂至于举兵耶?

当即被讥为"迂阔",其对明朝的眷恋心态可见一斑。

朴氏文集《西溪集》中也有他对当时中国时局的看法。《康世爵传》有记载"吾
知明之亡,朱氏不能复兴也……五七十年或百年,虏势少衰,中国之人,且得休逸,
奋于积耻之馀,起而逐之,如元氏之亡,此其已然之迹"。实际上是借传主之口表达
对清政权不能长存的期待。《送崔弅判锡鼎赴燕序》乃其返朝之后所作,其中面对
衣冠之变的心情,可以作为当时朝鲜一般读书人心态的代表,故录于此:

> 士不行而生偏陋,未观夫中国之大而履先王之旧迹,但读书传,驰情
> 万里,寄怀千载。有时抚卷,兴叹抑□,中宵而不自得,宁不哀哉。其幸而
> 得备行人,游乎中国,观前之欲观而未观,践向日之思践而未践,斯可以偿
> 素负,惬素期,无复有余恨遗慨也。而乃又不幸。世有污隆,涉其域,履其
> 土,观其俗,衣冠而变异久矣,文物而扫除尽矣。旧国故都,怅然而已。兹
> 又不足悲叹。①

生于小国,渴慕邻近大邦的文明富庶,但一旦踏上中原之地,原来衣冠尽变,已
是清朝天下,以朴氏为代表的朝鲜士大夫难免发出悲叹。换代之感固属自然,而朝
鲜君臣面临的更为实际的问题是如何应对局势,于是问题便转化到实际的层面上
来。从史料中我们很清楚地看到当时的朝鲜一方面和清朝官方打交道——但很显
然对来自官方的信息并不能完全信任——一方面利用各种渠道打听中国的情报。
他们认为,中朝双方的势力,包括在情报的掌握方面,是极不对等的。入清之前,正
使李庆亿向显宗进曰:"明将拜表,臣更未登对,有传教之事乎?"显宗曰:"彼中事
情,或有可闻之机耶? 我国之事,彼人无细不闻。而彼之事情,无一事闻知,可慨
也!"对这一情况,大臣许积在显宗七年曾有解释,"则我国使臣或与汉人相接,而畏

---

① 朴世堂:《西溪集》,参见杜宏刚、邱瑞中等:《韩国文集中的清代史料》,广西师范大学出版社 2008 年
版。

邦禁不敢轻说也"①。当时交通并不发达,故商团和使臣就自然地担负起获取"彼中事情"的职责,后者尤其主动和积极。

带着这样的任务,朴世堂一行去往燕京。其所依凭无非眼观耳听,由于两国文字不通,虽有译官随行,但大多数时候译官也只是在官方场合出现,并不会随着朴世堂私人事事翻译,所以这里还需要加入"笔谈"。事实上写下文字"交谈"是两国使者往来,尤其在清初这样一个敏感时期,朝鲜人员所采用的一种比较普遍的方式,我们可以在《燕行录》全集和《朝鲜李朝实录中的中国史料》中找到不少这样的材料。

二、朴氏闻见分析

随着行迹逐渐深入中国,朴世堂关注的首先是山川河流、城镇物产等地理情况。中朝两国相邻,双方形势一旦有变,上述因素就变得极为重要。明清《燕行录》中向来有这样的记载,但细微处并不全都正确清楚,甚至还有并未到过中国境内,而转录别人的记录的,久而久之,难免讹误。而朴世堂态度比较求实,例如十一月己未过凤凰山石城,随行者称此即唐太宗当年久攻不下的安市,且"此前奉使诸人所记并同",但是朴氏详考地志,认为此前诸人皆非,"相传谓然者,谬也"。又比较所见山岭,以高岭为最,青石岭次之。此种记录甚多,不一一胪列。

同一般传统文人一样,朴氏一路历故地,观旧迹,十分容易引起思古之幽情,尤其崇祯天启年间事,尚不隔远,更使人感叹深思。但是由于《西溪燕录》一书是一本上呈给统治者的官方文件,笔调应该是较客观而简洁的,所以这部分情感的抒发很自然地就形成了《使燕录》这部诗作,写的正是从戊申冬至己酉春,以节书状官赴燕时作的写景怀古之感。在林基中所编《燕行录全集》中,朴氏《使燕录》放在《西溪燕录》之后,而在朴氏本人流传下来的文集《西溪集》中,并不见《燕行录》只字,却收录了数首《使燕录》中的诗歌。这当然与这些文字的客观、官方性质有关,兹不赘述。

不过,即使是呈给上司的官方文件,《西溪燕录》中的这部分内容仍会带有情感倾向,也可说明当时朝鲜内部关于易代史实的一些看法。过松山时,朴氏记载祖大寿守此城,清人攻三年而不下,最终城陷,"清人怒,尽坑其民",下笔难免欷歔;壬申日至宁远城,城内有祖大寿乐牌楼,"甚宏侈",所见"皆其庄头",对明将的复杂看

①　吴晗:《朝鲜李朝实录中的中国史料》之《显宗改修实录》,中华书局1980年版。

法,尽在其中。同样提及的还有吴三桂、洪承畴等人,以上种种或可反映被"讥为迂阔"的朴世堂和他所代表的一批朝鲜士人面临明亡清兴的一些思考。

明末旧迹固然吸引朴氏的眼光,但清朝统治之下的中国现状和可能的变动,才是他们更为关心的要事。其中有趣的是朝鲜方面对清朝国祚延续的看法。康熙元年十一月,陈奏使郑太和使清还朝,称清人或"耽于富贵",或"脆软无力","此乃衰弱之渐",并且认为清政府移工匠妇女财物军器于沈阳、宁古塔,是为"北走之计"。此时清军入北京尚不久,不管朝鲜对清政府当时的实际实力认识如何,此前此后,这种论调都持续了相当长的时间。直到康熙四年,冬至使郑致和也认为清朝有亡国之象,且归因于游宴,贿赂及当时中国出现彗星等各种天变,等等。此背景之下,朴世堂之燕行的心理预期就是清朝的"天下不清平",在当时朝鲜君臣的语境中,这是和民间疾苦、天象灾异①等直接相关的。

在《西溪燕录》中,这样的例子不胜枚举。由于出发前一拨的谢恩使购得山东抚院、江南三省地震变异文书,故不久后使行的朴世堂在辛酉日向以塾师"书纸背以问"济南是否地震且人命多捐,对方曰然。查看道光刻《济南府志》,圣祖仁皇帝康熙七年六月十七日确实有这么一条记载:"地震有声,历城马山摧,章丘山水暴发,伤稼,溺死附近居民七十余人,免田租。"看来前行的谢恩使所获消息准确。但遗憾的是,在整个《西溪燕录》朴氏求证的情报中,准确的并不多见。地震灾害一般被看作上天对君王失德的惩罚。朴世堂曾开门见山地问一汉人:"初到此地,不知天下清平否?"并且常常希望了解一般人对康熙亲政的评价,《西溪燕录》中有这样的记载:

> 问:皇帝亲政后,民心如何?
> 曰:甚好。
> 又问。
> 则答:皇帝好处甚多。

"又问"之反复,联想许积提到的汉人"畏邦禁不敢轻说也",无疑暗示朴氏早已预设的否定答案。但对方明言"皇帝好处甚多",无疑会令朴氏失望。

---

① 陈尚胜:《朝鲜王朝(1392—1910)对华观的演变——〈朝天录〉和〈燕行录〉初探》,山东大学出版社1999年版。

　　清人之官场清明与否,也是他们比较关心的。如庚辰夕宿丰润县(今丰润区),主人姓王,称秀才,夜与语,"问以内外官职除拜公私",对方答:有厚惠则得,无则否。问厚惠如曰钱而已。似乎清朝当时的官僚机构已经十分不堪。更重要的是满汉、官民矛盾,如己卯日夜与姜秀才语:

> 问:闻大臣执政者,多夺汉民田,以与满人,然否?
>
> 答:去年正月十六日,永平尽署满洲,十存一二。
>
> 问:十去八九以与满洲,而汉民只得一二乎?
>
> 曰:然。
>
> 问:何人主行此令?
>
> 答曰:但闻两黄旗换地,以至如此。
>
> 问:两黄旗为谁?
>
> 则不肯明说。
>
> 问:皇帝亲政后,民心如何?
>
> 曰:甚好。
>
> 又问。
>
> 则答:皇帝好处甚多。

　　按,此处涉及当时波及甚大的"圈地"之事。顺治年间时任正白旗旗主的多尔衮以权将镶黄旗的土地划入己方。康熙四年镶黄旗鳌拜则企图重新划分田地,一时民心惶惶。涉及的地方主要在京畿一带,即朴世堂等人所经之地,如《西溪燕录》中反复提及的马栏、松棚等。而姜秀才谓"两黄旗",显系错误。文中又有记录:

> 曰:关西之地,尽被旗下圈占,民不堪命,故流落关东,以图躲免差役者多。
>
> 问:旗下是何等官?
>
> 答:是王子庄头。
>
> 又问:关外视关内如何?
>
> 答:关东久荒之地,人民暂集,亦仅能糊口而已。至于关西,人民逃散,钱粮太重,较之关东,反不如耳。

"王子庄头"即是皇庄,朴世堂一路所闻,都反复加深了其对官民矛盾的印象,并且集中在土地分配这个方面。除此内部斗争之外,满官和汉官的矛盾,也是不容忽视的。己卯日笔谈,对方告诉朴世堂"清冷官署,俱是汉人,如有钱,在满洲居多"。矛盾既如此之大,朴氏向对方提出了疑问:

> 问:宰相鬻官,官必虐民,民何以堪,能不至乱乎?
> 答:当今无豪杰出小民,唯受之而已。

这是容易让人联想起四十年前李自成这位"小民中的豪杰"。官逼民反,只好作振臂呼,确实属于民间的逻辑。

十二月己卯日停宿在沙河驿姜秀才处,朴氏询问:"闻明裔有在西方羌胡汇中者,果有此说耶?"①对方表示未有此闻。上文我们曾提到在朴世堂出使中国的前一年,来自泉州的漂民滞留济州。他们带来了永历帝的相关信息。根据《显宗改修实录》:朝廷令译官问其所持何物,答曰"藩王与郑经之物",所谓藩王,即永历帝。

> 问:"永历今都何地,所有郡县几何?"
> 曰:"都雷州,而保有福建、广东西、四川三省"
> 曰:"福建、广东西则低阶相连,而四川则东西不啻万里,何能为明朝之有乎?"

寅观等亦不能明言。

基于这样一种印象,或许还抱着将信将疑的态度,朴世堂十分关心永历帝下落,且受漂人影响,朴氏往往将内陆四川与沿海的福建、广东并提。例如己卯夜朴氏与姜秀才笔谈:

> (姜)即又曰:四川下四府生民一无所有。
> (朴)问:为何无存者?
> 答曰:皇上恶其通水盗。

---

① 朴世堂:《西溪燕录》,选自林基中编《燕行录全集》第 23 册,[韩]东国大学出版部 2001 年版,第 365 页。

问:水盗为谁?

曰:郑宏公。

问:宏公时在何地?

曰:不知去向。

问:四府民被杀在何时。

答:五年秋。

问:郑是水盗,常在海中,四川去海绝远,缘何相通。

答:何论远近。

郑宏公或许暗示台湾的郑氏,对话中自然地将永历帝和四川等地联系在一起。但朴世堂和询问漂民的大臣一样,对此种谣言仍旧抱着半信半疑的态度,而不管是漂民还是姜秀才,都没能回答四川何以在其中,姜尤其以一句"何论远近"搪塞他们的疑问,在《西溪燕录》中我们能看到,朴氏对此并不买账。

康熙五年正月陈奏使许积等还,副使南龙翼曰:

臣闻士人之言曰:"即今兵革永息,生民乐业,而独清人之日夜所忧者,只在西鞑也。"臣问:所谓西鞑不知何者,而明之子孙无有耶? 其人即成绝句以示曰:

西鞑即蒙古,明孙如落花。

汉仪不复见,何日变中华。[1]

表明当时朝鲜有人判断清人最大的忧患乃在蒙古,显而易见的,此消息的来源仍然是笔谈,根据这首绝句本身的水平,或许是来自一个并不得志的普通读书人。而康熙六年,冬至使郑致和上启显宗:

闻蒙古之女,曾为顺治君之后,侍宠还其过儿生子,年今十四。清人屡请于蒙古,而终不送还。蒙古素恃强不用命,蒙女所生子亦贤。若拥立而争天下,则比为大患,故清人甚以为虑云。[2]

[1] 吴晗:《朝鲜李朝实录中的中国史料》之《显宗改修实录》,中华书局1980年版。
[2] 吴晗:《朝鲜李朝实录中的中国史料》之《显宗改修实录》,中华书局1980年版。

其盼望蒙古颠覆,起码牵制清朝势力的用意是十分明显的。由此,他们对蒙古方面的任何情况都格外关注。康熙六年郑致和得到顺治长子的消息,七年朴世堂去往北京,则希望能印证其准确性。于是向上文提到的姜秀才征询:"顺治长子亦在西域,常有争端,亦然乎?"而蒙古的军队是否犯喜峰,则更是朝鲜人关注的重点。喜峰即喜峰口,是长城东面的重要关隘。显宗九年十月的实录中记载:

> 时谢恩使行中,购得山东抚院江南三省变异文书,及喜峰口蒙古部落离叛事情以进。上出示群臣曰:"郯城一州,地震压死者千余人矣。"皆曰:"诸处压死数千人,其他变怪,前史所无,此皆乱亡之兆。而蒙人又叛,清国必不支矣。"

灾变亡清国,对朝鲜人来说是一贯论调,但是他们也知道更实际的或许是把希望寄托在蒙古人身上。

于是在《西溪燕录》中,我们看到蒙古事也是他们关心的重点。曾路遇被劫至中国的朝鲜人,"闻蒙古近犯关外,汝知之乎?"对方回答蒙古因连年欠荒,求开市而怒米价高,故劫牛马伤人掠粟而归。事实上这并不是朴世堂期待的答案,因为后来他多次向汉人询问"蒙古来犯喜峰",但几乎无一例外得到否定答案。也许此前朴世堂在朝中听到的来自谢恩使的喜峰口蒙古部落离叛并不可信。且查《清实录》和《清史》,康熙七年也未载此事。到达北京之后,朴世堂参与了大清的一系列新年礼仪活动,他特别将一"蒙古别种"的衣着、容貌记录在《西溪燕录》中,甚至还提到他们"往观戏"。

三、焦虑与回应

在本文所讨论的范围里,朝鲜始终处于两个困境,一是情报的有无,一是情报的可信度。前者本来因为交通不便,信息难以及时传达,并且清朝初立国,对周边国家,尤其是朝鲜这样的近邻,不可能不加以防范,其书籍、物资的传递都加以控制。从上文中的分析我们看到,一方面,朝鲜程度不一地接受清朝官方——比如清朝派往使臣的宣谕——提供的信息,另一方面,他们又不遗余力地寻求一切可能说明清王朝的衰弱或明朝延续的可能性。这种心态,在朝鲜的史书中有清楚直接的表现,而通过梳理《燕行录》这样的史料,也能找到一些具体线索。

需要再次提到的仍然是朝鲜君臣的"焦虑"心态,他们认为自己是情报"缺失"的一方,从史料来看,并非虚言。获得情报便可有"加资"的奖赏,而人或至有以为过滥焉之论①。

仍以上文中我们曾经提到永历事为例,朱由榔在 1646 年即皇帝位,以永历为年号,一般认为他 1662 年被吴三桂绞杀于昆明。但《显宗改修实录》在二年(康熙元年)记载"清人入小云南,执永历皇帝以归,大明绝,不祭祀……漂汉辈或传隆武即万历之第二十四子云",则此时通过漂民知道永历身世,更详细的信息要等到这一年的十一月,才由当时还朝的陈奏使郑太和等人报告永历帝即神宗之孙,其消息来源不知。显宗四年(康熙二年)三月,冬至使吕而载等回朝鲜,言永历被擒,云贵川南京等皆平定,而后特别提到"臣回到丰润,逢着一汉人,言:永历不死,尚保南方,清人夸大之言,不可信"。此"汉人",想必即朴世堂所遇之流,朝鲜方面也只能选择姑妄听之,故 1667 年出使的朴世堂还对永历以及其政权抱有希望。

然而遗憾的是,在朴世堂所处的时代,朝鲜获取情报的来源,以及他们为溯清情报所做的努力,却在中国方面,得到并不多的回应。朴世堂刚入中国境内的庚申,先是"小儿数辈来叩"问其有师否:

> 答有,令呼其师至。书纸背以问,则姓名金启正,抚宁县人,家贫,无资,在此堡为人作门馆。(双行小字注:中国之俗,近师于家以教,其子弟者谓之门官先生)

金启正,这是一个或许有一些知识的普通而不得志的读书人,在地方志或者谱牒中都未查到的名字,整个《西溪燕录》中,与朴氏交往、提供情报的汉人无一不是如此,更多时候朴氏直以秀才、主人相称。这种由社会下层来提供国家情报的现象,在当时绝非特例。上文永历之事在清朝官方文件中仅提及"被擒",其人身世、永历朝廷最终的结局都是由一拨一拨的"漂民"或在中国的平民提供。又如顺治长子等情报真假莫辨,正好映证朝鲜君臣集体的焦虑心态之缘故和表现。

朴氏《西溪燕录》所载在中国问询交接的人,其身份与所提供的信息之重要性,事实上是不平衡的。小民论国之大事,关注点不在议论之精辟与否,而是史实如

---

① 吴晗:《朝鲜李朝实录中的中国史料》之《显宗改修实录》,中华书局 1980 年版。

何。由于路途遥远，信息闭塞，这批人对当时中国国情的认知出现失误也属正常。但令人遗憾的是，《西溪燕录》中有不少"人为"的失误，如朴氏问贼，如"屡问"，那么对方的答案则可能从"未闻"变成"有之"。虽然这样的结果，多因中国"邦禁"，使人"颇有畏忌之色"①。但就朴氏而言，其态度是十分无奈的，在《西溪燕录》中，他这样报告显宗：

> 臣所问答者如此，其人亦似稍愿，故随闻以记，但见此流居路旁，多阅东使，故习于酬酢，视人意向，顺口便说，显有抑扬之色，所言未必尽信。

这句话一语道破其中奥妙。显宗曾经问归国使者："彼中形势如何？"答曰："彼中形势，无路详知。"正因为无路详知，所以不放过任何一点线索；向惯于酬酢的小民征询，自然也给朝鲜君臣带来辨伪的难度。不管是籍籍无名的私塾老师，还是并不得意的秀才，抑或一般的住宿主人，多是抱着迎合心理，惯于应对络绎不绝往来中国的朝鲜来客。不过结合上述种种事例，正好能反向显示朝鲜方面对待刚兴起的清朝政权，"意向"为何。朴氏回国后，也不止一次表达过类似看法：

> 中且所与接者，虽名措大，率是市井酤贩之流，贪利忘耻，贸贸无识，不足与语。望其一言相动，慷慨输泻，固已难矣，况且言音不通，而纸笔又烦，时事世变，叩知无由，奈何。若言其槩，政令出一而兵革不用，至其为着之受象，有非窥测索道，自余小事，谙悉既难，虽有所闻，未易书传耳。
>
> ——《上仲氏承旨公》，出自《西溪》

虽名义上是读书人，但品性皆不可信，其为一；言语不通，书于纸上又繁难，其为二。地理的沿革可一一记录在案，但是与人交流则带有相当大的不稳定性。如果我们把信息的流通看成一场双方的较量或对话，那么从资料中可以十分清晰地看到，这场对话的另一方角色是由平民、不得志的秀才和输送货物的商贩等组成的。他们未曾在本国史料中留下片语，却被详细记录在邻国的《燕行录》中，作为国家情报，关系国之大事。《西溪燕录》反映的正是这样一种错综复杂的历史真相，一场微妙失衡的历史对话。

---

① 吴晗：《朝鲜李朝实录中的中国史料》之《显宗改修实录》，中华书局 1980 年版。

这是相当无奈又令人玩味的事实。根据当时的大清律令,朝鲜使臣到达北京后,不允许随意外出,其活动的场所多在使馆内,且在严格的规定之下,前述三藩、圈地等事更不能谈论。所以以朴氏为代表的燕行使者,只能在还未到达朝阳门时,尽量搜寻资料,北地荒凉少才士,其对话对象只能是草野之民。到乾隆及以后,此禁已见放松。《燕行录》中随之出现中国文人士大夫的身影且为数甚多。他们的学术修养、国事认知、掌握情报或许还包括道德品质等,都大大高于此前的草野之民。例如《干净衕笔谈》载洪大容在北京和严诚、潘庭筠、陆飞等中国举子的交往情况,对当时中国士人的民族意识、社会现象都有颇多描绘,而且也是题中应有之义,于是对话双方在这样的意义上趋于平等。

四、结　语

李庆亿、朴世堂等出发前,显宗曾因为前谢恩使获得中国文书情报,曰:"行中探得事情者赏之,则后者必继。"以鼓励朴氏等人。次年朴世堂等自清国还,上引见,问彼中事状。庆亿等俱以所闻见对曰:

> "我国人每以彼中奢侈已极,必易覆亡为言。而此有不然。彼中既无兵革,尽得南方之地,物资辐辏,安享富贵。以正朝时见之,虽下官皆着黑貂裘。服御器物,华靡夺目。以我国寒俭之目见之,故以为过度,而此不必为其亡兆。最可危者,侵虐汉人,罔有纪极;皆有怨丧之叹。若有桀骜者一呼,则必有土崩瓦解之势矣。"领相郑太和曰:"向之所忧者,蒙古作变,梗于贡路,此则不然乎?"庆亿曰:"喜峰口部落甚强,故清人畏之。而至于谋反,则未有实状。西域(狱)亦无朝夕作乱之事,所可虑者,皇帝政令苛虐,汉人有积怨深怒也云。"[①]

话中认为奢侈并非亡兆,"侵虐汉人"方为大患,修改了上文所说的郑太和等大臣对大清统治者的看法。其"若有桀骜者一呼,则必有土崩瓦解之势矣"的议论,显然来自庚辰与王秀才笔谈,且为王原话。蒙古喜峰事谓无,是来自中国小民的情报;康熙政令曰苛,却是自己的断语了,其切切之状,百代之下如可见。而不料波澜

---

① 吴晗:《朝鲜李朝实录中的中国史料》之《显宗改修实录》,中华书局 1980 年版。

横生：

> 六月癸亥，执义申命圭、持平赵圣辅启曰："往年冬至使一行诸臣留在燕京之日，闻彼中豪贵家观灯之举，使臣三人，相率艳观，设荐街尘，杂于徒众，为彼戏侮，自贻羞辱。且于出来之时，逢着蒙主之母往浴场汤泉者，无端踵诣，要得一见；援席相对，受其饮馈。其不思敬重之道，随处妄作之状，不可置之。请其时上使李庆亿、副使郑鑰、书状官朴世堂并罢职。"①

随众相率观灯，实际上是观睹彼中盛况；踵诣蒙主之母，或为满足好奇之欲。而为人抨击，燕行不易，可见一斑。实际上无论是观灯还是其他，随着乾隆后中朝两国形势紧张气氛的缓慢松弛，在以后都未必作为论罪把柄。在《西溪集》中有一首描绘他在中国看杂技的诗歌《观踏险竿》：

> 惯踏虚空不省难，傍人胆悸却心安。世间何限千金子，亦拟轻来试险竿。

这是为数不多的集中涉及民俗和一般生活面貌的记录，而这样具有文人趣味的记录，在随后的《燕行录》中也逐渐增多，不再像《西溪燕录》，多是情报的刺探、紧张的气氛和种种无奈心态。这或可说明朴世堂所处时代的真实情况和历史变迁，本文的意义即在于此。

----

① 吴晗：《朝鲜李朝实录中的中国史料》之《显宗改修实录》，中华书局 1980 年版。

朝鲜通信使交流中的医学笔谈
——以日本内阁文库为核心

梁永宣 李 敏

（中国 北京中医药大学）

日本江户时期自庆长十二年(1607)到文化八年(1811)，曾有 12 次朝鲜通信使赴日交流，这已成为韩(1948 年前称朝鲜)日文化交流史研究中的重要内容。

一、朝鲜通信使交流中双方笔谈的医生及记录概况

朝鲜派遣通信使，主要与国家外交、统治者继位等多方面政治、文化因素相关，前 5 次原因较为复杂，后 7 次以祝贺日本将军袭位为核心。由朝鲜派出的使节团，少则 300 人，多则近 500 人。他们浩浩荡荡地从朝鲜王城汉城(今首尔)出发，之后经陆路或水路过釜山，入对马府中(第 12 次仅达此)，到相之岛(蓝岛)、下关、上关，达濑户内海东，经鞆浦、牛窓、室津、兵库后到大阪、京都(第 2 次仅抵京都)，过大垣、名古屋、静冈、箱根，最终下江户(第 4、5、6 次曾赴日光)。因往返路途长达 4~8 个月，通信使团队中一直伴随有医生同行，包括一般的医员和水平高的良医，其地位排列于使团中三使、堂上译官、上判事、制述官之后，而在次官、中官、下官之前，属于上官。

通信使一行沿途在诸藩客馆及江户本誓寺、本愿寺停留。为了学习以朱子学为首的朝鲜先进文化，间接接触中国文化知识，大批日本文人、学者闻讯而来，他们通过笔谈方法进行交流质疑、诗文应酬，汉语成为彼此间十分便利的交流工具，由此亦保留了一批笔谈书籍。

笔者二人自 1999 年赴日本研修时起，经茨城大学真柳诚教授推荐，受吉田忠

先生的论文启发①，开始关注朝鲜通信使研究中的医学史料，并逐一考察了日本各地的收藏情况。经调查分析，目前共复制有 32 种医家笔谈交流书籍，其中 20 种保存于日本国立公文书馆内阁文库，其余分散于京都大学图书馆富士川文库、东北大学图书馆狩猎文库、东京大学图书馆、国会图书馆、东京都立中央图书馆、九州大学图书馆、大阪府立中之岛图书馆等多处；后研究发现美国哈佛大学燕京图书馆、韩国国立中央图书馆等处也藏有部分，但均与内阁文库书籍重复。

近年来我们主要研究了收藏医家笔谈数量最多的日本国立公文书馆内阁文库的状况，将收藏记录、书籍名称、笔谈时间、著作时代、朝鲜和日本参与人员的细节整理成表（如表 1）。

表 1　日本国立公文书馆内阁文库所藏朝日医家笔谈概况

	藏书号	书名	赴日时间	著书年代	问答双方参加医家	
					朝鲜良医及医员	日本医家
1	178—615	两东唱和后录	1711	正德二年 1712	奇斗文	梯靖庵、村上溪南
2	178—606	鸡林唱和集	1711	正德二年 1712	奇斗文	稻生若水、竹田定直
3	178—604	鸡林唱和集	1711	正德二年 1712	奇斗文	稻生若水、竹田定直
4	195—347	桑韩医谈	1711	正德三年 1713	奇斗文	北尾春圃
5	178—605	桑韩唱和埙篪集	1719	享保五年 1720	良医权道、医员金光泗	北尾春伦、饭田玄机、饭田隆庆、林义方
6	178—584	蓝岛鼓吹	1719	享保五年 1720	良医权道、医员白西樵、金光泗	小野于麟
7	178—576	韩客笔谭	1748	延享五年 1748	赵崇寿	橘元勋
8	178—577	仙槎笔谈	1748	宽延元年 1748	赵崇寿	橘元勋
9	178—587	仙槎笔谈抄录	1748	宽延元年 1748	赵崇寿	橘元勋

---

① 吉田忠：『朝鲜通信使との医事問答』，載『日本文化研究所研究報告』第 24 集，［日］东北大学 1988 年版，第 27—69 页。

续　表

	藏书号	书名	赴日时间	著书年代	问答双方参加医家	
					朝鲜良医及医员	日本医家
10	195—343	桑韩医问答（卷上）	1748	延享戊辰夏六月 1748	赵崇寿	河村春恒
11	178—581	斑荆闲谈	1748	宽延元年十月 1748	赵崇寿	直海龙
12	178—591	桑韩锵铿录	1748	宽延元年 1748	赵崇寿	百田安宅
13	178—588	朝鲜笔谈（乾坤）	1748	戊辰五月二十八日 1748	赵崇寿	河村春恒
14	178—620	朝鲜笔谈	1748	延享戊辰 1748	赵崇寿	野吕元丈
15	178—602	两东笔语	1748	戊辰六月五日 1748	赵崇寿	丹羽贞机
16	178—641	桑韩笔语	1764	宝历十四年 1764	李慕庵	山田正珍
17	195—344	倭韩医谈	1764	宝历十四年 1764	李慕庵	坂上善之
18	178—641	松庵笔语	1764	宝历十四年 1764	南斗旻等	井敏卿
19	178—598	两东斗语	1764	明和改元 1764	李慕庵	松本兴长
20	195—342	和韩医话	1764	明和一年 1764	李慕庵	山口安斋

通过这些笔谈记录,参考著名学者李元植的研究①及辛秀基等《朝鲜通信使大系》的记载,我们将 12 次朝鲜通信使赴日中的良医、医员总结为表 2:

表 2　朝鲜通信使赴日时间及良医、医员名单

次数	赴日时间	人数	良医	医员
1	1607. 2. 29—1607. 7. 3	467		朴仁基　辛春男
2	1617. 7. 5—1617. 10. 18	428		郑宗礼　文贤男
3	1624. 10. 2—1625. 3. 5	300		郑　钦　黄德业
4	1636. 10. 6—1637. 2. 25	475		白士立　韩彦协
5	1643. 4. 27—1643. 10. 29	462		金　浩　宋挚日
6	1655. 6. 9—1656. 2. 10	488		韩亨国　崔　榈　李继勋

①　李元植:『朝鲜通信使の研究』,[日]思文阁出版 1997 年版,第 56—57 页。

次数	赴日时间	人数	良医	医员	
7	1682.6.18—1682.11. 1	475	郑斗俊	李秀藩	周 伯
8	1711.7.15—1712. 2.25	484	奇斗文	玄万奎	李 渭
9	1719.6.20—1720. 1.7	479	权 道	白兴铨	金光泗
10	1748.2.26—1748. 8.9	475	赵崇寿	赵德祚	金德仑
11	1763.10.6—1764.6.22	480	李佐国	南斗旻	成 灏
12	1811.3.12—1811. 7.2	336	朴景郁	金镇周	

通过表 1、表 2 可知,12 次朝鲜通信使团中,1607 年、1617 年、1624 年、1636 年、1643 年前 5 次均派遣 2 名医员随行,1655 年第 6 次为 3 名医员,但均未见良医。良医随行始于第 7 次 1682 年的出行。关于其原因,经查朝鲜《李朝实录》中《肃宗实录》卷 13[①] 中有载,"倭船来言:⋯⋯都数毋过三四百人,医译加率一二人无妨,医必择术精者","上上官三员,如良医译加员无妨"。说明在行程之前,日本一方对使团成员提出了要求,希望增加高水平良医。于是在同年 6 月起程时,除 2 名医员之外,朝鲜首次派遣 1 名良医郑斗俊同行,此制度一直延续至 1811 年出使结束。

郑斗俊是担任良医成员中唯一一名记载于《李朝实录》的医家,字子昂,号东里。己卯(1639)生,河东人,显宗元年(1660)中庚子医科,肃宗八年(1682)43 岁时作为良医赴日本。后至内医同枢,并任首医 3 年[②]。遗憾的是目前未发现他与日本医生笔谈后的记录。同时,表 2 中列出的众多医生,未见在朝鲜史料中有详载,但目前保留的医学笔谈资料,却提供了大量资料,成为研究的良好素材。

二、由医学笔谈资料所了解的朝鲜良医及其问答活动

在内阁文库现存的 20 种医学交流笔谈记录中,无前 7 次记录(目前仅在京都大学图书馆富士川文库保存有《朝鲜人笔谈》,与第 3 次出行的医员白士立相关,待另文研究),自 1711 年第 8 次起整理有 4 种,1719 年第 9 次 2 种,1748 年第 10 次 9 种,1764 年第 11 次 5 种,1811 年第 12 次未见记录。所有记录书籍均由日方医家

---

① 《李朝实录》第 39 册《肃宗实录》卷 13 肃宗 8 年 1 月 15 日,[日]学习院东洋文化研究所 1964—1965 年版。

② 三木荣:《朝鲜医学史及疾病史》,[日]思文阁出版 1991 年版,第 215 页。

整理,1711 年、1719 年两次是在交流结束后 1 至 2 年内整理成书,1748 年、1764 年两次均在交流后同年成书,且 1748 年第 10 次保留书籍数量占据首位。

通过研究这些书籍,结合三木荣的研究,我们查找出了与诸多良医和医员生平相关的文字记录,发现了很多线索,并涉及一些著名日本医者,在此结合书中记载一并总结如下。

(一)奇斗文

奇斗文,号尝百轩,居于京城,任鸡林医官宣务郎,官至朝散大夫典涓司直长。肃宗三十七年(1710)辛卯,为贺日本关白源家宣新立,派正使赵泰仪、副使任守幹、从事官李邦彦赴日,奇斗文作为医官随行。奇斗文还担任第 8 次通信使良医,在日本期间,他分别与 4 位医者进行了交流。

正德元年(1711)九月二十一日,针医村上溪南(号樵斋,世代以针为业,其祖先曾受金德邦之术)及其长子周男(号得应斋)等人,前往在京都西本愿寺拜访奇斗文,探讨针灸基本理论问题,后成书为《两东唱和后录》。

正德岁次五月之前,本草学者稻生若水与奇斗文对个别药物如仙人掌、人参苗、附子苗、乌头等进行了讨论(卷 4)。奇斗文还向为名为春庵的日本人讲解了半夏配生姜之用法为治病之妙剂,并讨论了生姜用量一事(卷 14)。正德二年(1712),上述与道中各地文人雅客所作的诗文唱和、问答笔谈,其中含少量医学内容的文字汇集刊行为《鸡林唱和集》。需要说明的是,此书内阁文库藏有多种版本,均为 15 卷,其旧藏地有红叶山文库、间部诠胜、和学讲谈所等不同,我们研究复制时只选择了其中 2 种记录较为完整者。

正德元年(1711)辛卯十二月一日夜,浓州大垣之医北尾春圃,前往大垣桃源山全昌寺,访问医官奇斗文,就药物学知识和难治疾病进行问答后,于两年后的癸巳(肃宗三十九年、1713)成书为《桑韩医谈》。

上文中的稻生若水,名宣义或义,字彰信,通称正助,江户人,为江户中期本草学者,博物学先驱者,他生活于公元 1655—1715 年,著有《庶物类纂》等书。

(二)权道

权道,字大原,号卑牧,官至副司果,系第 9 次通信使随行良医。

享保四年(1719)刊行的《桑韩唱和埙篪集》共 10 卷,卷 4 中记载 42 岁的良医副司果权道与北尾春伦间的商讨,春伦之父为曾与奇斗文有过笔谈的北尾春圃,二人谈话间提及此事。春伦主要询问朝鲜方面就写作的"向所呈心下虚实论及家君所呈精气神论"之文的读后意见,第二天,权道出示了为上述二论所作之序文。权道还与同去访问的防州岩邑之医士饭田玄机探讨了度量衡和针法的具体应用、人参之茎叶花实和色泽形状、植物樱花与樱桃之别等医药学、植物学内容,体现出较高的医学理论和实践水平。

享保五年由小野士厚整理的《兰岛鼓吹》一书中,也有一段权道的自我介绍,称当年自己 40 岁,与上书略有不同,但由此可推知权道原当生于 1678 年前后。

《兰岛鼓吹》作者小野士厚,字于麟,一字玄林,别号东豁,为筑前医官,在本州仕于医者,年未壮而学饱才富,兼善文辞。书中受君命与朝鲜人笔谈时的享保己亥年(1719)28 岁,故当生于 1691 年。

(三)赵崇寿

赵崇寿,字敬老,一称字崇哉[①],号活庵,扬州人,系第 10 次通信使随行良医。《朝鲜笔谈》载时年 35 岁,它书多载其时年 40 岁。他在短短一年间(1748)进行了大量的笔谈活动,分别和 10 位医者进行了交流。下文按时间顺序排列:

五月,浪华医士百田金峰(百田安宅,字子山或平格,号金峰)与良医赵崇寿就部分疾病的治疗方法、不同季节的多发病、服药法、计量法等内容进行探讨,后成书为《桑韩锵铿录》。

五月二十三日、六月四日、六月十一日三天中,太医令橘元勋奉命在鸿胪馆谒见良医赵崇寿,并与其对日本多发病、药材、一些重要医学书籍的收藏及版本等问题进行探讨。上述双方还探讨了两国音乐、地理、书法欣赏等内容,后汇集刊行为《韩客笔谭》。

五月二十九日,东都医官野吕实夫(1693—1761,字元丈,号连山)所撰《朝鲜笔谈》一书,记载其前往浅草本愿寺与良医赵崇寿就关于昆布海带两国名称语言、药物等方面进行探讨。

五月二十八日到六月十二日期间,朝鲜医官赵崇寿与东都医官河村春恒(字子升,又字长因,号元东)对答,话题包括朝鲜国常用医方书、日本所产人参的真伪、制法、中风为病、五运六气、《素问》《灵枢》之成书、篇章、对王冰加入七篇的看法等,后整理成书为《朝鲜笔谈》。

六月,朝鲜医官赵崇寿再次与东都医官河村春恒进行医事问答,他对河村春恒询问的正德年间北尾春圃与奇斗文间交谈所问的疑问、疾病、"时疫诸症大观"等问题进行逐项回答,内容十分详尽,后成书为《桑韩医问答》。

---

① 三木荣:《朝鲜医学史及疾病史》,[日]思文阁出版 1991 年版,第 224 页。

六月五日到六月十二日期间，《两东笔语》作者东都医官丹羽贞机（卒于宝历二年正月，字正伯，号良峰），文中记载了他与良医赵崇寿探讨药物、骨蒸劳热捷方、日本医学二流看法等问答。

六月十一日，越智合田（字伯求，号泰溪，又号华阳山人。家世西播人。王父以来，儒学名于家）所撰《韩槎埙篪集》一书，记载了他向良医赵崇寿呈病状并请其诊治等内容。

夏月，浪华医士樋口淳叟（津轻人，字道与，号生宁）撰有《韩客治验》一书，并于一年后刊行。书中记载了他与朝鲜医官赵崇寿对于朝鲜人参用法、小儿虎口三关法、药一贴分量、煎煮水分量、人参叶制法内容的探讨。

八月，日人村上秀范辑录的《和韩唱和录附录》记载了赵崇寿是一名与日本医田中常悦（字庸行，号啸皋）关于"神舟"之争及医学疑问7条的问答。

九月，平安医直海龙（姓直海，名龙，字元周，号衡斋）向朝鲜良医赵崇寿呈上4条疑问，席间赵崇寿即刻予以回答。赵崇寿又避他人目，送直海龙秘丸药一方、小儿妇人奇药数剂，及草种石品，但未写具体名称。上述内容与各诗词唱酬、问答笔谈文字汇集成《班荆闲谈》一书。需要说明的是，本书后另附一书为《对丽笔语》，为江都菅道伯夷长所著。书中记载延享壬辰五月其与赵崇寿在本愿寺有关探讨习医之法、药物、脚气病治法等笔谈内容。

由上内容可知，第10次通信使随行良医赵崇寿是一名与日本医生交往较多、保存资料较完整的医生，同时也客观反映出他良好的医学理论和水平。

（四）李佐国

李佐国，字圣甫，号慕庵，官阶为副司勇，完山人，甲寅年生，30岁。《桑韩笔语》载其31岁，系第11次通信使随行良医。

《桑韩笔语》作者山田正珍，姓菅，氏山田，名正珍，字玄同，又字宗俊，号图南。生于宽延二年（1749），是日本著名的儒医。书中向李佐国询问了关于《东医宝鉴》中的数种药物相关内容。

宝历十四年（1764）二月，坂上善之等人赴浅草寺与朝鲜诸学士、良医李慕庵会于本愿客馆。就人蔓而问，并寻蒟菜、龙骨等药品的功能，火浣布的制法，药材的炮制法等，又问朝鲜专门医之名，包括大人医、小儿医、痘医、肿医、针医、眼医、积聚医、妇人医等。并就《伤寒论》中的二三语正疑义，又与其他质疑问答及唱和诗文合而为一卷成《倭韩医谈》一书，于同年刊行。

同年三月，李慕庵与东都口科侍医法眼松本善甫长子兴长就舌病问题进行了笔谈,内容记载于《两东斗语》第1册中,在该书的第2册中他还对日本人东原所问"医问八条"的问题予以回答。

宝历十四年二月三日,张藩之医山口安斋与朝鲜医官李慕庵在张藩大雄山性高院宾馆相会,就医学问题进行笔语问答,后汇成《和韩医话》一书。上卷二人围绕《痧胀玉衡书》而探讨内容,同时慕庵希望在日购买好医书,双方还就张仲景《伤寒论》的版本、内容加以探讨,另外安斋还向慕庵推荐了和刻《外台秘要》本。下卷为二人以正德年间(1711)来日时答疑的奇斗文与当时日本医家所对谈内容为依据,探讨多种疾病的治疗方法,并就名古屋地区流行的飓风(相当于现今之疫痢)、癣疮而问;同时安斋请慕庵诊治他自己的哮喘病;最后还就人参真赝鉴定法及其参叶之主治予以质问。由上内容可以看出,难病的诊治一直是日本医生关注的核心。

三、由医学笔谈资料所了解的朝鲜医员及其问答活动

和笔谈中良医介绍相比较,医员的相关资料较少,在记录中常见作为人物出场时加以介绍,但未多见笔谈文字。下文分别对医员玄万奎、李渭、白兴铨、金光泗、金德伦、赵德祚、南斗旻、成灏等加以介绍。

(一)玄万奎、李渭

第8次通信使活动后成书的《两东唱和后录》文后附《韩使官职姓名》,介绍了二位医员:前主簿玄万奎、副司勇李渭。

据三木荣研究,玄万奎,字而景,川宁人,庚戌生,肃宗四年戊午职任倍增医科主簿,同时作为医员远赴日本,后官至典医正。李渭,副司勇,与玄万奎同为医员出使日本。

(二)白兴铨、金光泗

第9次通信使活动后成书的《桑韩唱和埙篪集》下记有《列朝韩使来聘考》,其中载医员白兴铨,字君平,号西樵,职任别提;金光泗,号小心轩,职任副司果。在原书卷4中载有北尾春伦与金光泗的问答,春伦问及前项生核颈烂病例,金光泗治以荣卫还魂汤加独活、柴胡各一钱。

卷9中还收录有同去访问的日人、京都医士饭田隆庆和白兴铨关于张仲景《伤寒论》的讨论。

(三)金德伦、赵德祚

第10次通信使活动后成书的《朝鲜笔谈》记有医员赵德祚,字圣哉,号松斋,

《朝鲜笔谈》抄本一册记其 39 岁。金德伦,字子润,号探玄。

笔谈分别记载随行医员赵德祚出示所带九针请东都医河村春恒观看,双方探讨了各自使用针疗疾病的不同。赵德祚赐河村序文一篇,题为"沧州小言"。文末朝鲜国大医金德伦探玄亦写小序,题为"沧州小言序"(《朝鲜笔谈》分为乾坤 2 册);百田金峰与金德伦交换读《素问》《灵枢》之感(《桑韩锵铿录》);东都医官丹羽贞机与松斋、探玄有关药物探讨,丹羽贞机与松斋商谈《东医宝鉴》《医林撮要》及《和济局方》中所载玉枢丹、清心丸之用法、区别并且有松斋为其治疗甲干之症的记载。(《两东笔语》)

(四)南斗旻、成灏

第 11 次通信使活动后成书的《仙槎笔谈抄录》记载有医员南斗旻,前典医监正,字天章,号丹崖,英阳人,乙巳生。成灏,副司猛,字大深,号尚菴,昌宁人,辛丑生,43 岁。但原书中无详细笔谈内容记载。同时 1811 年第 12 次通信使活动时医学笔谈,目前未见书籍保留。

(五)其他

除上述笔谈中收集的资料外,笔者通过查找三木荣《朝鲜医学史及疾病史》,也发现有前 6 次医员的若干线索:

郑宗礼:丁丑生,迎日人,宣祖卅三年庚子供职于医科,历任教授、内医正职务。与文贤男一同东渡日本。

文贤男:前奉事,郑、文二人于光海君九年丁巳,和正使吴允谦、副使朴梓一起作为祝贺大阪平定统一的回答使随行医员东渡日本。

韩亨国:字士元,丁巳生,清州人。孝宗二年壬辰任职于增医科。孝宗六年乙未(明历元年)十月,作为日本通信使随行医员赴日。翌七年丙申十二月,对马岛主因病向朝鲜求医,他奉命带 1 名小通词、1 名小童、2 名使令和 1 名奴仆一起乘坐日本船只前往诊疗,并于孝宗八年返回。时任医学教授,官至惠民署主簿。

崔梱:职任司果,孝宗六年乙未十月,作为日本通信使随行医员远渡日本。

四、结　语

通过上述研究,根据内阁文库所藏,总结朝日医家笔谈交流的特点为:

1.日本国立公文书馆内阁文库收藏有 20 种左右的朝鲜通信使医学笔谈记录书籍,均由日本医者整理而成。

2.第1—6次朝鲜通信使赴日随行只派出医员,应日本方面邀请,第7次始派良医参与。

3.内阁文库收藏的20种医学笔谈书籍中,以和良医笔谈为中心记录为主要内容,其中又以第10次通信使随行良医赵崇寿和日本医生的对谈次数最多,且保存资料完整;关于医员的记录少于良医。

4.参加笔谈的日朝二国医家均有一定知名度。朝鲜良医奇斗文、权道、赵崇寿、李慕庵等人物均有史可查;日方医家如稻生若水、北尾春圃、橘元勋、河村春恒、山田正珍等人,在日本医学史上有较高知名度。

5.朝日医家所掌握的医学知识侧重点各有不同。朝鲜良医的医学理论涉及面广,掌握精通,应用灵活,在辨证论治的临床应用方面有独到之处,但对药物学知识的重视程度不及医学理论。日本医家笔谈问题以药物学知识为主,重视药物形态、药物修治学、用量以及度量衡等,而研究基础理论及针灸内容较少。双方均重视难治疾病的探讨。

6.日朝双方医家笔谈气氛友好,交流内容主题以中国医学在各自国家的应用为核心。交流后的日本医家更重视文字整理,成为目前研究的重要参考资料。

藤原惺窝与朝鲜俘虏的笔谈

在东亚地区，笔谈的历史源远流长。毋庸置疑，汉字的广泛使用是笔谈得以进行的前提；另外，我们也必须认识到，对汉籍中典故的引用在笔谈中也起到了同样重要的作用。例如，藤原惺窝（1561—1619）与朝鲜俘虏进行的笔谈中，双方都引用了汉籍中的典故，从中我们可以推断出日本与朝鲜双方都是理解这些典故的。汉籍中的典故一直以来都是东亚区域中的文化共识，也因此成为笔谈的重要构成要素。作为具体的事例之一，我们将考察藤原惺窝与朝鲜俘虏之间的笔谈资料。

藤原惺窝所留存下来的笔谈史料，大致有以下几种：（1）天正十八年（1590）七月的《与朝鲜国使黄允吉、金诚一、许箴之的笔语酬和》；（2）文禄二年（1593）五至六月的《对明国讲和使徐一贯、谢用梓的质疑草稿》；（3）庆长三年（1598）秋冬的《姜沆笔谈》《与朝鲜俘虏的笔谈》等。[①]

在以上几种笔谈资料中，给藤原惺窝从禅僧向儒者转变带来契机的《与朝鲜国使黄允吉、金诚一、许箴之的笔语酬和》[②]最受重视；当然记录藤原惺窝与姜沆交友过程的《姜沆笔谈》、藤原惺窝阐述其丰臣秀吉观的《对明国讲和使徐一贯、谢用梓

---

① 以上笔谈资料分别见于《藤原惺窝集》卷上（〔日〕国民精神文化研究所，1938 年版），第 42—43、95、287—290 页；《藤原惺窝集》卷下（〔日〕国民精神文化研究所，1939 年版），第 367—376 页。

② 参见松田甲：『原惺窩と姜睡隠の関係』，选自『続日鮮史話』第一编，朝鲜都督府 1931 年版，第 53—55 页；阿部吉雄：『日本朱子学と朝鮮』，〔日〕东京大学出版会 1978 年版，第 42—53 页；今中宽司：『近世日本政治思想の成立—惺窩学と羅山学—』，〔日〕创文社 1872 年版，第 23、61—62、80—81、151—153 页；猪口笃志、俣野太郎：《藤原惺窩、松永尺五》，〔日〕明德出版社 1982 年版，第 38—45、52 页；太田青丘：《藤原惺窩》，〔日〕吉川弘文馆 1985 年版，第 24—27 页；柴田纯：『思想史における近世』，〔日〕思文阁出版 1991 年版，第 174 页。（但是大桑齐认为此史料显示了藤原惺窝的禅儒一致的观点，参见大桑齐：『日本近世の思想と仏教』，〔日〕法藏馆 1989 年版，第 181—184 页。）

的质疑草稿》①也具有独特的价值。

与以上的资料相比,《与朝鲜俘虏的笔谈》并未受到足够重视。这份资料是藤原惺窝对朝鲜俘虏的询问记录,作为先行研究,阿部吉雄、猪口笃志将其作为了解藤原惺窝日常生活的线索②,太田青丘氏则介绍了其整体概貌③。对于藤原惺窝与朝鲜俘虏分别依据汉籍来进行对谈之处,却至今未见有系统论述。

本文将探讨此资料中引用了什么样的汉籍,并在此基础上分析此资料与当时学问动向的关系。通过上述分析与考察,明确此资料在 16 世纪末到 17 世纪初的定位及其历史意义。

一、《与朝鲜俘虏的笔谈》的背景

正如《惺窝先生行状》里记叙的那样,《与朝鲜俘虏的笔谈》的事件背景,有但马竹田城主赤松广通所推进的"四书五经"的抄录工作④。

> 朝鲜刑部员外郎姜沆来,在赤松氏家。沆见先生,而喜日本国有斯人。俱谈有日矣。沆曰:"朝鲜国三百年以来,有如此人吾未之闻也。吾不幸虽落于日本,而遇斯人,不亦大幸乎。"沆称先生所居为"广胖窝",先生自称曰"惺窝",取诸上蔡所谓惺惺法也。本朝儒者博士,自古唯读汉唐注疏,点经传加倭训。然而至于程朱书,未知什一。故性理之学,识者鲜矣。由是先生劝赤松氏,使姜沆等十数辈,净书四书五经。先生自据程朱之意,为之训点,其功为大。

上文中前半部分讲述的是藤原惺窝与庆长之役⑤的俘虏姜沆的交流,后半部

---

① 参见阿部吉雄:『日本朱子学と朝鮮』第 53—54 页;太田青丘:《藤原惺窝》,[日]吉川弘文馆 1985 年版,第 29—33 页。

② 参见阿部吉雄:『日本朱子学と朝鮮』第 68 页;猪口笃志、俣野太郎:《藤原惺窝、松永尺五》,[日]明德出版社 1982 年版,第 97 页。

③ 太田青丘:《藤原惺窝》,[日]吉川弘文馆 1985 年版,第 54—56 页。

④ 《藤原惺窝集》卷上,[日]国民精神文化研究所 1938 年版,第 7 页。

⑤ 日本于文禄元年(1592)、庆长三年(1598)两次出兵入侵朝鲜,引发东亚地区大战。此次战争,日本史书称作"文禄之役""庆长之役"(或合称"文禄庆长之役"),中国史书多称"万历朝鲜战争",韩国一般称"壬辰倭乱""丁酉再乱"等。——译者注

分则记录姜沆参与"四书五经"抄录工作之事。藤原惺窝依据程朱学为"四书五经"施加训,可谓开风气之先;又基于日本能精通"性理之学"的学者甚少,遂委托"姜沆等十数辈"朝鲜人抄写四书五经。这个史料虽然是由林罗山在后世进行总结而得,但是由于有另外的佐证材料,所以在可信度上没有问题。例如在《问姜沆(座间笔谈问朝鲜姜沆)》中有如下记载①:

> 赤松公令予传言于足下。其言曰:日本诸家言儒者,自古至今,唯传汉儒之学,而未知宋儒之理。四百年来,不能改其旧习之弊。却是汉儒非宋儒。实可悯笑。盖越犬之吠雪也,非雪之不清,以不见为怪。蜀犬之吠日也,非日之不明,以不知为异而已。予自幼无师,独读书。自谓汉唐儒者,不过记诵词章之间,才注释音训、标题事迹耳。决无圣学诚实之见识矣。唐唯有韩子之卓立,然非无失。若无宋儒,岂续圣学之绝绪哉?虽然日本阖国既如此,一人不得回狂澜於既倒,返斜阳於已坠。悱悱愤愤,而独抱瑟不吹竽。故赤松公,今新书四书五经之经文,请予欲以宋儒之意加倭训于字傍,以便后学。日本唱宋儒之义者,以此册为原本。呜呼!流水之知音,虽无子期,后世之知己,又有子云乎。足下叙其事,证其实,跋册后,是赤松公之素志,而予至幸也。足下计之。

以上与《惺窝先生行状》中的记叙基本意思相同,抑或这本身就是《惺窝先生行状》所依据的原始材料。另外从姜沆本人遗留的史料中,还能发现新的事实。我们先看下《贼中见闻录》②。

> 又尝从我国士人之在俘虏者,及臣、兄弟,求书六经大文,潜以银钱助臣等羁旅之费,以资归路。

本处记载了朝鲜的俘虏以誊写"六经大文"来换取"银钱",从文中我们可以判断这个"银钱"应是用来当作在日本的生活费用以及返回朝鲜的费用。另外从姜沆

---

① 《惺窝先生文集》卷之十,《藤原惺窝集》,[日]国民精神文化研究所1938年版,第135—136页。
② 姜沆:《看羊录》,选自《海行总载》,[朝]朝鲜古书刊行会1914年版,第416页。

的记录里我们还能发现如下事件,或者可以称为"涉乱事迹"①。

> 自吾之入倭中,归骨之心,未尝食息解。倭土之风,有钱则可使鬼。遂从倭僧舜首座,佣其书得银钱,暗与壬辰被掳人申继李、林大兴辈相结。仲兄率李等以银八十文买一船。待船事粗完,将尽起身,而继李轻薄,又漏於倭。佐渡家掩仲及继李等囚之大坂(阪),日杀一人。以仲不解倭言,必是继李等诱之。囚三日放归伏见城。

从上我们可以判断,其差使俘虏们誊写"四书五经"并付给他们工资是"舜首座"及藤原惺窝的提案。

俘虏们用得到的"银八十文"买了"一船",并秘密地准备着逃亡计划。但是此计划被文禄之役的俘虏申继李泄漏,他们被抓到大阪,导致了每日被处死一人的惨剧。

是否正是因为有如此事件存在,所以导致俘虏们在誊写的时候误字、脱字、遗漏频发?于是藤原惺窝就决定追问俘虏们事件的究竟,此时就使用了笔谈。那么他们之间是如何进行笔谈的呢?

二、"不敬"与"客里心乱"

《与朝鲜俘虏的笔谈》即藤原惺窝与朝鲜俘虏们的笔谈记录,其中涉及许多学术问题,兹引录如下。

> (a)程子注亲民曰,——[亲]当作新。是尚以正不改非正。今子以非正改正。或衍或阙,竟无全丁。(b)又曰:作字时甚敬,非欲好。是亦学也。(c)温国公《通鉴》②之藁数千万言,颠倒涂抹,未有草率之字云云。然则子不敬之甚何哉?请别有说乎?莫言无予之恕宥之心,且又虽如交浅言深,子才气颇骏逸,而犹似不足笃实。为子甚惜之。求备之鄙诚也,非恶言,领纳幸莫大焉。(肃)

---

① 姜沆:《看羊录》,选自《海行总载》,[朝]朝鲜古书刊行会1914年版,第437页。

② 此指司马光之《资治通鉴》。——译者注

予之书字误者,非是不敬。客里心乱之故也。然今见子之言,后之书字可不揩正乎? 亦可以为吾师矣。(朝鲜人)

"客里心乱"之四字甚当,予亦恻怛不浅。虽然他日上官归来,怒责左右之看使,看使所忧尤在兹。故渎告,非予素。子其亮察。(肃)

予之囚于他国,乡思日多,(d)乱我心曲。欲哭不可谓丈夫,欲泣为近于妇人。兹以压心抑志,含垢忍耻,饥寒亦乱其心志。奚可以镇心归正乎? 请闻其指示可生之途也。(朝鲜人)

不幸者,志士之常也。以饥寒可无镇心归正之理哉? (e)先圣"固穷"二字,如何受用哉? (肃)

(f)古诗云"悲火烧心曲,愁霜侵鬓根",客中之无兴,于此可见。又云"羽弱愁天远,鳞纤泣海长",远客之思归,于此亦可知。(g)虽旧君子素其位而行,久去父母之邦,(h)不胜首丘之怀。予安能忧忧久居此,而固守于穷困之中乎? 是以哀悼穷屈,不能自已也。(朝鲜人)。(以下别纸,后略)①

以上笔谈中注"肃"指藤原惺窝,注"朝鲜人"指俘虏。一方面,藤原惺窝认为俘虏们在誊写时"衍""阙"都"无全丁",因此认为他们是非常之"不敬"而为之。但是俘虏们却答并非"不敬",而是"客里心乱",即身处异乡心烦意乱。藤原惺窝认为朝鲜俘虏的态度有问题,对此俘虏们就把自身所处的环境作为误写的原因。即使如此,藤原惺窝还是指出俘虏们缺乏"笃实"。另外一方面,也是认可俘虏的学识"才气颇骏逸"。实际上,正如藤原惺窝所说的那样,俘虏们在笔谈过程中从汉籍中引经据典。那么俘虏们是引用了什么样的汉籍呢? 为了确认此问题,我们就从以上画线的(a)到(h)中解读相关信息。

三、朝鲜俘虏依据的汉籍

如前节所述的那样,在《与朝鲜俘虏的笔谈》中,藤原惺窝自始至终认为俘虏的

---

① 后略的部分叙述俘虏身份经历,其中提到两个女儿成了丰臣秀吉的侧室等,突然出现了令人难以置信的记载。引用部分的末尾处,从惺窝手稿复印件(前揭太田青丘《藤原惺窝》,第55页图版)看,蝇头小字写满一纸。因此推测,后略之处或许是另一次笔谈。

态度与心理状况有问题,而俘虏们则坚持诉说在异乡的几多烦闷,为此双方都引用了诸多的汉籍作为依据。

首先可以确认的是画线(d)的"乱我心曲"。这个是从《诗经·秦风》里的《小戎》里面引用而来的,见如下部分①:

> 小戎俴收,五楘梁辀。
> 游环胁驱,阴靷鋈续。
> 文茵畅毂,驾我骐馵。
> 言念君子,温其如玉。
> 在其板屋,(d)乱我心曲。

《毛传》里有"西戎板屋"之说,《郑笺》里有"妇人所用,悯其君子"之句,由此我们可以判断上面的诗句讲述的是秦代征伐西戎,妻子日夜思念赴西戎丈夫的主题。而后《正义》中有"言西戎板屋者,此言乱我心曲,则是君子伐戎,其妻在家思之。故知板屋谓西戎板屋"之句,即为妻子想念在西戎的板屋里睡觉的丈夫,而乱了"心曲"之意。

另一方面,朝鲜人俘虏以"予之因于他国,乡思日多"之句来述说自身身处异乡而"心曲"烦乱之感,《小戎》之中"心曲"烦乱的妻子并非身在异乡。比较《与朝鲜俘虏的笔谈》与其典故所在的《小戎》来看,两者中"心曲"烦乱的主角不同,而相通的却是别离故乡的主题。

对于俘虏们的思乡之情,藤原惺窝对答为"不幸者,志士之常也"。俘虏们身处囚地,心怀怨恨却遭受责难,于是他们就用画线部分(g)"虽旧君子素其位而行"即《中庸》中的一节来应答。《中庸》中有"君子素其位而行,不愿乎其外"之句②,意即君子应当就其当下所处的位置来行事,而不能超乎其外。该处又有"素富贵,行乎富贵;素贫贱,行乎贫贱;素夷狄,行乎夷狄;素患难,行乎患难"这样的具体案例,其中的"患难"非常符合俘虏们目前的境遇。

对于藤原惺窝所谈论的理想,俘虏们以《中庸》的一节表示理解的同时,还是继续表达其思乡之情难以拂却。正如画线部分(h)所示,在此处记载的"不胜首丘之

---

① 《毛诗正义》卷六,《十三经注疏·附校勘记》上册,中华书局 1980 年影印版,第 370 页。

② 《中庸章句》,《景印文渊阁四库全书》第一九七册,台湾"商务印书馆"2008 年版,第 204 页。

怀"应该是《楚辞》之《怨思》中的"狐死必首丘兮"①,抑或是从《礼记》中"檀弓篇上"中的"古之人有言曰,狐死正丘首,仁也"②之中取材而来,这个也是思念故乡时常用的套句。

如上,俘虏们一直在诉说着在异地的思乡之苦,而藤原惺窝又是如何应对的呢?

四、藤原惺窝依据的汉籍

藤原惺窝与俘虏进行笔谈,是因为他们在誊写"四书""五经"的时候出现非常多的误写与漏字。藤原惺窝据此认为俘虏的态度存在问题,于是就写下了画线部分(b)责难:"作字时甚敬,非欲好,是亦学也。"

此段文字有所据,当出自《小学》:"明道先生,作字时甚敬,尝谓人曰:'非欲字好,即此是学。'"③藤原惺窝引用这段文字的意思是,书写文字的时候必须"甚敬",而俘虏的态度则刚好与之相反④,于是就责难他们。

正如我们从前文看到的那样,俘虏们强调发生错误的原因是因为被囚禁在异国而心绪不安。对于这种说辞,藤原惺窝以"先圣'固穷'二字,如何受用哉"予以回应。画线部分(e)的"先圣'固穷'"是依据《论语》里的《卫灵公篇》,相关部分全文如下⑤:

> 在陈绝粮,从者病,莫能兴。子路愠见曰:"君子亦有穷乎?"(e)子曰:
> "君子固穷,小人穷斯滥矣。"

---

① 《楚辞章句》,《景印文渊阁四库全书》第一〇六二册,台湾"商务印书馆"2008 年版,第 39 页;《楚辞补注》,《四部丛刊》(初编·集部),上海商务印书馆缩印(明覆宋刊本)1928 年版,第 133 页。

② 《礼记正义》卷七,《十三经注疏　附校勘记》,中华书局影印 1980 年版,第 1281 页。

③ 《御定小学集注》,《景印文渊阁四库全书》第六九册,台湾"商务印书馆"2008 年版,第 604 页。惺窝给林罗山的书信中说:"因告前日《小学》之书,第五伦为私之一条,龟三所持之册为误字。"参见《藤原惺窝集》,第 157 页。《古今医案序》里也引用了《小学》嘉言篇的"程夫子云,事亲者,不可不知医",参见《日本思想大系》二八,《藤原惺窝、林罗山》,[日]岩波书店 1975 年版,第 83—104 页。由此可知惺窝确实研习了《小学》。

④ 阿部善雄指出,宋学里的"敬"对藤原惺窝的思想非常重要。参见阿部善雄《日本朱子学和朝鲜》,[日]东京大学出版会 1978 年版,第 58—59、98、109—110 页。

⑤ 《论语注疏》,收入《十三经注疏·附校勘记》下册,中华书局 1980 年影印版,第 2516 页。

孔子在陈国没有粮食，随从弟子也莫能幸免。子路于是感叹说"君子亦穷乎"，对此孔子回答说"君子固穷"。"先圣'固穷'"里的"先圣"是指孔子，藤原惺窝上面的应答正是基于此典故。

当时藤原惺窝也正在按照宋儒的学说给"四书""五经"加注训点，所以说"先圣固穷"是依据程伊川的"君子固穷，固守其穷也"、伊焞的"君子之穷也，则守道而不变"①，或者是朱子的"愚谓圣人当行而行，无所顾虑。处困而亨，无所怨悔"②，以此来解释作为圣人即便是穷苦潦倒也要遵守正道。同样的俘虏们给予藤原惺窝的对答"予安能郁郁久居此，而固守于穷困之中乎"也是沿用了程伊川的话。

进一步推断，藤原惺窝的脑海里或许还有王阳明《书林司训卷》的影子③。此文是王阳明在嘉靖五年（1526）所著，他在文中叹息对于专程来会见自己的老师林司训不能提供任何帮助而深感痛心，也对当时学问家的伪善而感到担忧。

> 林司训年七十九矣，走数千里，谒予于越。予悯其既老且贫，愧无以为济也。嗟乎！昔王道之大行也，分田制禄，四民皆有定制。壮者修其孝弟忠信，老者衣帛食肉，不负戴于道路；死徒无出乡；出入相友；疾病相扶持。乌有耄耋之年，而犹走衣食於道路者乎！周衰而王迹熄，民始有无恒产者。然其时圣学尚明。(e)士虽贫困，犹有固穷之节；里闾族党，犹知有相恤之义。逮其后世，功利之说日浸以盛，不复知有明德亲民之实。士皆巧文博词以饰诈，相规以伪，相轧以利，外冠裳而内禽兽，而犹或自以为从事于圣贤之学。如是而欲挽而复之三代，呜呼其难哉！

上文中的"士"即使处于贫困也坚守"固穷之节"，这与藤原惺窝要求俘虏像"志士"一样"固穷"是一致的。事实上，藤原惺窝接触过王阳明的文章，所以我们也不可否定其参照了以上文章的可能性。比如藤原惺窝在给林罗山的信函中是这样写的④：

---

① 《论语精义》，《景印文渊阁四库全书》第一九八册，台湾"商务印书馆"2008年版，第72页。
② 《论语集注》，《景印文渊阁四库全书》第一九七册，台湾"商务印书馆"2008年版，第336页。
③ 《王文成公全书》卷之八，收入《四部丛刊》（初编，集部），上海商务印书馆缩印（明隆庆刊本）1929年版，第269—270页。
④ 《惺窝先生文集》卷之十一，收入前揭《藤原惺窝集》，[日]国民精神文化研究所1938年版，第155—156页。

昨昨不意之闲话，颇洗烦襟。六条参议传语，必可相达而已。阳明诗一册、丘浚诗一册，暂留之。《阳明文录》在僧（闲室）三要书室，先是借以瞥尔过了，实如飞鸟之过目而不可踪迹。此册亦《文录》中之所录乎？抑又别录乎否？丘氏者编纂《大学衍义补遗》者手？如何？所评品之题文，龟思鳖望在此矣。不日寄来，则镒金非重，小夜小话，速落手。盖辽东之白豕欤？惭惭。又急病让夷之抄书之片纸记取了。返赐之，以余室中无《国语》也。

王阳明的《书林司训卷》收录在谢廷杰在隆庆六年（1572）发行的《王文成公全书》中，从上文里我们可以确认当时藤原惺窝拥有《阳明文录》这本书。所以藤原惺窝看到过《书林司训卷》也不足为奇。但是因为有"先是借以瞥尔过了，实如飞鸟之过目而不可踪迹"这句话，又或许可以推论藤原惺窝没有细读《阳明文录》，所以没有看到过《书林司训卷》的可能性也是存在的。

最终，我们无法断定藤原惺窝是否依据过王阳明的《书林司训卷》，只能作为一种可能性留待后考。但是，既然藤原惺窝的学问立场和王阳明接近，这个也就存在作为旁证的余地。那么藤原惺窝的学问在哪些点上与王阳明接近呢？我们将在下一节继续探讨。

五、《与朝鲜俘虏的笔谈》与当时的学问动向

从前文中我们可以得知，藤原惺窝和朝鲜俘虏在笔谈过程中，双方均援引《诗经》《论语》等作为议论的依据。这里我们不应该仅拘泥于考证其出处，而是应该可以据此来考察 16 世纪末到 17 世纪初期的学问动向。以下，我们通过藤原惺窝和俘虏的各自言说来探讨这个问题。

（一）藤原惺窝和《大学》《资治通鉴》

首先我们从画线部分（a）开始看，这里藤原惺窝写下了"程子注亲民曰，——〔亲〕当作新。是尚以正不改非正"之句。这是《大学》里"大学之道，在明明德，在亲民，在止于至善"[①]中关于"亲民"的论述，比如说朱子的《经筵讲义·大学》中有如

---

① 《大学章句》，收入《景印文渊阁四库全书》第一九七册，台湾"商务印书馆"2008 年版，第 4 页。

下记录①：

> 亲，程氏以为字当作新，是也。其义则去其旧而新之云尔。言既能自
> 明其明德，又当推以及人，使人亦有以去其旧染之污也。

自程伊川将"亲民"改为"新民"以来，此语中就包含了去除过去之恶习，人生重新获得新生的意味，现在的《大学》也采用这个解释。然而，藤原惺窝认为这个改变是"以正不改非正"，意思是"亲民"是"非正"即不是错误，而主张"新民"也不是"正"。

藤原惺窝的这一主张可以说是特殊的解释，随着朱子《大学章句》的普及，按照一般的理解，"新民"是正确的，而"亲民"是错误的。

然而，传为一条兼良所撰的《四书童子训》②、清原宣贤的《大学听尘》③，均与藤原惺窝的观点相左，认为"亲民"是"错字"而已。

如此看来，如果与15—16世纪《大学》的流行解释对比，我们会发现藤原惺窝的立场是比较特殊的。那么，藤原惺窝的观点是以何为参照物的呢？林罗山在《惺窝答问》里有如下记述④：

> 问：王阳明《大学》从古本，作亲民，以仁解明德，以天地万物为一体解
> 亲民。
> 先生曰：新之之中，乃有亲之之意而存焉。新民毕竟非亲民而何？然
> 则，作新民怎地好。
> 惺窝批曰：亲民之中，亦有新民之意。

---

① 《晦庵先生朱文公文集》卷第十五，收入《四部丛刊》（初编、集部），上海商务印书馆缩印（明刊本）1929年版，第214页。

② 住吉朋彦：『〈四書童子訓〉翻印並に解題』，载『日本漢学研究』2001年第3号；《清原宣賢漢籍抄翻印叢刊》翻印之部，［日］汲古書院2011年版，第238页。

③ 同前《清原宣賢漢籍抄翻印叢刊》翻印之部，二五ウ～二六オ・影印之部，［日］汲古書院2011年版，第51页。关于《大学聴塵》因袭了《四书童子訓》的说法，参见阿部隆一：『本邦中世に於ける大学中庸の講誦伝流について一学庸の古鈔本並に邦人撰述注釈書より見たる一』，载《斯道文庫論集》1962年第1辑；住吉朋彦：『〈四書童子訓〉翻印並に解題』及『清家の講説と〈四書童子訓〉』，选自池田利夫编：『野鶴群芳一古代中世国文学論集一』，［日］笠間書院2002年版，第239、245页。

④ 猪口笃志、俣野太郎：《藤原惺窝、林罗山》，［日］明德出版社1982年版，第200、227页。

朱子曾经认为原为《礼记》中一篇的《大学篇》衍文、阙文、错简甚多，故加以修改订正，编成了现在的《大学章句》。与此相对，王阳明却认为《礼记》里收录的《大学篇》没有错误，为此编撰了《古本大学》[①]，其中未把"亲民"改为"新民"。

藤原惺窝也在《大学要略》里提到"旧本无错简""朱子注为有阙文，然旧本如此，当无阙文"[②]，这和王阳明的立场是一致的。至于"亲民"，也如同前述，虽汲取"新民"之意，仍以"亲民"为本。在《大学要略》的其他地方，我们也可以看到藤原惺窝依据"亲民"的用例。[③]

> 在亲民者，即正人伦，上下相亲和睦。故孟子曰"人伦明于上，小民亲于下"。亲字有亲爱养育之心，即养之义也。
>
> 教养，治人治己之第一义也。亲字，未必是亲近之亲。林注如此引孟子。然孟子有亲民之字，使亲之心，乃人伦内之一事，与明德同心。私按：云明德有教心，亲民即养民之义，故云亲爱养（育脱力）。后生罪我知（我脱力），即在此矣。

藤原惺窝根据王阳明的学说，认为《古本大学》是对的，且"亲民"比通常翻译的"新民"更为妥当。藤原惺窝的这个学问观点反映在了前文所示的画线部分（a）处。

下面我们来看画线部分（c）。这与画线部分（b）一样，由于誊写"四书""五经"的俘虏们"不敬"且缺乏"笃实"，所以藤原惺窝就用"温国公《通鉴》之藁数千万言，颠倒涂抹，未有草率之字云云"之词来责备他们。藤原惺窝的说辞大概与他编撰的《文章达德纲领》有关[④]：

> 《资治通鉴》成，温公托范淳父作《进书表》，今刊于《通鉴》后者是也。
>
> 温公以简谢淳父云："真得愚心所欲言而不能发者。"（c）温公书帖，无一字

---

① 阳明在正德十三年（1518）撰写《大学古本序》，见《王文成公全书》卷之七，收入《四部丛刊》，第241页。

② 《藤原惺窝集》，[日]国民精神文化研究所1938年版第392页；猪口笃志、俣野太郎：《藤原惺窝、林罗山》，[日]明德出版社1982年版，第57页。

③ 国立公文书馆林罗山旧藏本。参见前揭《藤原惺窝集》，第379、385页；《藤原惺窝、林罗山》，第51页。

④ 《藤原惺窝集》卷下，[日]国民精神文化研究1939年版，第296页。

<u>不诚实也。</u>

以上虽然与《与朝鲜俘虏的笔谈》不一定字句完全一致，但是有关司马光在撰写《资治通鉴》的时候认真确认每一个字情形的叙述，在内容上是一致的。

《文章达德纲领》归入诗文部的类书，引文出自王铚《四六话》①。太田青氏认为《文章达德纲领》系辑录汇编集前人文章，没有藤原惺窝自己的记述，所以未能反映其独创性与个人见解。② 但是，藤原惺窝选择收录了什么样的文章，体现了他的学问立场，③所以不可等闲视之。

《与朝鲜俘虏的笔谈》里可以看到藤原惺窝对于《大学》的理解以及与藤原惺窝所编《文章达德纲领》的关联。总而言之，笔谈中的言说反映了藤原惺窝的学问倾向。

(二)朝鲜俘虏与《白氏文集》

如前所述，俘虏们一直和藤原惺窝诉说自己的思乡之念。其中画线部分(f)的"悲火烧心曲，愁霜侵鬓根"也同样如此。从这里的"古诗云"，我们也可以找到其出典。《白氏文集》卷第十《朱陈村诗》应当就是出典所在④。

徐州古丰县，有村曰朱陈。

去县百余里，桑麻青氛氲。

机梭声扎扎，牛驴走纷纷[纭纭]。

女汲涧中水，男采山上薪。

县远官事少，山深人俗淳。

有财不行商，有丁不入军。

家家守村[田]业，头白不出门。

生为陈村民，死为陈村尘。

田中老与幼，相见何欣欣。

---

① 《景印文渊阁四库全书》第一四七八册，台湾"商务印书馆"2008 年版，第 956 页。

② 太田青丘：《藤原惺窝》，[日]吉川弘文馆 1985 年版，第 118—120 页。

③ 猪口笃志也表达了同样的见解。参见猪口笃志、俣野太郎：《藤原惺窝、松永尺五》，[日]明德出版社 1982 年版，第 99 页。

④ 《宫内厅所藏　那波本白氏文集》第一册，[日]勉诚出版 2012 年版。引文中[]内文字系据《新释汉文大系》四四七番标出。

一村唯两姓，世世为婚姻。

亲疏居有族，少长游有群。

黄鸡与白酒，欢会不隔旬。

生者不远别，嫁娶先近邻。

死者不远葬，坟墓多绕村。

既安生与死，不苦形与神。

所以多寿考，往往见玄[曾]孙。

我生礼义乡，少小苦[孤]且贫。

徒学弁是非，祇自取辛勤。

世法贵名教，士人重官[冠]婚。

以此自桎梏，信为大谬[天僇]人。

十岁解读书，十五能属文。

二十举秀才，三十为谏臣。

下有妻子累，上有君亲恩。

承家与事国，望此不肖身。

忆昨旅游初，迨今十五春。

孤舟三适楚，羸马四经[入]秦。

昼行有饥色，夜寝无安魂。

东西不暂住，来往若浮云[飘若风中云]。

离乱失故乡，骨肉多散分。

江南与江[海]北，各有平生亲。

平生[存者]终日别，逝者隔年闻。

朝忧卧至暮，夕哭坐达晨。

(f)悲火烧心曲，愁霜侵鬓[发]根。

一生苦如此，长羡陈村民。

　　该诗系元和三年至五年(808—810)白居易在长安所诵，白居易在朱陈村朴素的生活中似乎看到了某种理想乡的影子。画线部分(f)虽然说的是混迹于官场的白居易的苦恼，在这里却可以被解读为俘虏在异国的思乡之苦。

　　据藤本幸夫的相关研究成果所示,《白氏文集》在朝鲜的流传并不太广泛①。如果事实如此,那么从《与朝鲜俘虏的笔谈》中看到的对于《白氏文集》的引用,可视作白居易诗文在朝鲜流传的比较罕见的一例。

　　除此之外,我们是否可以从这个引用中看到那波本《白氏文集》形成的背景呢?正如学界前辈已经指出的那样,这本书是以朝鲜版的《白氏文集》为基础的。② 至于其原因,藤本幸夫指出朝鲜版可补古抄本之欠、编辑者那波道圆对于朝鲜的憧憬。③

　　与此同时,我们也可以推测藤原惺窝在其中所起的作用。那波道圆是藤原惺窝的门第,他把元和四年(1618)刊行的《白氏文集》送给了藤原惺窝。林罗山在《惺窝先生行状》里有如下记载④:

　　　　道圆新锓《白氏文集》,先生每一二卷板成,不待全部,先取而见之,曰:"我读香山诗文,爱其风流,偶尔是可慰悦目下。"

　　虽然上面这段记载出自后世之人记述,但是我们在藤原惺窝自己写给道圆的书信中可以找到确凿的证据⑤。

　　　　《倭名类聚抄》绣梓了,实可资多识,荷一部之惠。今又新刊《白氏文集》卷卷,每终上板寄来,诵之尤适老怀。何赐加之,以谢焉。

　　如上所述,首先我们可以确认以那波本的《白氏文集》为媒介,道圆和藤原惺窝

---

① 关于朝鲜模仿白诗的情况,请参考藤本幸夫:《朝鲜版〈白氏文集〉考》,选自《白居易研究讲座》第六卷,[日]勉诚社 1995 年版,第 180、200 页);金卿东原著、丰福健二:『朝鮮文献に見える〈白氏文集〉—"何処難忘酒"詩をめぐって—』,载『白居易研究年報』2012 年第 13 号。

② 关于此点,可参照下列诸论著:桥本进吉《神田喜一郎氏藏本白氏文集卷第三解说》,《文集卷第三》,[日]古典保存会 1927 年版;小尾郊一:『白氏文集伝本に就いて』,载『東方学報』1946 年第 15 册第 2 分;花房英树:『白氏文集の批判的研究』,[日]中村印刷株式会社出版部 1960 年版,第 47—59、162—169 页;小松茂美:『平安朝伝来の白氏文集と三蹟の研究』研究篇,[日]墨水书房 1965 年版,第 555 页;平冈武夫:『白氏文集の校定　序説』,选自《白氏文集》,[日]京都大学人文科学研究所 1971 年版,第 12—18 页;藤本幸夫:『朝鲜版〈白氏文集〉考』,选自《白居易研究讲座》,[日]勉诚社 1995 年版,第 196—200 页;今原和正:『那波本—付四部叢刊本との校異—』,选自《白居易研究讲座》,[日]勉诚社 1995 年版,第 231—232 页。

③ 藤本幸夫:《朝鲜版〈白氏文集〉考》,选自《白居易研究讲座》,[日]勉诚社 1995 年版,第 199 页。

④ 《藤原惺窝集》,[日]国民精神文化研究所 1938 年版,第 11 页。

⑤ 见《与道圆》书信,收入《惺窝先生文集》卷之十二,第 171 页。

有交集;其次以此为契机,道圆或许通过藤原惺窝了解到朝鲜版《白氏文集》的存在,而藤原惺窝则是通过与朝鲜俘虏的笔谈知道《白氏文集》在朝鲜的传播。

我们大致可以推断,《与朝鲜俘虏的笔谈》与那波本《白氏文集》的刊行具有某种关联。但是由于缺少确凿的证据,我们又不能简单地把两者联系起来。故我们先不下定论,只是提出问题以供参考。

六、结 语

在东亚地区笔谈得以成立的大前提是汉字的通行,但是对汉籍中典故的引用也是其中非常重要的构成因素。从这一问题出发,本论文举出庆长三年(1598)藤原惺窝与朝鲜俘虏的笔谈作为实例。

《与朝鲜俘虏的笔谈》是关于但马竹田城主赤松广通进行四书五经的誊写事业的时候,参与其中的朝鲜俘虏们出现很多的抄写错误、脱字,对此藤原惺窝进行了事情调查。关于错误的原因,藤原惺窝指责俘虏们"不敬"与缺乏"笃实",态度上存在问题。而对此俘虏们则述说了远离故乡被囚禁于异国之地时内心的不安,是因为环境的原因才引起了问题。于是双方就是在此过程中各自引用汉籍进行了笔谈。

引用的汉籍有《诗经》《论语》《中庸》《礼记》《小学》《白氏文集》。藤原惺窝与俘虏双方都从事了"四书""五经"的誊写工作,所以引用也是以这些书籍为中心。特别是《论语》,双方似乎都是根据程伊川的注解,从藤原惺窝对《小学》的引用案例来看,这种推测并非毫无根据。

另外,俘虏在笔谈中引用《白氏文集》,这在朝鲜属于比较罕见的事例。继而推测,元和四年(1618)那波本《白氏文集》刊行,或许与笔谈有所关联。

再则,藤原惺窝在笔谈中言及《大学》与王铚的《四六话》,从中可以窥见与《大学要略》《文章达德纲领》的关联,且反映了藤原惺窝的学术思想。尤其是关于《大学》的内容,可以看到藤原惺窝对阳明学的偏爱,应该引起关注。

本论文中尽可能的探求《与朝鲜俘虏的笔谈》的典故出处,但是还有不能阐明之处。比如朝鲜俘虏为表达思乡之情而引用的"又云'羽弱愁天远,鳞纤泣海长'"的"又云",肯定与某个典故相关,可是却没有找到出处,只能留作今后的调查课题。

路永名《七言不堪奉试一首》里有"纤鳞进浪惭力微,弱羽逢风倦退飞。别有邯

郸学步者,中途匍匐不知归"①,这是日本淳和朝(823—833)时期的诗句,朝鲜俘虏
应该不会引用此典故。但是诗中出现"羽弱"与"鳞纤"的连用,这大概是日韩乃至
东亚区域传播已久的又一个未知典故。

(翻译:浙江工商大学东亚研究院　谢咏、王勇)

---

① 见日本汉诗集:『経国集』一八六,收入『群書類従』第八辑,第 529—230 页;小岛宪之:『経国集私注』,
收入『国風暗黒時代の文学　下Ⅲ—弘仁·天長期の文学を中心として—』,〔日〕塙书房 1998 年版,第
3792—3795 页。路永名在承和十一年(844)正月七日叙从五位上,同十二年二月二十七日任命为少纳言(『続
日本後紀』,收入『新訂増補国史大系』)。

新井白石与朝鲜通信使的笔谈二则*

孙　文

（中国　河南大学外语学院）

凡　例

　　一、此次整理使用底本为早稻田大学图书馆藏大槻文彦藏"竹窗主人清崇"誊抄本，以下省称"抄本"。参校本为日本国书刊行会发行《新井白石全集》第四卷所收《坐间笔语》《江关笔谈》（省称"《全集》"）和韩国古典综合数据库 http：//db.itkc.or.kr/itkcdb/mainIndexIframe.jsp 发布之任守干《东槎日记》（坤）所附《江关笔谈》（省称"DB"）①。

　　二、抄本每以抬头、空格表示尊崇之格式，皆不予保留，但原文使用的标注符号，如"〇"予以保留。

　　三、抄本于问答之初句后，小字标注问答者名，或偶有双行小字注释，这次整理除双行改成单行外，余皆照原样小字抄录。笔谈文本中间或有说明情境的文字，以黑体字抄录之。文中有（　），其中文字系整理者据文意补充者。校语作"当据改"者，表示当据参校本改之。

　　四、此次整理，为了尽量保持文献原貌，录文与校注及相关注释使用繁体字，引用文献原则照录底本（抄本），并参校他本。底本中的缺笔字、避讳字、怪字、俗字，一仍其旧，视其必要，出校勘记以示异同。

　　五、抄本有点读时加的"、"点，《全集》和［DB］均有"。"点。此次校勘均改作新式标点。

---

　*　河南大学外语学院兰立亮副教授为本文提供大量基础性文献，特此感谢！

　①　通过网络检索得知，韩国奎章阁有《江關筆談》写本（奎 15727—v.1－2），未能寓目。

六、校勘记，只标示底本与参校本之异同，并指出正误。整理者所加的说明或注释以页下注的形式标出。

余頃讀《坐間筆語》，深美白石源大夫之答矣。近世俗儒不解大經，偶接異邦人，筆舌之間，詖辭妄答，不知失國體自辱者，間或有諸。於是，俗人犬吠，有話說及明清之事，如謂其人曰華人，謂其產物曰華物之類，實關乎人倫名教也不細矣。冀世之舌以代筆者，於此答致思，則言可寡尤耳。蓋朝鮮原吾屬國，而彼以禮儀衣冠之邦自居矣，建清道巡視之旗以行矣。加之，我州郡勞來之費，不可訾也。然有言責人，所以不爲議者，豈以柔遠之故，厚往薄來邪？將爲宗膾胥敎而存于蓬艾之間耶？

天明己酉正月甲子　平安鈴木公溫[1]識

題坐間筆語

皇朝樂部，有得於本邦者，有得於外國者。京師伶官之家世掌之。自近，燕饗以散樂爲禮，古禮遂廢不行，可嘆也已。辛卯冬，朝鮮使臣來聘。惟十一月三日，錫宴於內殿，依前代例，當用散樂，朝散大夫源君美建議，更以古樂代之，偏用本邦外國之樂。及燕饗之日，堂上樂作，使臣皆竦然改容。每樂更奏，君美與之筆語，應對如流。宴罷，乃第錄樂名，各附問答之語于其下以進。今之所錄，即其稿也。昔延陵季子[2]聘魯，觀三代之樂，左氏傳之，古今以爲美談。自漢季三國之後，歷南北十六朝，以逮南宋遼金之時，敵國交聘，前後相踵，未聞有使臣觀樂於燕食[3]之間者，千有餘年間絕矣。不可見者，今乃見之。吾知後之作史者，亦將繼左氏而傳之，使其事赫赫於百世之下。豈特使臣榮，抑亦邦家之光也。

鳩巢主人室直清題

【校勘】

【1】《全集》誤植作"鈴木兵溫"。鈴木公溫（1744—1804），字澤夫，號潤齋，又稱忠助，別號尋嗣齋，京都人。

【2】《全集》無"子"字。

【3】食，《全集》作"會"。

坐間筆語

正德二年[1]，朝鮮來聘，使者至于江戶。本年十一月，賜燕樂，白石源君美在坐，與使人筆語。

【校勘】

【1】《全集》作"元年"。當據改。

燕樂目錄

振鉾　三臺鹽　長保樂　央宮樂　仁和樂　太平樂　古鳥蘇①　甘州　林歌　陵王　納曾利　長慶子

○振鉾

東方開國之日，天祖象功樂舞，凡陳樂必先奏此曲。振鉾讀如偃武，或曰：周大武舞。_{源君美}

颯颯乎，其治世之音也。_{正使趙泰億}

又有祀享之樂耶？_億

祀享則有神樂，國風則有催馬樂。_美

振鉾似[1]偃武，音節雍容可觀，想必用於祀享。_{從事李邦彦}

【校勘】

【1】《全集》"似"下有"是"字。

○三臺鹽

疏勒鹽曲之一也。隋唐以備燕樂者也[1]。_美

何其不取韶濩，而雜用外國之音耶？_億

故曰燕樂。_美

---

①　古鳥蘇，抄本、《全集》皆誤，應作"古鳥蘇"。下同。據副使任守幹《東槎日記》十一月三日條：次奏古鳥蘇。花冠雜綵衣、曳綠裙佩劍、背後挿笏者四人來舞，兩人先退，取拂以來，狀如蠅鞭，兩人受以舞之。卽高麗部云。（載『大系・善隣と友好の記錄・朝鮮通信使』第四卷，明石書店 1993 年版）

何不用古樂懸耶? 億

唐宋樂懸可考而已，所謂龍鳳鼓等制，即此也。其制詳見于《文獻通考》等。美

《通考》雖古書，何如六經? 億

此又所以備燕樂也。美

舞人傅【2】粉耶? 同知崔尚巇

男子何用施粉爲? 美

美哉! 其面絕白。大抵是邦人物清而麗。巇

【校勘】

【1】《全集》無"也"字。

【2】傅，《全集》誤植作"傳"。

○長保樂

即是高麗部樂。美

貴邦猶有此舞耶? 同

勝國之音，今則亡矣。億

我朝有我朝并他邦之樂，逢貴國之人，則奏貴國之樂，以歂之。逢唐山之人，則奏唐朝之樂以慰【1】。副使任守幹。【2】

【校勘】

【1】《全集》"慰"下有"之"字。

【2】《全集》此下另行括註"（是相國寺緣長老告韓人之語，君美誤為任守幹言）"。

○央宮樂

本朝樂舞。美

大抵頗有古雅【1】調。可貴，可貴。億【2】

【校勘】

【1】《全集》有"之"字。

【2】此下《全集》有如下數行文字:

諸賢不喫相思烟耶? 美

恩賜自是，錦繡恐烟氣點污。億

錦繡不染烟氣，文彩自鮮明也。古色則無如之何。美
戲而已。不佞性不吸烟茶，兩像則能嗜之。億
墨出青松烟，墨客嗜烟，豈得無非其氣類耶？美

○仁和樂
又[1]是高麗樂舞。美
插冠者何？億
貂。美
伶官何亦插侍中之貂？億
是樂出[2]自貴邦，諸賢可[3]知其説而已。我何知之？敢問。美

【校勘】
【1】又，《全集》作"亦"。
【2】《全集》"出"下有"者"字。
【3】可，《全集》作"應"。但無"我何知之？敢問。"

○太平樂
一名小破陳樂，即是唐明皇所作。美
嘗聞貴國人士[1]，善擊刀術。幸爲俺等啓請，[2]得一觀，如何？幹
本邦之俗，卒伍以上，皆腰雙刀，戎事則又佩一刀，長短大小，各適其用。若農商，亦無不佩一刀者。身已佩之，不堪運用，亦何爲？又有拔刀之術，其法神機，出入變動不測，雙手纔及刀頭，電掣風飛[3]，灑血吐霧，鋒刃刃[4]如未始[5]出乎室者，而跬步間，有人既喪其元。駢肩而坐焉。是等小技，人人能之。諸賢欲試觀之，則請宗馬州可也，何必啓請？美
貴國黄倡劍戲亦如何？仝[6]
鷄林兒黄倡，年十四，學劍，報父讐，至今有樂府。鷄林人最善是舞，可觀。億
妓女輩亦能之，擲雙劍於空中，能以一手接之。同[7]
皇京大阪亦有此樂耶？幹
天朝樂官，世守其職。大阪及南都，[8]是舊京之地，各有樂戶，皆是歷世千有餘年，而不墜厥業者。美

【校勘】

【1】貴國人士,《全集》作"貴邦之人士"。

【2】《全集》"得"前有"以"字。

【3】飛,《全集》作"驚"。

【4】刃,《全集》無此"刃"字。寫本圈之,并旁注"恐衍"。

【5】《全集》無"始"字。

【6】仝,《全集》作"同"。

【7】同,《全集》作"同億"。

【8】《全集》"是"前有"亦"字。

○古鳥蘇①

是又【1】高麗部舞。美

所採何物【2】？億

蓋是古【3】拂子,吾嘗得見天朝禮器圖,其中有拂子圖,即如舞人所採者。南京又有三秘庫,庫中所藏皆是。聖武天皇內府之物,有一麈尾,其制與舞人所採亦異。世傳,庫中又有晁卿遺書云,當時實是唐開元全盛之日,則知庫中諸寶器,多是唐代物也。美

王維李白之詩此【4】存耶？幹

不佞【5】去歲一過南京,及見三大舊庫,巍然猶存。但恨未得見其所藏者,不知王李之詩亦何如？美

金生真蹟,猶存否？從事李邦彥

多有印蹟,親筆亦或有之。美

【校勘】

【1】又,《全集》作"亦"。

【2】何物,《全集》作"者何"。

【3】《全集》此處有"之"字。

【4】此,《全集》作"皆"。

【5】不佞,《全集》作"僕"。

---

① 應為"古烏蘇"。

○甘州

即是天寶樂曲。美

詞章可得見歟？億

唐詩中有甘州詞，即此【1】。美

【校勘】

【1】此，《全集》作"是"。

○林歌

又是高麗樂【1】。舞人所戴，李白詩云【2】"金華折風帽"之類乎。美

金華折風帽，即我國新冠者所著，金色草笠也。此則工人所著花冠之類，士大夫不著之。億

【校勘】

【1】《全集》此下有"或作臨河"一句。

【2】云，《全集》作"所謂"。

○陵王

齊人象蘭陵王長恭破周師於金墉城下者，即蘭陵王入陣曲。美

所採何物？億

籚。美

高齊之樂，何以傳播於貴邦耶？幹

天朝通問於隋唐之日，所傳來也。美

此等樂譜，雖非三代之音，隋唐以後音樂，獨傳天下不傳之曲。誠可貴也。億

天朝與天爲始，天宗與天不墜。天皇即是真天子。非若西土歷朝【1】以人繼天，易姓代立者。是故，禮樂典章，萬世一制。若彼三代禮樂，亦有其足徵者，何其隋唐以後之謂哉！美

有禮如此，有樂如此，及【2】不一變至華耶？億

手之舞，足之蹈【3】無不中於其節者，最妙。嶧

奏此曲者，其先高麗人。因以狛爲姓，於其聲樂，當代第一。其假面亦數百年【4】之物也。美

【校勘】

【1】《全集》此處有"之君"二字。

【2】及,抄本旁注"乃",《全集》作"乃"。

【3】手之舞,足之蹈,《全集》作"手之舞之,足之蹈之"。

【4】《全集》此處有"前"字。

○納曾利

高麗部樂。美

不佞輩叨此盛事,已極感荷,況與白石周旋,此豈小夤緣耶？尤幸。吾輩別後,幸勿忘之。億

衛風[1]有之云"終不可諠兮",何敢不拜嘉。美。[2]

【校勘】

【1】風,《全集》作"詩"。

【2】《全集》此段下有饗宴座次圖。

○長慶子[1]

坐間筆語　終

【校勘】

【1】《全集》無"長慶子"及後面的"坐間筆語終"等字。

江關筆談

通政大夫吏曹參議知製教趙泰億輯【1】

辛卯正德元年【2】十一月五日，在江戶時，白石源與君美新井筑後守來訪館所【3】，敍寒暄訖。

【校勘】

【1】[DB]無"通政大夫吏曹參議知製教趙泰億輯"之句，然有青坪壬辰仲春序。兹將序文另輯為附錄，見"異文一"

【2】《全集》、[DB]皆無"正德元年"。

【3】[DB]此句作"新井筑後守原璵君美來訪館中"

平泉取紙筆書示【1】曰：筆端自有舌，可以通辭，何必借【2】譯。平泉，正使之號。

白石【3】曰：敬諾【4】。

南岡【5】曰：貴邦先秦書籍獨全之說，曾於六一鏽刀之歌歐陽永叔《日本刀歌》云：徐福行時書未焚，逸書百篇今尚存。令嚴不許傳中國，舉世無人識古文。先王大典藏夷貊，蒼波浩蕩無通津。《文忠公集》卷十五【6】見之矣，至今猶或有一二流傳【7】耶？南岡，從事號。

白石曰【8】：本邦出雲州有大神廟，俗謂之大社。嘗聞神庫所藏竹簡漆書，蓋古文《尚書》云。

青坪【9】曰：其書想必以科斗書之，能有觧之者。【10】亦有謄傳之本耶？青坪，副使號。

白石曰：本邦之俗，深秘典籍【11】，蓋尊尚之也【12】，況似有神物呵護之者【13】？亦可以恨耳【14】！

平泉曰：或人【15】傳，熊野山徐福廟，有科斗之書【16】。古文厄于火而不傳云，此言信否？

白石曰：此【17】俗人誣說。

青坪曰：有書不傳，與無【18】同。果有此書【19】則當與天下共之。深藏神廟，意甚無謂。何不建白【20】謄傳一本耶？此下當有白石之答。【21】

白石又曰：尾張州熱田宮，諸君【22】所經歷也。此宮中亦有竹簡漆書二三策云【23】，蓋科斗文字。

南岡曰：帰時可能得見否？

白石曰：神府之秘，不可獲観矣。【24】

平泉曰【25】：蔡中郎之秘《論衡》，本不是美事，崇信鬼神，又近於楚越之俗。有書不
　　　　見，與無有何異？

白石曰【26】：周外史所掌三皇五帝之書，孔子乃斷自唐虞以下，訖于周，凡百篇。秦
　　　　火之后，漢人始傳今文於伏生之書。嗣後亦得古文，併得五十九篇【27】，
　　　　而先儒以謂古文至東晉間方出。其書皆文從字順，非若伏生之書，有不
　　　　可讀者，其亦難言矣。且若始得壁中書云，科斗書廢，時人無能知者。況
　　　　今去漢已遠，世果有能知其書者哉？後之要見二帝三王之道，何必求於
　　　　先秦科斗之書，善讀今文，亦既足矣。且夫二帝三王之道，與民同其好惡
　　　　而已。我先神藏之，後民奉之，而至于今。今且褻神明，拂民情，或索而
　　　　得之，乃謂我能得二帝三王之書，無乃非二帝三王之心乎。愚所以不
　　　　敢也。

【校勘】

【1】[DB]俓作"平泉曰"，並于"平泉"後小字註"正使號"。

【2】借，《全集》、[DB]均作"倩"。

【3】[DB]小字註"源璵號"。

【4】敬諾，[DB]作"謹領雅意"。此句下另有數行問答：

　　白石問平泉曰：何不吸烟茶？

　　平泉曰：平生不嗜此物。

　　白石曰：古人云無酒腸，豈公無烟腸耶？

　　平泉曰：心中自是錦繡，豈容烟火氣點汙？

　　　遂相與一噱。

【5】[DB]小字註"從事號"。

【6】《全集》、[DB]皆無"歐陽永叔……卷十五。"小字註文。

【7】《全集》此處有"者"字。

【8】曰，《全集》作"答"。

【9】[DB]小字註"副使號"。

【10】[DB]"亦"前有"而"字。

【11】深秘典籍，[DB]作"以祕為要"。

【12】[DB]無"蓋尊尚之也"。

【13】況似……之者，[DB]作"況神廟之藏，俗間不得傳寫。"

【14】亦……恨耳，[DB]作"可恨"

【15】《全集》無"人"字。

【16】[DB]作"有蝌蚪書"。

【17】[DB]此處有"乃"字

【18】[DB]此處有"書"字。

【19】此句[DB]作"若有此古書"。

【20】[DB]此處有"于朝"。

【21】《全集》無此小字註。[DB]存錄如下問答：

> 白石曰：殿下亦知其俗，雖然不悖其情，乃是仁厚之德。
>
> 平泉曰：葵中郎之祕論謝，本不是美事，崇神鬼神，又近於楚越之俗。有書不見，與無有
> 何異？
>
> 白石曰：故不佞謂之俗。如何如何。

【22】君，[DB]作"公"。

【23】[DB]無"云"字。

【24】[DB]此句作"既為祕文，何得見之？"

【25】[DB]"平泉曰"全句不在此處，見【21】

【26】[DB]無"白石曰"以下全段文字。

【27】嗣後亦得古文，併得五十九篇，《全集》作"嗣後亦得古文於孔子壁中，其篇數增多於所聞伏生之書，於是今古文併得五十九篇"。

白石曰[1]：公等奉使萬里，合二國之驩，雖則賢勞，豈不壯哉。若僕生，懸弧以來，譬
　　　如坐井，未嘗始望洋。初冠在壬戌之聘造請[2]貴邦二三君子，嗣後唐山、
　　　琉球及大西洋、歐羅巴地方和蘭、蘇亦齊、意多禮亞人等至於前[3]，僕皆
　　　得見之。且今與諸公周旋有日于此，少償四方之志耳。

青坪曰：大西洋，是西域國名。歐羅巴、意多禮亞[4]等國，[5]在何方耶？

白石曰：貴邦無萬國全圖耶？

南岡曰：有古本，而此等國多不載[6]。

白石曰：西洋者，去天竺國，猶且萬里[7]。有所謂大小西洋。僕家藏有圖一本，可以
　　　備觀覽焉[8]。

南岡曰：異日[9]有所儲，毋慳一示。

白石曰：第恨其地名，誌以本邦俗字[10]，諸君[11]難解。其圖義在《月令廣義》、《圖書
　　　編》等書者，即是。

南岡曰:吾邦無此書矣。

明日,白石送一小圖來。

(白石)曰:萬國全圖,原本二式,有地毬,有橫幅,皆係番字。其字如綠[12]髮,地名人物,風俗土產,盡備焉。利山人所刻六幅圖,及《月令廣義》、《天經或問》、《圖書編》等所載,譯以漢字,略記其梗槩而已。此小圖吾長崎港人所作,其編[13]地之法,尤妙。只惜圖小,所載地名,存十一於千百,且譯以諺文,恐諸君[14]不可解,試使對馬州譯人讀之可也。若其地毬、橫幅等原圖,則歐羅巴諸國所貢數本藏在秘府。今僕之力,不能使諸公一覿之,亦可以恨也。[15]

【校勘】

【1】[DB]此段作:"又曰":

不佞自以為人,何則？大西洋,歐邏巴地方,意多禮亞人,和蘭人,琉球人,唐山諸山諸港人,皆僕及見之矣。今則與公圈會于一堂之中,豈不奇哉？大西洋圈名也。言西邊大洋諸國中,歐邏巴國名。其國地方中,意多禮亞地名之人,和蘭國之人,琉球國之人。唐山地名,諸港言諸國港之人也。

【2】請,《全集》作"諸"。

【3】前,抄本圈註,并旁注"斯"。

【4】[DB]此處有"和蘭"。

【5】[DB]此處有"未知"。

【6】不載,[DB]作"不盡載矣"。

【7】[DB]作"猶數千里"。

【8】[DB]此句作"呈之梧右也否"。

【9】異日,《全集》[DB]皆作"果"。

【10】[DB]作"以本邦俗字記之"。

【11】君,[DB]作"公"。

【12】綠,《全集》作"絲"。當據改。

【13】編,《全集》作"縮"。當據改。

【14】《全集》此處有"子"字。

【15】明日,白石送……亦可以恨也,[DB]無此段文字。

青坪曰:琉球去此,當幾千里。福建距長崎,亦幾何？

白石曰：本邦里法【1】五百里，在南海之中，其地當于赤道之下，故氣候熱云，福州距
　　　　長崎，亦略同。

青坪曰：福建往來之路，曾聞有海賊之出沒者【2】，商舶亦無被劫之事【3】？

白石曰：閩海寇賊所未嘗聞【4】。

南岡曰：每年往來商舶，有定額云，然耶？

白石曰：唐山及西南海舶，歲額有百六七十艘，常年來聚于長崎港。【5】

平泉曰：聞近年海路多枳，唐舩不來云，未知何故。

白石云【6】：去年【7】南京商舩【8】，愆其來期【9】，後聞浙江等處賊船出沒【10】。今年春，官
　　　　兵勦捕賊者【11】，海路已開，其來如舊【12】。

南岡曰：賊是何等賊，何以勦滅耶【13】？

白石出【14】懷中小冊視【15】之。

(白石)乃曰：賊魁鄭盡心、陳明隆、李老柳，為【16】南京總兵取【17】獲云。老柳真是賊
　　　　名，其以盡心為名，可發一笑也。【18】

南岡曰：鄭盡心是【19】鄭【20】餘孽否【21】？

白石曰：誠然。

【校勘】

【1】[DB]此處小字註"日本以十里為一里"。

【2】者，[DB]作"云"。

【3】《全集》、[DB]此處有"耶"。

【4】[DB]作"海賊之患未曾聞"。

【5】唐山及西南……來聚于長崎港，[DB]作"常年來聚于長崎港唐山諸道商舶，歲額有百六
七十船"。

【6】云，《全集》作"答曰"；[DB]作"曰"。

【7】年，《全集》作"歲"。

【8】舩，《全集》作"舶"。去年南京商舩，[DB]作"商船去歲以來"。

【9】[DB]作"頗愆來期"。

【10】[DB]作"後聞海上賊船來往"。

【11】[DB]作"今春，福建軍門追捕賊首。"

【12】其來如舊，[DB]作"唐山商船來如常年"。

【13】[DB]作"海賊是何等賊，何能勦滅云耶"。

【14】[DB]此處有"其"。

【15】視,[DB]作"見"。

【16】為,[DB]作"而為"。

【17】取,《全集》、[DB]作"所"。當據改。

【18】其以盡心……一笑也,[DB]作"而賊名盡心,豈不可笑"。

【19】是,[DB]作"無乃"。

【20】《全集》、[DB]此處有"錦"字。

【21】否,[DB]作"耶"。

青坪曰:曾聞西洋古里國利瑪竇者到此,有文字流傳者,信然【1】?

白石曰:只有《交友論》一篇【2】,我國嚴禁天主法【3】,盡火其書【4】。【5】《交友論》者,【6】《百川學海》《說郛》等書收錄焉【7】。

南岡曰:琉球使來聘貴國云【8】,其冠服儀度何如【9】? 文字何如?【10】

白石曰:中山使嗣【11】冠服,即是明代遺制。自餘以色絹纏其首,至于常服,則王子以下亦如之。但以錦紫黃紅青綠為差等,童子簪金花,衣則大袖寬博,腰束大帶。官制,正從各九品。國中文書,與本邦之俗同。或有善和歌者,明代以來,比歲朝聘,故習讀文字,以任長史【12】通事之用者。永樂中間所賜,閩人三十六世之後也。今中山二十八世祖舜天王者,本邦源將軍為朝之子,故其王源姓,以尚為氏者,以王父字為氏也。

【校勘】

【1】[DB]作"有文字之留傳者云,信否"。

【2】[DB]作"有《交友論》一篇耳"。

【3】天主法,[DB]作"其文字"。

【4】[DB]作"故盡歸于火坑耳"。

【5】[DB]此處有"所謂"。

【6】[DB]此處有"載在"。

【7】收錄焉,[DB]作"者即是"。

【8】此句,[DB]作"似聞琉球使臣,亦有來聘貴國之事云"。

【9】《全集》脫"如"字,當補。

【10】[DB]"文字何如"不在此處。且以下問答,[DB]與抄本及《全集》出入較大,茲照錄:

　　白石曰:皆是大明冠服制。其中下,以黃白絹纏頭上,想是謝氏《五雜俎》所謂草圈乎。

　　南岡曰:文字何如?

白石曰：文字皆與本邦之俗同，只善倭歌而已，文詩非所善。雖然三歲一聘唐山，故其所學在移咨而已。今中山十八世祖壽天王者，本邦源將軍為朝之遺胤，故中山自稱源姓。中山琉球國都倭歌，日本之風。

【11】嗣，《全集》作"副"。

【12】史，《全集》作"吏"。

白石曰：當今西方諸國，皆用大清章服【1】之制，貴邦猶【2】有大明之舊儀者，何也？

平泉曰：天下皆左衽，而獨我國不改華制，清國以我為禮儀之邦，亦不【3】加之以非禮。普天之下，我獨為東周。貴邦亦有用華之意否？ 今看文教方興，深有望於一變之義也。

白石曰：【4】僕嘗學《詩》，至於雅頌，則知殷人在周，服其故服而來也。始聘使之來，竊喜以謂，朝鮮殷大師之國，況其禮儀之俗，出於天性者。殷禮可以徵之，蓋在是行也。既而諸君子辱在于斯，僕望其儀容，冠帽袍笏，僅是明世章服之制，未嘗及見彼章甫與黼冔也。當今大清易代改物，因其國俗，創制天下。如貴邦及琉球，亦既北面稱藩，而二國所以得免辮【5】髮左衽者，大清果若周之以德而不以彊【6】，然否？ 抑二國有假靈我東方，亦未可知也。

青坪曰：【7】貴邦劍銃為長技云，故【8】欲見劍術，曾已仰請高明，如或欲見我弓馬之才，【9】亦當仰【10】耳。

白石曰：【11】刀劍之術，前日聞命，且今及此，蓋似公以我為有尚武之俗者。本邦素尚武也。雖然，如今所聞，乃是古之技擊，非我所尚也。《虞書》贊堯曰："乃聖乃神，乃武乃文。"①文武不可專尚也久矣。我開闢以來，神聖相繼，德被四表，遠近【12】率服。帝至中衰，戎軍【13】屢駕，當是時，源大將軍賴朝，天縱勇智，討其亂畧，着定武功，夾輔帝室，實有如桓文之事焉。於是乎，一變我仁厚之風，遂成勇銃【14】剛毅之俗。愚嘗論之曰：本邦譬諸岐周之地，文王用之以興二南之化，秦皇用之有朝八州之氣，風俗與化移易，顧導之之術何如耳？ 孔子曰："仁者必有勇。"②蓋東方之風氣，亦使然也。及吾神祖受命，武以遏亂，文以興治，列聖纘業，百年于今，文武忠厚【15】，不啻勝殘去殺之日。嘗聞貴邦申文忠公叔舟臨卒，成宗康靖王問其所欲言。對曰："請勿

---

① 此《尚書·大禹謨》中語。

② 語出《論語·憲問》。

與日本失和。"申公於我前代干戈之際,其言若此。況今諸公憂國如文忠用心,則實是兩國蒼生之福也。

平泉曰:申文忠公,即[16]僕外先也,臨終之[17]一言,誠出於睦鄰好、戒邊釁之意,而明公亦聞此言,勉戒至此,[18]兩[19]邦千萬世之幸歟,可賀[20]!

白石曰:[21]前言以論善鄰之誼耳,不圖申公之外孫,實來講兩國之和,公世其[22]德,則豈唯僕所謂蒼生之福,公門亦有餘慶焉,謹賀。

【校勘】

【1】章服,[DB]作"冠服"。

【2】猶,[DB]作"獨"。

【3】[DB]此處有"敢"字。

【4】白石答語[DB]只一句。作"豈得無隣邦之陰照耶"。

【5】辮,《全集》誤植作"瓣"。

【6】彊,《全集》作"疆"。誤。

【7】[DB]句前有"聞"字。

【8】[DB]無"故"字。

【9】[DB]此句前有"則"字。

【10】《全集》此處有"副"字。

【11】此段[DB]作:

> 白石曰:本國近俗尚武,諸公知其說乎? 本邦之俗,不佞嘗論之。譬諸歧周之地,文王用之,以興二南之化;秦皇用之,有朝八州之氣。我帝室之德衰,干戈相尋。當是時,有源賴朝討亂賊,海內得小康。其事如齊桓晉文之業。一變仁厚之俗,以尚勇武之風。是仁者之勇,東方之風氣使然耳。我神祖奄有方內,聖聖相繼,百年于今,不啻勝殘去殺之日。不佞亦以謂在昔貴邦申文忠公論我,成宗問其所欲言。對曰:"請勿與日本失和。"真是大臣憂國之言。諸公若如申文忠用心,實是兩國之大幸。

【12】《全集》作"遍"。

【13】軍,《全集》作"車"。

【14】銃,《全集》作"銳"。是也。

【15】厚,《全集》作"孝"。

【16】[DB]作"寔"。

【17】《全集》、[DB]無"之"字。

【18】[DB]此句前有"豈非"二字。

【19】[DB]作"與"。誤。

【20】[DB]作"可賀可賀"。

【21】此處抄本和《全集》只有白石答語一句。[DB]則有數條問答,參見"異文二"。

【22】抄本此處為墨蹟所污,據《全集》補"其"字。

青坪曰:不佞常以為貴邦一尚武之國,今來見之,則文教甚盛,誠可奉賀。申文忠之言,千古格言。而即今兩國,主聖時平,鄰好自然敦睦,何可一分相阻之念乎? 客中惊[1],欲一見絕藝,有所仰請,盛教如此,慚悚,慚悚。[2]

白石曰:[3]兩國和好,禮信而已,諸君於對州,亦是東道之主。唯其以密邇貴邦,末[4]界徵事,相失其驩心,是懼。

平泉曰:誠然,誠然。但恐貴邦不如吾邦之盡誠信耳。

白石曰:自古敵國生隙,輕銃[5]好事之人,爭長不相下,而開邊釁者多矣。老搔[6]竊恐後生少年,必因交接節目,相失兩國之驩心。諸公歸國之後,能為朝廷識[7]焉。諸公國之重臣,敢布腹心。

青坪曰:細小節目,本來不為計較,何可有此過慮乎? 然各盡在我之道,則鄰好可以萬世永固矣。

白石曰:過憂過慮,老生常態而已。詩不云乎"采葑采菲,無以下體[8]"。我言雖毫,請亦擇焉。

平泉曰:宗對州與俺等萬里同行,辛勤護持,甚[9]誠勤。國王殿下,果已下燭否?

白石曰:伏惟,明睿有臨,靡所不照。

【校勘】

【1】《全集》無"";[DB]作"客中無惊"。

【2】[DB]此處小字註"請觀其劍術,意色頗不悅,故云然"。

【3】[DB]無"白石曰:兩國和好……"以下,至"白石曰:伏惟,明睿有臨,靡所不照"之各句問答,唯錄白石一語。"白石曰:老生過慮莫怪。且非兩國交懽,何有今日之笑謔? 實是千載之一奇事也。記作兩國一故事,豈不盛耶?"

【4】末,《全集》作"未"。誤。

【5】銃,《全集》作"銳"。

【6】搔,《全集》作"拙"。當據改。

【7】識,《全集》作"議"。當據改。

【8】體,《全集》作"禮"。當據改。

【9】甚,《全集》作"其"。誤。

平泉曰：貴國諱國諱法【1】如何？二名固【2】不偏諱，而貴邦【3】國諱【4】有偏諱之規耶？
貴邦人士所作詩文，或有犯用所諱之字，未知何故【5】。

白石曰：本邦古字【6】，猶【7】貴邦諺文，中世以【8】方俗【9】，假借【10】隸楷等字，以通義而
已。是故，凡用字法【11】，要在訓詁，而不在聲音【12】。如諱國諱【13】法，亦必
不在文字。雖然，及于【14】近世，大抵有偏諱之法焉。

平泉曰：國書回答文字，曾前使臣，或於未及正書之。前得見矣，明閒可以得
見耶【15】？

白石曰：辭令之事，僕不與焉，無能為已。【16】

【校勘】

【1】諱國諱，[DB]作“諱之之”。

【2】[DB]無“固”字。

【3】邦，[DB]作“國”。

【4】[DB]此處有“亦”字。

【5】[DB]作“此何故耶”。

【6】[DB]作“本邦上世自有文字”。

【7】猶，[DB]作“譬諸”。

【8】《全集》此處有“來”字。

【9】[DB]無“中世以方俗”一句。

【10】假借，[DB]作“第假”。

【11】用字法，[DB]作“文字間取義”。

【12】[DB]此句作“其要在言辭而不在文字”。

【13】國諱，[DB]作“之之”。

【14】[DB]無“及于”二字。

【15】耶，[DB]作“否”。

【16】[DB]白石曰“僕非其職，不知”。

平泉曰：俺所著，公知之乎？

白石曰【1】：不知。

平泉曰：此是幅巾。

白石曰【2】：本邦近製幅巾，僕未見古制也。若其有副，幸得借一以做製焉。【3】

平泉遂脫贈。

白石起再揖謝曰【4】：可以比縞紵之贈①。

平泉曰：欲著幅巾，先著緇冠。制在家禮圖式，可考。

白石曰：副使、從事所戴，似本邦所謂錦繡冠。

又　　曰：【5】下官前歳観光於上國，幸及見天朝冕弁之制，蓋是上世之物。且本邦文物，出於三代之制者不少，如僕所戴者，即是周弁之製，亦如深衣之製。校之禮經，則知漢唐諸儒，漫費其說也。

南岡曰：深衣之制，司馬公以後，自有定論。貴邦豈有他本耶？

白石曰：【6】考之禮經而可也。漢唐以來，諸儒紛々之說，何足以徵之也。本邦之俗，取【7】謂【8】稱吳服者，蓋與深衣之制，大同小異耳。

南岡曰：貴邦冠昏喪祭，用文公家禮否？

白石曰：本邦【9】禮多與三代之制相同，如其凶禮，則大連氏小連氏，世掌相喪事焉。孔子稱善居喪者，即此【10】。且如唐陸德明《周禮音義》之書，引鄭大夫之說，以為本邦蓋有古之遺法，可以見其校【11】槩耳。近世喪祭，儒家頗依朱子家禮而行之。

　　　陸德明《經典釋文》《周禮音義·春官宗伯》"筭氏職"曰："九△□首振動。"《音義》曰："如字。李依大夫，童音②。杜徒弄反。今倭人拜以兩手相擊，如鄭大夫之說，蓋古之遺法。"③

【校勘】

【1】[DB]無"平泉"。

【2】[DB]無"白石"。

【3】[DB]白石答語作"本邦有幅巾制，不佞不信，故云不知。行李中或有副賜之，以為王公之塵，掛壁以拜。"

【4】再揖謝曰，[DB]作"拜而謝曰"。

【5】又曰：下官前歳……漫費其說也，[DB]作：

又曰：本邦有周冕遺制，天皇即位之日冠之。僕及觀之，誠千古之大幸，親見周冕之制。漢唐以來諸儒所說，只是彷彿。

① 典出《左傳·襄公二十九年》："(吳季劄)聘于鄭，見子產，如舊相識。與之縞帶，子產獻紵衣焉"。
② 原文作"音董"。
③ 語出《春官·大祝》，而非《春官·宗伯》。

又曰：僕初拜之日所戴，即周韋弁。今日所着，即周皮弁也。深衣之制，本邦自有。唐山諸賢，漫費數說耳。本邦蓋有三代禮器者多多。

【6】"考之禮經而可也，……"至"陸德明……如鄭大夫之說，蓋古之遺法"，[DB]闕錄。此處[DB]所錄問答請見"異文三"。

【7】取，抄本圈之，并旁注"所"。《全集》作"所"。當據改。

【8】《全集》無"謂"字。

【9】《全集》此處有"五"字。

【10】此，《全集》作"是"。

【11】校，《全集》作"梗"。當據改。

席上【1】，製述官及三書記入來

白石曰：【2】製述官，令胤幾位在？

東郭曰：僕之螟子名胤柞，年二十二【3】歲矣。東郭，即製述官號。

白石曰：鄭宣傳，於其祖文忠公，世次多少【4】？宣傳，即鄭纘【5】述

東郭曰：圃隱先生十一代孫，登武科，以裨將方在行中。大明太祖建國之初，圃隱先生以進賀使入中州，得見文物之盛，豈不壯哉？奇哉奇哉！圃隱集中，有紀實之誌焉。

白石曰：鄭先生之後，何為登武科？

東郭曰：其人自是能文奇士，而朝廷勸令就武矣，以其才略出眾，可作大將軍【6】。

白石曰：壬戌之聘，僕與滄浪子，有一揖之舊，洪書記莫為其族人耶？【7】

洪書記答曰：有知舊之誼，而非親戚也。

白石曰：【8】敢問君家門閥，及令子弟幾在？嚴南二君亦如何？

洪書記曰：僕姓洪，名舜衍，字命九，號鏡湖，系出南陽。見為太常寺【9】判官，而科第則丁巳進士，己酉文科耳。年今五十九，而命途奇薄，一子纔殀於數年前，膝下更無一塊肉。承此盛問，不覺悲咽。

嚴書記曰：僕姓嚴，名漢重，字子鼎，我國江原道寧越郡人，號龍湖，時年四十八。庚午參進士試，而戊辰及第。歷【10】秘書省博士，承文院校檢，高敞州大守。今以副使記室來，鴈行則只有一弟，名漢年。有兩子，長名儆次名。

南書記曰：聖重，姓本宜寧，居京。己未從事官，壺谷先生第三子也，年四十七。伯兄正重，官至慶尚道觀察使，已於甲申卒逝。一兄，一弟，無官職耳。

白石曰：壬戌製述官，成君琬健在否？【11】

洪書記曰：今夏已作[12]千古人矣。

白石曰：昔得海外之交，今作地下之人，哀哉。[13]

東郭曰[14]：此人官不高，壽不長，可哀，可哀。

白石曰：翠虛[15]有嗣子否？[16]翠虛，即成琬號

東郭曰：有二子矣。

白石曰：幸[17]歸國之日，以僕言達其二子[18]。

東郭曰：當如教耳。[19]

白石曰：[20]今日僕因製述官，見圃隱鄭公之遠孫。在昔，本朝永和二年，實是大明
洪武十年，鄭公以高麗氏之使，來見我九州節度使源貞世，以講二國之和。
貴邦開國之日，朴公敦之來，乃是修高麗氏之舊好也。公等進見之日，受書
官源少將者，貞世九代之族孫。

青坪曰：鄭宣傳續述，即圃隱先生十一代孫也。厥後奕世簪纓，為人亦奇士，故僕以
軍官帶來。若源公之裔，誠是奇士，未知源少將名字云何，而將有入來館之
事耶？

白石曰：故九州節度使源公族孫，名伊氏，見任近衛少將兼豐前守，家世稱品川。信
使始到都下之日，斯人亦嘗得奉使而來于館中，公等辭見之日，或有見斯人
於闕下焉。

青坪曰：今日此會，誠兩國千古之盛事，可以記諸國乘矣。

白石曰：昔者鄭公申公相繼而來，以講二個之和。近者，壺谷南公，以丙申之聘來。
今聞趙公即申公之外遠孫，而任公、李公與鄭南二公之後偕來，李公且南公
門人也。豈唯群公世其德，抑所謂故國有世臣。亦若此，實是鄰邦之大慶
也。不佞幸見此盛事，可謂曠世之奇會耳。公等記以垂之後世，則庶乎不
朽矣。

南岡曰：使華交聘，何代無之？而今日此會，無愧乎僑向之相得，豈不奇哉！別後相
思，當回望扶桑之日而已，能不黯然？

青坪曰：古語云"傾蓋如故[①]"。若一笑莫逆[②]，何論疆域之異同？今日之會，一堂笑
謔，真兩國交聘[21]以來不易得[22]事也。肝膽相照，渾忘楚越之遠隔。明公
以為何似？[23]

---

① 語出《漢書·賈鄒枚路傳》："語曰：'白頭如新，傾蓋如故。'何則知與不知也？"

② 典出《莊子·內篇·大宗師》："三人相視而笑，莫逆於心，遂相與為友。"

平泉曰：疆域有限，海陸遙隔。一別之後，嗣音無路。言念及此，能不挹々？唯有一
　　　片明月，分照萬里之心肝耳。

白石曰：鄙懷亦唯在隰桑之卒章，中心藏之，何日忘之？諸公歸國之後，幸賜東望
　　　相思。【24】

又　曰：今日【25】宴語【26】，記之亦奇【27】。敢請席上數十紙，他日幸賜焉。

　　　遂揖別【28】而歸。

　　　　　　　　　　　　　　　　　　　　　　江關筆談　終

【29】辛巳①初秋念三巳牌起筆翌午後畢謄寫之業

　　　　　　　　　　　　　　　　　　竹窗主人清崇識
　　　　　　　　　　　　　　　　　　念五一校過　崇
　　　　　　　　　　　　　　　　　　大槻文彦藏

【校勘】

【1】[DB]無"席上"二字。

【2】"製述官……"起，至"東郭曰：……可作大將軍"數句，[DB]所錄為別一文本，見"異文
四"。

【3】二十二，《全集》作"二十一"。

【4】少，《全集》作"小"。

【5】續，《全集》作"纘"。當據改。

【6】《全集》此處有"耳"字。

【7】《全集》此處小字註"洪世泰，號滄浪"。[DB]全句作"壬戌之聘，僕當年少，幸得萍逢於洪
滄浪，鏡湖豈其族耶"。又，[DB]小字註："滄浪洪世泰號，鏡湖洪書記舜衍號"。

【8】自"白石曰：敢問君家門閥，……"，至"南書記曰：聖重……無官職耳"數句，[DB]無。

【9】寺，《全集》作"待"。

【10】《全集》此處有"職"字。

【11】[DB]全句作"成琬現在乎"。

【12】[DB]無"作"。

【13】[DB]作"僅得海外之交，弔墓中之人，可哀可哀"。

【14】[DB]有小字註"即製述官號"。

────────────

①　辛巳，文政四年，即西元 1821 年。

【15】[DB]有小字註"即成琬琥"。

【16】[DB]作"有令嗣乎"。

【17】[DB]作"公"。

【18】[DB]作"以僕一慟,幸達其二子"。

【19】[DB]此下有"又曰:僕今日陪三使,相得與公歡聚一堂,誠千載之一奇事,第恨無一詩也。"

【20】[DB]于"白石曰:今日僕因製述官……",至"南岡曰:使華交聘,……能不黯然"處,所錄為不同問答,請見"異文五"。

【21】[DB]作"懽"。

【22】《全集》、[DB]此處有"之"字。

【23】何似,《全集》、[DB]作"如何"。[DB]此句下有"白石曰:僕生年五十有五,重得使華不可期,諸賢保此言"。

【24】[DB]作"白石曰:今日之會,真千載一奇,老拙厭人世將無日。諸公歸國之后東望,幸賜相思"。

【25】《全集》此處有"之"字。

【26】宴語,[DB]作"隨筆"。

【27】[DB]此處作"上一善謔,記之亦不惡"。

【28】[DB]無"別"字。

【29】以下文字僅見抄本。

附　錄

任守幹《東槎日記》附《江關筆談》所見異文

（與大槻盤溪抄本并《新井白石全集》本《江關筆談》比較）

異文一

序

　　曩余之往也，對州人雨森東，中途進詩卷，請吾輩而序之。問之，則筑後守源璵之作也。詩頗清高可觀，三使各爲文而贈之。及抵東武一舍地，源璵迎見致款曲。留館中也，數來就之，相與筆談，道兩國交驩之意，間以諧笑。一日凡數十百紙，雖矢筆而書之，往往有可傳者。歸到下關，阻風淹滯，懷思無聊，出裝中故紙，編而次之，名曰《江關筆譚》。蓋源璵者號白石，以國王潛邸之舊【1】方爲寄閣大臣，出入非時，甚被春【2】寓云耳。

歲壬辰仲春，青坪居士題于風本館中

【校勘】

【1】舊，原校作"舊交"。文案："原校"指"韓國古典綜合數據庫"。

【2】春，原校作"眷"。

異文二

白石曰：奇聞不堪敬慕。諸公爲國，使于萬里。我國王殿下眞千載之聖主也。當此
　　　　時，不講兩國萬世之好，亦期何日乎？故僕言及此。

平泉曰：誠然誠然！

白石曰：兩國講好，只有禮俗耳。對州在貴邦宇下，永不可失其懽心。

平泉曰：誠然誠然。但恐貴邦不如吾邦之盡誠信耳。

白石曰：僕老計以爲後生年少勸生事。惟恐後生以交接小節目，或失兩國歡心。諸
　　　　公歸國之後，能爲朝廷議焉。諸公國之重臣，念不及於此乎？

靑坪曰：細小節目，本來不爲計較，何可有此過慮乎？然各盡在我之道，則隣好可以
　　　　永固矣。

白石曰：此老生過慮之常談耳。

又　　曰：不佞以弊邦同姓之孼，加之以潛龍舊學，得今日之遭遇。其所慮之過，諸賢
　　　　莫怪。

靑坪曰：此日此會，誠兩國千古之盛事，可以記諸國乘矣。

白石曰：如公所言，實是兩國大幸。

異文三

白石曰：本邦三千年以前之物有之，大抵士君子常服。

南崗曰：俺等冠服之制，國王以爲如何？

白石曰：以爲雅制。

南崗曰：貴邦冠婚喪祭，用文公家禮否？

白石曰：間有之。而近來只喪禮多如制。

白石曰：正使自稱錦繡心腸，不爲煙火點汗。不佞鐵石心腸，試以爐火如何？遂進
　　　　烟茶[1]。

靑坪曰：心腸美於錦繡，堅於鐵石，兼之者當如何？

白石曰：不佞號白石。是則涅而不緇，磨而不磷，蓋石質而素錦文。

平泉曰：南山白石，不過于齊之一賤士，何至深慕？

白石曰：雖賤士而長夜漫漫，慕堯舜者而已。

靑坪曰：“有扁斯石，履之卑兮”，何取於斯？

平泉曰：雪中可酌燒春否？

白石曰：感謝感謝！白石不肯盡酌。

平泉曰：僕輩不修邊幅，不厭盡醉。公何惜一酩酊？

白石曰：公欲以白石爲紅琥珀耶？

　　　　平泉面酡紅。

白石曰：公可謂紅錦繡腸。

南崗曰：雖云錦繡，不但無烟腸，又無酒腸。

白石曰：正使錦繡漸生白色，請以一杯酒，得見斑爛之紅。

平泉曰：公飲數杯而終不醉。酒之於公，如水沃石。

白石曰：僕腸卽是沃焦石①。

平泉曰：平泉也不怕酒如泉。

白石曰：平泉一石，卽是僕腸中一酒石。

靑坪曰：平泉在右，白石在左，僕欲枕流嗽②石③。

白石曰：公玉齒瑳瑳，雖石如粟。

平泉曰：公每言輒稱石腸，豈有宋廣平《梅花賦》耶？

白石曰：石華廣袖，卽我心腸。

南崗曰：眞可與共語絶勝，"寒山一片石"④。

白石曰：昔者李公有平泉之木石花極其愛，僅今日爲趙公園中一石可乎？

平泉曰：女媧補天之餘，豈敢作園中私玩耶？雖然僕本有米元章之癖，如此石安得不愛？

白石曰：米氏几案，有靈壁奇石。僕是東海一碣石，可以障兩國百世之狂瀾耳。

南崗曰：在東海之上，得免秦皇鞭血之厄耶？

白石曰：若得秦皇一鞭，則血流如東海水耳。

平泉曰：秦皇之鞭，雖則免矣。精衛之銜，亦可畏也。

白石曰：盡南山萬木石，何及我一塊石！

南崗曰：僕本有泉石膏肓，今日之游可謂藥矣。

白石曰：公今日遇不佞，舊疾未癒，又得一新病可畏。

平泉曰："美疢不如惡石"⑤，正謂此也。

白石曰：公等膏肓之疾⑥，得僕一砭，則當霧消雲散。

———————

① 沃焦，傳說中的山名。《文選》郭璞《江賦》："出信陽而長邁，淙大壑與沃焦。"李善注引《玄中記》："天下之大者，東海之沃焦焉，水灌之而不已。沃焦，山名也，在東海南方三萬裡。"《文選》嵇康《養生論》："或益之以畎澮，而泄之以尾閭"。李善注引晉司馬彪曰："一名沃燋……在扶桑之東，有一石，方圓四萬裡，厚四萬裡，海水注者無不燋盡，故名沃燋。"北齊顏之推《顏氏家訓·歸心》："沃焦之石，何氣所然。"清鄧旭《錢塘看潮》詩："伊昔惟聞東流之水無盡期，沃焦湏洞爲漏卮。"

② 嗽，當作"漱"。

③ 語出(南朝宋)劉義慶《世說新語·排調》："王曰：'流可枕，石可漱乎？'孫曰：'所以枕流，欲洗其耳；所以漱石，欲礪其齒。'"

④ 語出處清·張岱《岱志》："余入泰山見磨崖勒字無一字堪入眼故餘反以無字碑為寒山一片石。"

⑤ 語出《左傳·襄公二十三年》："季孫之愛我，疾疢也。孟孫之惡我，藥石也。美疢不如惡石。夫石猶生我，疢之美，其毒滋多。"

⑥ 典據《左傳·成公十年》："疾病。求醫于秦，秦伯使醫緩為之。未至，公夢疾為二豎子，曰：'彼良醫也，懼傷我，焉逃之？'其一曰：'居肓之上，膏之下，若我何？'醫至，曰：'疾不可為也！在肓之上，膏之下。攻之不可，達之不及，藥不至焉，不可為也。'公曰：'良醫也！'厚為之禮而歸之。"

平泉曰：公之藻思，可謂泉湧。

白石曰：君自有平泉湧出，僕詞源發自銀漢來，故是支機一白石。

白石曰：本邦烟品，與貴邦如何？

南崗曰：不及於敝邦之產矣。

白石曰：不信不信耳。其味未知，如其色不佳何？

靑坪曰：若取其色，是目食也。

白石曰：其味在牝牡驪黄之外耶？

白石曰：天壽堂勿庵兩記，正副使若搆惠如何？　從事君所惠扁額，感戴已畢。

平泉曰：長途撼頓，實無文字間意況。而勤教至此，第當留竟【2】。

　　　　平泉又要白石飲一杯。

白石曰：鐵石腸亦不堪燒酒矣。

平泉曰：然則錦繡腸亦難作記文矣。

白石曰：古人云：鼻飲三斗醋①。請忍飲以要高文。

已而平泉曰：鼻飲醋，卽公作宰相之術。何關於不佞之作文耶？

　　　　進夕飯。

南崗曰：甘與子同食。

白石曰：此坡翁所謂二紅飯②乎？　僕天稟病質，不堪多餐。古時諸葛多事小餐，終
　　　致前軍落星之凶。諸君得後聞之，當爲今日一慟而已。

平泉曰：言宜吉，不宜不吉。豈有張子房辟榖從赤松之意而然耶？　不然鐵石腸，厭
　　　却烟火食而然耶？

白石曰：玉本在石中。今日玉食，何厭之有？

白石曰：古人有酒石在腹中者。我雖號石，無一片酒石。爛醉爛醉！

南崗曰：僕等亦已醉公瑾之醇醪矣。

白石曰：古人謂“傾蓋如故”。僕與諸賢，生於萬里之外，會於一堂之間，眞天數而
　　　已。一別之後。幸賜東望相思。周詩云“以永今夕”③。何因盡東海之水，
　　　以添蚼漏？

靑坪曰：前言大抵戲耳。不知何日果得刀頭乎？　俺等情勢，度日如年，幸爲出力周

---

　　①　典據《北史·崔弘度傳》：“時有屈突蓋為武候車騎，亦嚴刻。長安為之語曰：‘寧飲三門醋，不見崔弘
度。’”

　　②　語出蘇軾《記先夫人二紅飯語》，見《蘇東坡全集》。

　　③　語出《詩·小雅·白駒》。

旋。旬前必復路,則何幸何幸。

平泉曰:宴期乍退,無乃縶白駒之意耶?

白石曰:有客有客,願以縶其馬^①,我青葑有萬束。

異文四

白石曰:何不勸製述官酒? 僕聞製述官一大酒星墜在人間,合勸一大鍾。

平泉曰:製述官不特是酒星,生稟長庚,早作魁星。曾經郎星之職,今隨使星而來,
　　　奈其白髮星星何?

白石曰:白髮星星,是胸中羅列星斗發餘光耳。

白石曰:坐中亦有南容白圭之玷,可愧可畏。

南崗曰:他山之石,可以攻白圭之玷耶?

白石曰:坐中有嚴子,唯恐今夕太史奏客星。

南崗曰:公自稱支機一白石,可今嚴君平辨之。

白石曰:何不賣卜於成都市中? 而今來于此。

平泉曰:彼欲窮源而來耳。

白石曰:窮源本是東海上一漁者,何干涉於嚴家之事?

南崗曰:洪厓又在坐員,何不拍肩?

異文五

白石曰:今日笑語,雖金石互奏何及之?

平泉曰:今日與公語,勝似十年讀書,何事乎吟哦?

白石曰:僕^{【1】}恨十年之語,僕以爲勝萬年之讀再。

---

① 典據《詩·周頌·有客》:"言授之縶,以縶其馬。"

白石曰：僕將歌《客將歸》①曲。

　　奉行平田隼人進麯酒。

製述官曰：雪欲留公，公欲衝雪而去，故平田氏欲以絲麯維縶之。何不少留？

白石曰：可以一絲繫吾萬勻之石耶？索麯如絲，卽知諸公有鳳池絲綸②之美。敬服
　　感謝！

南崗曰："窓外正風雪，擁爐開酒缸。"③此樂殊勝"山陰回棹"④矣。

白石曰：諸賢本非處士星，此興勝於山陰，自是本分之語。

靑坪曰：僕本江天一少微星，今來暫作銀漢之客星，安知非處士星乎？

　　進軟泡。

白石曰：昔時淮南之豆腐，恐無此美味。

　　進葡萄。

白石曰：張騫得西域葡萄來，公亦乘八月槎。啖此奇種，千古一奇事。

南崗曰：味不及於我國所產遠矣。

白石曰：時維仲冬，盤中之物卽葡萄，譬如龍眼荔枝失其色香。

靑坪曰：今來海邦，得此石交，雖海枯石爛，無相忘也。

白石曰：諸公得此石，歸國之後，以試君平之賞鑑也否？

南崗曰：使華交聘，何代無之？而今日此會，無愧乎僑向之相得，豈不奇哉？別後相
　　思，當回望扶桑之日而已，能無黯然！

白石曰：蠟燭有心，爲他日點然一別，先垂雙淚耶？

南崗曰：公雖有石腸，能不一爛？

白石曰：古有白石仙，煮石如芋，諸公幸莫怪！

靑坪曰：白石雖堅，若通宵煮而【2】，則可使如芋，但無澗底束薪耳。

白石曰：何必用薪柴，他日黯然之別，佛氏所謂劫火當其時，雖白石爛耳。

白石曰：今日於館中，得邂逅圃隱鄭公之遠孫。在昔本朝永和二年，實是大明洪武
　　十年也。鄭公以高麗氏之使，來我九州，節度使源了俊相逢，以議兩國之

---

　　①　［宋］方千里《華胥引》："長亭無數，屬客將歸，故園換葉。乳鴨隨波，輕蘋滿渚時共唼。接眼春色何
窮，更櫓聲伊軋。思憶前歡，未言心已愁怯。欺鬢吳霜。恨星星、又還盈鑷。錦紋魚素，那堪重翻再閱。粉指
香痕依舊，在繡裳鴛儉。多少相思，鬮成眉上千疊。"

　　②　［明］高明《琵琶記·才俊登程》："行看取，朝紫宸，鳳池龜禁聽絲綸。"

　　③　［唐］杜牧《獨酌》："窗外正風雪，擁爐開酒缸。何如釣船雨，篷底睡秋江。"

　　④　［宋］呂渭老《水調歌頭·陳性孺不相見十年》："聞道山陰回棹，相去都無百里，李郭可同船。"

　　　和。貴國開國之日,朴公敦之來,乃是修麗氏舊好也。前日闕中受書官近

　　　衞少將源公,卽了俊之遠孫,豈不奇哉。近衞少將,他日或有來於客館中,

　　　不佞爲之媒。

青坪曰:鄭宣傳纘述,卽圃隱先生十一代孫也。厥後奕世簪纓,爲人亦奇士,故僕以

　　　軍官帶來。若逢源公之裔,誠是奇事。未知源少將名字云何,而將有人來

　　　館中之事耶?

白石曰:了俊遠孫,近衞少將兼豐前守,源伊氏家世,稱品川。信使到于都下之日,

　　　奉致館使來。他日辭見之日,於闕中傳教命或有之。

　　　馬州人雨森東入謁。

平泉曰:雨森君眞是不易得之奇士,何使之淪落不偶耶? 至寶橫棄道側,古人所惜。

　　　何不吹噓上天?

白石曰:斯人我錦里木公門中高弟,不佞忘年畏友。晚達自是古人常態,有才豈在

　　　明時淪沒耶? 諸公亦是過慮。

東郭曰:此人若出於吾邦,豈可使冷落至此? 貴國之不貴人才,亦一欠政也。雨森

　　　君長吟白石之歌,公獨不聞,唯待吹噓送上天之白乎?

白石曰:吾口如土囊之口①,一吹升天,何疑之有? 好笑好笑。

平泉曰:此所謂石佛點頭,爲雨森君一賀。

白石曰:僕[1]五尺小身,幻出丈六佛身耶? 白石卽是白衣觀音。

平泉曰:眉間何無白毫光耶?

白石曰:眼中只一電光。

平泉曰:三宅緝明②,何如[2]人耶? 以詩文見贈,其文辭頗瞻暢。

白石曰:職在儒曹之人,頗有文章之才。

【校勘】

【1】僕,原校作“公”。

【2】而,原校作“之”。

（全文完）

---

　　① 語出《文選》宋玉《風賦》:“夫風生於地,起於青蘋之末,浸淫谿谷,盛怒於土囊之口。”

　　② 三宅緝明(1674—1718),字用晦,號端山,又號觀瀾。京都町人儒學家三宅道悦之子。師從淺見絅

齋、木下順庵,後受德川光圀之招,參纂《大日本史》,著有《中興鑒言》等。

后　　记

2013 年 9 月 14 日和 15 日两天，"汉文笔谈——东亚独特的视觉交际方式"学术研讨会在杭州市隆重召开。本次会议由浙江工商大学东亚文化研究院与早稻田大学日本古典籍研究所联合举办，获得日本国际交流基金会的立项资助，大概是世界上第一个聚焦"笔谈"的专题学术会议。

本次研讨会共安排 36 场纪念演讲、主题报告、专题发表，涵盖中国、日本、朝鲜等东亚跨界笔谈的方方面面，也涉及与笔谈相关的唱和、尺牍、日记、跨文化交际、文体等周边问题。

2014 年 11 月 6 日公布的国家社科基金 2014 年度第二批重大项目中，由浙江省工商大学东亚研究院王勇教授牵头申报的"东亚笔谈文献整理与研究"（项目批准号：14ZDB070）获得正式立项，这大概也是国家社科基金立项的第一个有关"笔谈"的专项课题。

这本论文集从会议论文中选取了与笔谈直接相关的部分论文，同时也采录了会议之后的部分投稿论文，共计 17 篇论文，分为"东亚笔谈""中日笔谈""中朝笔谈""日朝笔谈"四个既各具特色又互为关联的主题。由于"笔谈"主题及篇幅所限，经与出版社反复磋商，一些论述笔谈周边问题的优秀论文忍痛割爱，未能收入这本论文集，除了对作者的支持表示感谢之外，还要为我们的无奈选择说一声抱歉。

本书两位编者分工如下：王勇负责本书的整体架构、论文遴选、体例制定及终审，谢咏负责日语论文的翻译、全书的初校、体例统一及繁杂的事务性工作。本书从获得出版资助到付印周期甚短，故会议论文依据作者提交的定稿，由本书编者与出社资深编辑负责校对，一些技术问题未能一一相询作者，也请各位作者谅解。

最后，在此诚挚地感谢日本国际交流基金会对学术研讨会及本书出版给予慷慨资助，感谢早稻田大学日本古典籍研究所积极参与研讨会的筹办及对论文集选编工作的支持,感谢所有参与论文翻译及书稿校对的研究生,感谢为本书的编辑倾注了大量心血的姚媛编辑。

王 勇 谢 咏

2015 年 5 月吉日

浙江省哲学社科会科学重点研究基地

浙江工商大学东亚研究院